经济发展　能源气候　学术研究

【经济学学术前沿书系】

二十国集团(G20)发展报告

(2017-2018)

彭 龙◎主编

任康钰 牛华勇 邵明星◎副主编

经济日报出版社

图书在版编目（CIP）数据

二十国集团（G20）发展报告．2017－2018/彭龙主编．--北京：经济日报出版社，2018. 8

ISBN 978－7－5196－0404－2

Ⅰ．①二… Ⅱ．①彭… Ⅲ．①国际经济合作组织－研究报告－2017－2018 Ⅳ．①F116

中国版本图书馆 CIP 数据核字（2018）第 161616 号

二十国集团（G20）发展报告（2017－2018）

主　　编	彭　龙
责任编辑	张　丹
出版发行	经济日报出版社
社　　址	北京市西城区白纸坊东街 2 号 A 座综合楼 710
邮政编码	100054
电　　话	010－63567684（总编室）
	010－63538621　63567692（发行部）
网　　址	www. edpbook. com. cn
E － mail	edpbook@ sina. com
经　　销	全国新华书店
印　　刷	北京九州迅驰传媒文化有限公司
开　　本	710×1000 mm　1/16
印　　张	15. 5
字　　数	250 千字
版　　次	2018 年 8 月第一版
印　　次	2018 年 8 月第一次印刷
书　　号	ISBN 978－7－5196－0404－2
定　　价	48. 00 元

序　言

政治经济结构的持续演变，是2017年一个重要的全球性主题。全球经济一体化持续受到来自孤立主义和民粹主义的挑战，中国逐步成为全球经济一体化的坚定捍卫者和引领者。

从经济结构上看，我国及一些新兴的发展中国家，在全球经济发展中的成绩表现亮眼，其中我国的新增GDP，持续超过全球新增GDP的30%，成为全球经济的引擎之一。而我国领导人在多个场合的公开讲话，让全球人们对我国改革开放政策和在全球化中所担负的负责任大国的角色，有了进一步的认识。中国致力于全球治理结构的完善，力图成为维护这一治理结构的建设性力量和领导型力量。

相比之下，作为全球领袖的美国，却在很多领域表现得左冲右突，没有能够真正体现出作为全球领袖的信心和定力。所谓的“美国优先”实际上是在短期之内推卸了美国本应承担的国际责任，并在各个领域同时逼迫中、欧、日、俄等经济体单方面对美国让步。无论是退出《巴黎协定》，还是跨太平洋贸易伙伴关系谈判，都是对多年以来美国对外政策的颠覆。我们知道，责任与权利是一对孪生兄弟，一个基本的道理是——一个国家不可能在国际上坐享所有的权威，而不承担任何国际义务。所以，从长远看，美国的单边主义和孤立主义，必将反过来损害美国在全球事务中的发言权。

在美国高举单边主义大旗的情况下，欧洲也正在从之前的难民困境中挣扎出来。随着德法两国大选的落幕，英国脱欧进程后续效应的释放，欧洲各国正在加紧协调新的对美政策。面对咄咄逼人的美国，欧洲正在表现出走向进一步独立自主的迹象。从奥巴马离任前向默克尔传授“自由民主”衣钵的亲密，到今天默克尔访美时特朗普拒绝与之握手的尴尬，以德国为首的欧洲，正在探讨没有美国的欧洲应该是怎样一种情形。在可以预见的未来，这一趋势不会发生任何变化。

在新兴发展中国家，印度经济是除中国经济以外表现极为亮眼的经济体。印度也正在谋求与其经济增长相一致的国际地位，但印度的战略界似乎仍然没有看清楚，与中国联合而不是对抗，才是未来印度发挥全球性作用的关键。在边境问题上徒劳的对峙，是源自于1960年代边境冲突以来的一个心结，而这个心结之所以尚未打开，是印度战略界对中国疏于研究，也对自己发挥更重要的全球作用尚未找到钥匙。而在今天的全球政治经济环境下，最大的两个发展中国家之间协调立场，将是未来全球合作的重要一环。

这样复杂的经济局面，给了二十国集团发挥更大作用的新空间。同往年一样，我们对二十国集团从共同议题到各国的经济发展情况，集结了这样一本书，用于总结这一年中二十国集团国家在经济领域的发展合作。希望能够对新的全球治理研究有所贡献。

彭　龙

目　录

第三部分　学术视角

第一部分　国情观察

第一章　2017年中国经济观察报告

任康钰　张衡

一、经济、社会概况

2017年是我国经济改革深化之年，供给侧结构性改革，去产能、去库存、去杠杆、降成本、补短板取得明显成效。中国经济总体上稳中有进、就业率超期完成。城镇登记失业率降至3.9%，为2002年以来最低，GDP增速为6.9%，超出预期表现。

1. 国内生产总值（GDP）

国内生产总值增长超出预期表现。2017年全年国内生产总值超过82万亿元大关，年度增长率为6.9%（一、二季度GDP的增长率为6.9%，三、四季度GDP的增长率为6.8%）。相比2016年6.7%的增长率，2017年增加了0.2个百分点。这也是自2012年以来，我国经济增长率的首次攀升。观察影响我国GDP的各项指标可以发现，我国经济增长的主要驱动力转变成了消费。尽管2017年最终消费支出占国民经济比重与上年相比下降了7.7个百分点，但仍然比资本形成总额高出了26.7个百分点，达到58.8%。

从产业角度看，服务业对经济增长的贡献不断提升，一改近年来的低迷状态。服务产品的质量和水准被外媒点赞，量子卫星、百度无人车等技术位于世界先进水平之列。由此可以看出，我国经济结构不断优化的同时，服务业成为了经济增长的新动力。

从经济增速的角度来看，我国国内生产总值阶段性企稳回升，但长期来看依然是L型增长的。短期内增速提升的主要原因是进出口超过预期，另外第三产业的发展带来较强的支撑力。从需求结构来看，我国的经济已经由投资驱动转变为投资和消费双向驱动，这是近年来的一大变革。同时，2015年以来的供给侧结构性改革政策的红利初显，增强了中国经济增长的韧性。

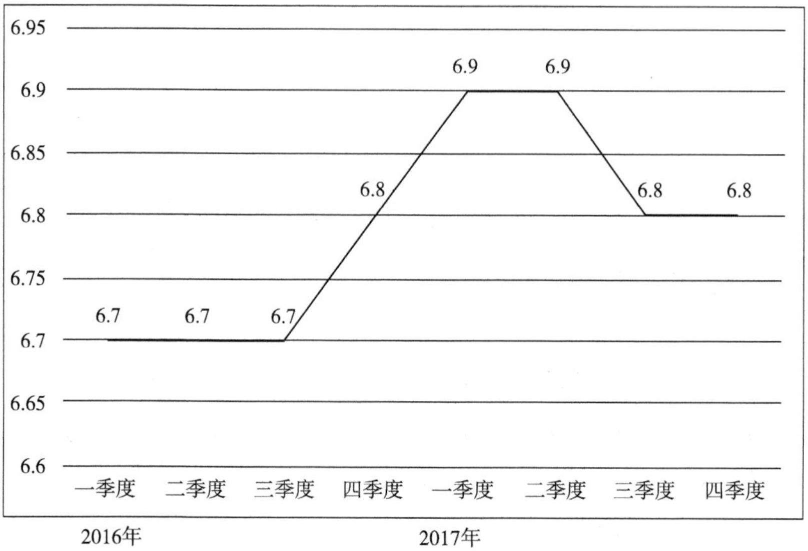

图 1–1　国内生产总值增长速度

数据来源：wind 金融数据

2. 人口与就业

截止到2017年末，除港澳台及海外华侨人数之外，中国大陆总人口达到13.9亿，与去年末相比，增加约737万人口。全年出生人口1723万人，人口自然生长率为5.32%，相比较2016年中国大陆人口5.86%①的增长率，2017年人口总量平稳增长，增速略显下滑。从性别结构看，男性人口71137万人，女性人口67871万②人，总人口性别比为104.81③（以女性为100）。从年龄构成看，16至59周岁的劳动年龄人口为90199万人，占总人口比重的64.9%；60周岁及以上人口24090万人，占总人口的17.3%，其中65周岁及以上人口15831万人，占总人口的11.4%④。

① 数字来源：中国国家统计局．
② 数字来源：中国国家统计局．
③ 数字来源：中国国家统计局．
④ 数字来源：中国国家统计局．

表 1-1　2017 年年末人口数及其构成

指标	年末数（万人）	比重（%）
全国总人口	139008	100.0
城镇	81347	58.52
乡村	57661	41.48
男性	71137	51.2
女性	67871	48.8
0–15 岁（含不满 16 周岁）	24719	17.8
16–59 岁（含不满 60 周岁）	90199	64.9
60 周岁及以上	24090	17.3
65 周岁及以上	15831	11.4

数据来源：中国国家统计局

从城乡结构来看，2017 年中国城镇化率达到 58.32%，与 2016 年相比增加了 1.17 个百分点。城镇化水平的提高给我国经济的发展带来促进作用：一是农村剩余劳动力向城市的转移，促使第一产业向第二、三产业转移，为第二、三产业的成长带来了利好。二是刺激了消费，大量人口的迁移加大了对城市的住房需求，对城市基础设施的建设也带来更高的要求，从而提升了建材、生活物品等众多领域的消费水平。

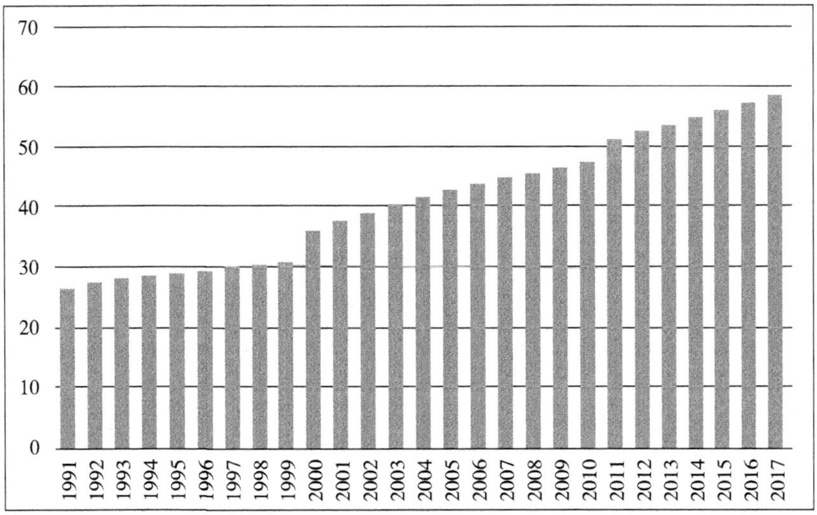

图 1-2　1991-2017 年中国城镇化率

数据来源：中国国家统计局 .

3. 消费与物价

2017 年我国全国 CPI（指居民消费价格指数）同比涨幅 1.6% 左右，重返“1 时代”，超标准地完成了 3% 的年度调控目标。分类来看，食品出现了 2003 年以来的首次下降，达到了 1.4%，主要是受到猪肉和新鲜蔬菜价格下降带来的影响，非食品价格与 2016 年相比涨幅增大了 0.9 个百分点，达到 2.3%，其中服务价格上涨 3.0%，工业消费品价格上涨了 1.7%。在医疗保健、教育文化等领域涨幅明显，对 CPI 的贡献率达到 1.93 个百分点。2017 年 PPI（指生产价格指数）同比由负转正，结束了 5 年以来连续的下降趋势。从行业上来看，有燃气生产和供应、黑色金融冶炼及压延加工业涨幅较大，均超过了 3.4%，而石油和天然气开采业涨幅回落，仅有 3.7%，PPI 与 CPI 对比来看，两者差额明显，甚至于一季度达到历史峰值，造成这一现象的根本原因主要是上游生产资料价格向下游传导困难。

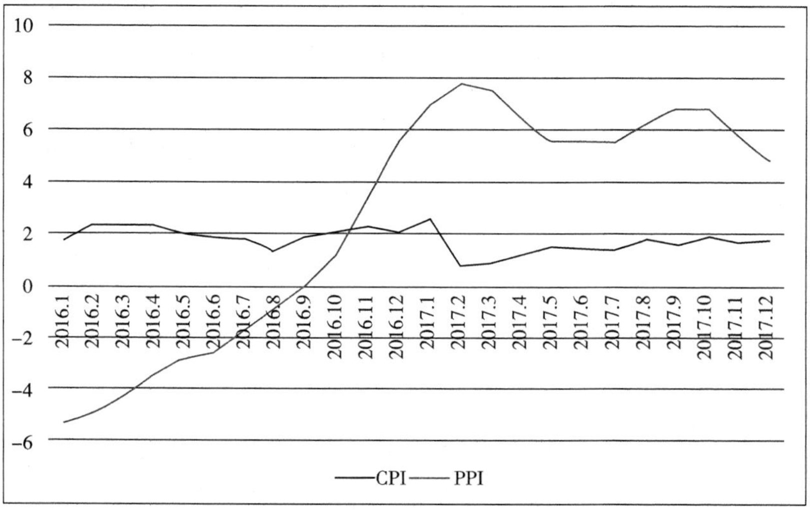

图 1–3　2016–2017 年月度 CPI、PPI

数据来源：wind 金融数据

4. 对外贸易

2017 年我国对外贸易进出口总值为 27.79 万亿元，其中出口 15.33 万亿元，贸易顺差为 2.87 万亿元。[①] 与 2016 年相比，中国的进出口总额增长了

① 中华人民共和国海关总署 .

14.2%，出口增长 10.8%，进口相对增长较多，达到了 18.7%，结束了 2015 年以来的进出口双双下降的情况。从与贸易伙伴的进出口来看，与欧盟、美国、东盟的的进出口均同步增加，三者进出口总值占我国的 40% 以上。得益于“一带一路”政策的推进，我国与“一带一路”沿线的国家进出口规模增势也较为明显。

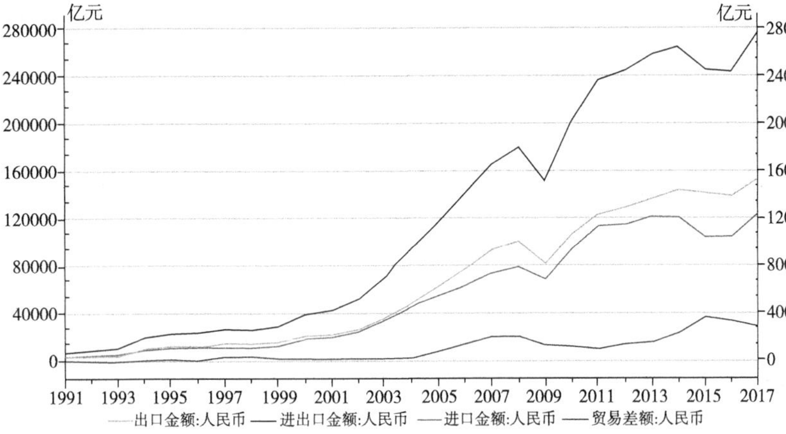

图 1-4　1991-2017 年我国进出口额及贸易差额

数据来源：wind 金融数据

本次进出口额增大主要是受到国内外多重因素的影响，国际上主要是全球经济逐渐恢复，制造业生产回暖，国际贸易投资日益活跃，国内主要是我国经济从“重量”的发展转变为了“重质”的发展阶段，改变了过去不可持续的增长模式，推进高科技产业的建设，这给我国的对外贸易带来了积极因素。

5. 国际投资

2017 年我国对外投资方面下降近 30%，为 1200.8 亿元美元。在强监管的背景下，非理性投资得到有效的改善，质量和效益都在明显的提升。

2017 年全年，由于我国对“一带一路”战略的深入推进以及国内企业的积极参与，我国对沿线的 59 个国家的投资总额与去年相比增加了 3.5 个百分点，合计 143.6 亿美元。同时与全球其他国家的经贸合作也有明显成效，截止到 2017 年末，我国企业在 44 个国家建立了 99 家境外经济贸易合作区，走出去的战略不断得到发展，规模也在不断的扩大。

在利用外资方面，我国2017年实际使用外资8775.6亿元人民币，同比增长7.9%，全年利用外资规模创历史新高。根据商务部数据，2017年，全国新设立外商投资企业35652家，同比增长27.8%。[①] 去年12月，全国新设立外商投资企业4837家，同比增长36.5%。[②]

另外，在利用外资规模创新高的同时，我国外资的产业结构也在不断的优化，高新技术产业吸收外资明显增长，达到66.1%，与去年相比增加了10个百分点。新建300多家外资研发中心，为我国的高科技产业带来新的动力，助力“中国质造”。

6. 外汇与储备

据中国人民银行发布数据显示，截至2017年12月底，中国外汇储备由2017年1月触底近年来最低水平2.998万亿美元回升到年末的3.140万亿美元，实现了三年以来的首次年度增长，主要原因是中国跨境资本流动更加趋于平衡状态，非美元汇率和资产价格的上升的双重作用推动了外汇储备的上升。

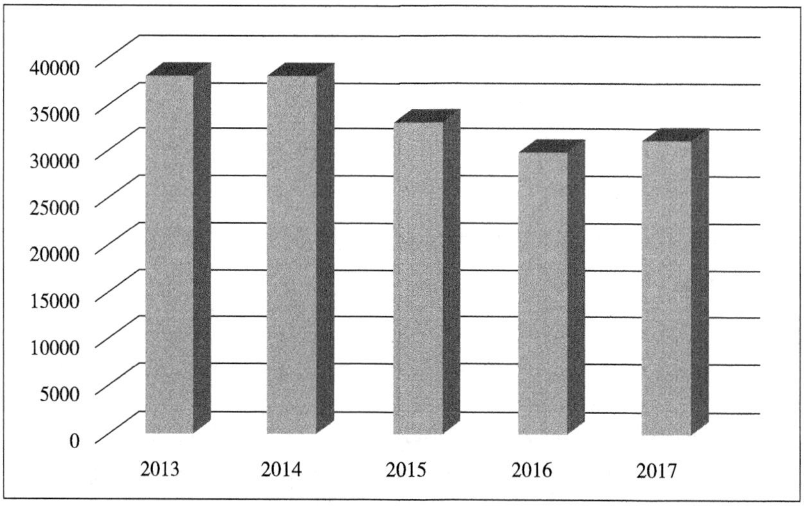

图1–5　2013–2017年年末国家外汇储备（单位：亿美元）

数据来源：中国国家统计局

---

① 中华人民共和国商务部.

② 中华人民共和国商务部.

外汇储备的增长对我国综合实力的增强以及我国在国际舞台上资信的提高影响较大，为人民币的稳定和国际化进程提供了坚强的后盾，另外外汇储备的增长有利于增强我国利用外资的能力，吸引外资的进入，同时也鼓励了我国企业的“走出去”战略。

二、2017 年的重要经济事件及分析

2017 年，中国经济力挽狂澜，实现了超越预期的增长率，随着“一带一路”等对外政策的逐渐实施，中国经济更加经受住了世界经济形势变幻莫测的考验。面对新时期的经济转型及社会问题，我国实施了多方位战略，如雄安新区的设立、中国高端设备制造的提出、货币政策和宏观审慎政策双支柱调控框架、A 股纳入 MSCI 指数等战略的实施从各个方面来提振中国经济的活力和解决社会问题。

1. 雄安新区——第三个国家级新区诞生

三十年来，我国的经济增长主要靠出口和投资带动，实现了历史性的增长，由于东部沿海地区得天独厚的优势，我国改革开放后的增长重心主要在东部沿海地区，但是，东部地区的经济高速发展的同时也带来了区域间经济的不平衡发展。2008 年全球金融危机的发生给我国经济发展的动力带来阻碍，国际市场上消费低迷，靠出口拉动经济难以为继，2010 年以后，我国 GDP 增速出现持续下滑，中西部地区经济增长速度超过东部地区成为全国经济增长的主力军，解决区域经济不平衡问题成为稳定经济增长的破局之法，所以经济增长由出口拉动转为内需拉动，发展重心由沿海转向内陆迫在眉睫。而观察可以发现，中国区域增长的不平衡问题主要集中在各大区域之间的不平衡，东部和中西部的不平衡以及一些经济增长极的内部不平衡，其中京津冀的不平衡发展尤为突出。

京津冀地区面临的挑战和矛盾是全国面对的问题和矛盾的缩影，人口大量聚集，区域经济相差较大，如河北各城市经济相较于北京和天津有天壤之别，如何进行资源分配及区域分工的问题便横亘在我们的眼前。中共十八大以来，中共中央总书记习近平同志多次深入基层调研、会谈，提出建设雄安新区这一国家级新区以承接北京的非首都功能，以实现给北京减

压的同时也带动河北等地区的经济增长。

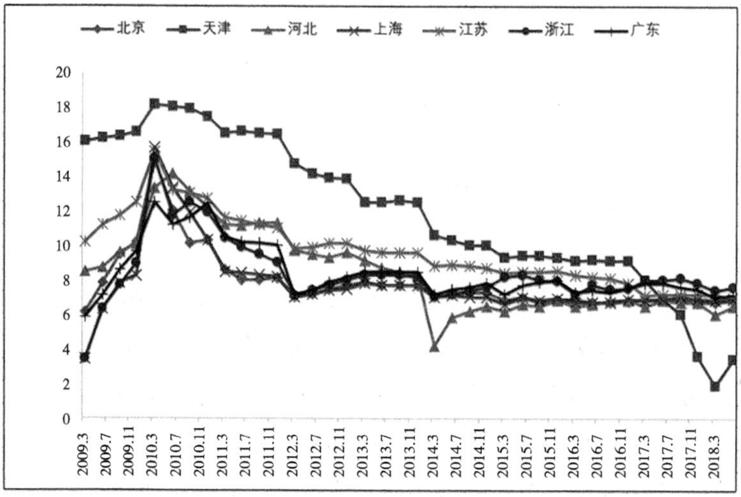

图 1-6　长三角、珠三角和京津冀地区经济增速情况

数据来源：wind 金融数据

表 1-2　建设雄安新区可能疏解的非首都功能

疏解内容	积极情况	一般情况
一般性制造业	中关村的优质创新制造业	非污染的一般制造业加工生产环节
区域性物流基地和区域性批发市场	依托新机场建设世界级物流中心和展销基地	类似动物园批发市场、大红门批发市场等
部分教育医疗等公共服务功能	大型三甲医院建设分院、个别高校建设分校	大型医院的康复疗养中心、高校的非主要教育功能，如继续教育、非学历教育、培训中心等
部分行政性、事业性服务机构	中央部委的核心下属企事业单位，如信息中心、研究院等	个别部委的下属二级、三级事业单位，如印刷中心、服务中心等

数据来源：华泰证券研究所

2017 年 4 月 1 日，中共中央、国务院下发通知，设立雄安新区。习近平总书记通过对京津冀地区的走访调研和会谈，确定了河北雄安作为国家级新区，如同深圳特区是改革开放的前沿阵地一样，雄安新区同样被赋予了新时期探索创新发展模式的历史使命。雄安的设立是在我国经济处于产业结构调整，经济增速由“重量”向“重质”以及供给侧结构性改革的重要时期，只有依靠创新、培育创新驱动力才能适应和把握我经济发展新常态的脉搏。雄安新区这一千年大计的设立面临着整合京津冀各区域优势，实现“1+1+1>3”的发展愿望，也是为了缩小京津冀的区域经济差别，建立全球创新高地。

建设雄安主要面临五大问题：一是对雄安的定位和设计。雄安新区是非首都功能的承载之地，首要目标是疏解北京的非首都功能，给北京降压减负，同时雄安新区作为千年大计、国家级新区，将会建成一个拥有现代化功能的大城市，是京津冀协同发展的“引擎”之一。在疏解非首都功能方面，雄安新区要有规划的进行空间布置，从多个方面来增强新区的自我发展要求。在经济新模式探索方面，雄安应加强创新的能力，通过各种政策吸引高端人才就业，发展高端产业和创新型企业。利用雄安的地理位置优势和低成本优势，吸引外来资金和技术等众多要素，拉动河北地区经济结构的转型。二是基础设施建设和公共服务的提升并驾齐驱。这一布局的实现需要政策的强力支撑，雄安的建设离不开人才、资金，所以通过建设良好的投资环境，建立宜人的生活居住环境、生态环境等，才能为吸引高端人才和优质产业、企业的入驻带来可能。目前，雄安地区到京津的高铁已开工建设，在未来的几年，将可实现半小时到达北京，交通将十分便利。三是雄安的城市规划问题。雄安的规划需要兼顾生态、交通、旅游等诸多方面，这对基础设施建设和政策支持力度带来巨大的考验。四是产业规划问题。雄安新区涵盖了容县、雄县、安县等三个地方，有“华北之肾”之称的白洋淀便坐落于此，白洋淀的生态环境已经较为脆弱，对雄安新区的生态环境建设带来了考验。五是住房与土地问题。住房与土地问题一直困扰着中国的各大、中城市，房价较高对人才的引进较为不利，所以雄安新区在建设之初就应该考虑到人才的住房问题——合理引导、抑制投机，找出一条可持续的住房供应体系，不要让住房问题成为“千年大计”的绊脚石。

雄安新区是与深圳特区、浦东新区齐名的国家级新区，与两者不同的是深圳带动的是“开放”，深圳作为全国改革开放的前沿阵地，是对外开放的窗口，通过深圳的成功可以将经验推广到珠三角等沿海城市的发展建设中去，形成多层次全方位的对外开放格局。浦东带动的是改革，作为由

“计划经济”向“市场经济”改革的试验田，浦东的角色承担了市场经济示范点的重任，拉开了20世纪90年代全国更大范围的改革开放。雄安新区带动的将是绿色发展，雄安是要建设成为一个集绿色、智慧、现代于一体的国际化大城市，并起到带动河北甚至华北地区的城市转型，为治霾及环境治理问题带来新的解决方法。

2. 中国高端制造业强势崛起

自1949年以来，我国从落后贫穷、毫无制造业可言的国家发展为一个能够拥有种类齐全、完整的产业结构体系的国家。制造业举足轻重，它是我国现代化和工业化文明进程的催化剂。制造业是否强大是一个国家综合国力的体现，它决定了一个国家能否长久稳定地立于世界强国之林。通过横向对比，我国制造业的落后之处便显示出来，与世界先进水平相比，中国制造业虽门类齐全，但工业水平较低，创新不足，所以导致竞争力较低；产品数量虽多，但质量方面与全球同类产品相比却得不到认可。中央提出的“制造业2025”战略的实施任务艰巨，产业转型升级亟待解决。数据显示，在高端装备领域，我国大型石化装备、集成电路芯片制造装备、汽车制造的关键设备以及集约农业装备依然大量靠着进口。中国在低端设备的自给自足率达到了85%，但在高端领域处于的劣势地位对中国制造业产生了致命的影响，所以能否升级制造业水平，提升创新能力关乎中国制造业的未来。为此，《国务院关于加快培育和发展战略性新兴产业的决定》中明确将高端设备制造业作为七大战略新兴产业之一，集各种优势主力高端装备制造业快速发展。当前，新一轮的科技革命和产业革命与我国的转变经济方式战略历史性交汇，国际产业分工也在重新划分。我国必须抓住这一历史机遇，统筹布局，建设我国高端设备制造业。

制造业是国民经济的基础，它的兴衰与否决定着国家经济的强弱，也决定了人民生活的品质，它是一个国家与世界竞争的主要影响因素。所以，提升制造业水平达到国际标准代表了我国综合国力的提高，这也是我国安全稳定发展的重要保障。制造业的高速发展本质上代表着一个国家工业化进程的高速发展，所以建立高端装备制造业是我国踏入发达国家行列的基础。

2017年4月，首艘国产航母下水；5月，量子计算机研发成功；同月，

C919 大型客机在上海浦东国际机场成功首飞；之后，全世界最快的高铁复兴号上路运营。另根据《中国制造 2025》报告，高端装备创新工程与制造业创新工程、智能制造工程、工业强基工程、绿色制造工程等并列“中国制造 2025”五大工程，作为我国制造业振兴战略的一部分，承载着我国高端设备跻身于国际一流水平这一“中国梦”实现的希望，同时我国通过法规制度的配合和产业结构的调整，集中政策、资金等一切力量来推动高端制造设备项目的进程。这种种事项都表明，我国在高端设备制造业领域已经从前期的认识不足和中期的奋力追赶到了当前的强力政策支持和有明显进步这一阶段，相信我国的高端设备制造业将在不断优化、不断升级的道路上越走越好。

3. 货币政策和宏观审慎政策双支柱调控框架

自 2008 年国际金融危机以来，宏观审慎政策得到国际社会越来越高的重视。将货币政策调控与宏观审慎政策调控更加紧密地结合起来得到国际社会更加广泛的认可。以英国和欧盟为例，英国央行将微观、宏观审慎及货币政策三者集于一处，专门设立金融政策委员会负责宏观审慎政策的制定与管理，以形成与货币政策委员会制定货币政策相对应的独立机构。欧元区同样将货币与宏观审慎政策紧密结合，组成了以欧央行为核心和各成员审慎当局共同负责的政策框架，由此可以看出国际社会对宏观审慎政策的重视程度。

我国正式引入差别准备金动态调整机制是在 2011 年，引导金融机构的信贷扩张与自有资本水平的相适应，防止因利诱导的杠杆水平的盲目扩张，给金融机构带来风险。然而随着金融市场的发展和金融工具、金融产品的不断创新，差别准备金机制已不能完全满足防范风险的需要，2016 年起，我国将差别准备金动态调整机制“升格”为 MPA 体系，通过宏观审慎体系（MPA）的建立，更多的金融活动和资产扩张行为被纳入监管的范围内，从多个方面对金融机构的行为进行引导，通过逆周期的调节，以期改善金融市场环境；2017 年又将表外业务纳入 MPA 的管理范围中，从表内和表外两个方面加强对金融机构风险的管理，进一步提升了金融机构的健康平稳运行；2018 年同业存单业务加入了宏观审慎监管的大家庭，从同业负债占比指标进行考核。

立足于本国市场的基本情况，在深入了解、汲取国际宏观审慎政策的情况下，2015年中央人民银行将跨境资本的流动纳入了MPA体系，同时在外汇市场和跨境融资两个维度，对市场上金融机构的杠杆融资行为和通过短期自由资金的炒作两个方面采取逆周期调节。从而促进金融市场的健康稳定运行以及金融工具、金融产品的创新与发展。货币政策和宏观审慎政策的并驾齐驱将为政策制定者调控经济政策提供更多更好的方法和工具。宏观经济政策的目标主要是经济增长、物价稳定、充分就业和金融稳定四大方面。中国较为通常使用的调节政策主要是货币和财政两个方面。然而这有时会出现两难境地，如经济增长低迷与金融泡沫共存时，用宽松的货币政策来刺激经济增长可能会带来金融市场的不稳定；而期望通过紧缩货币政策来挤压金融泡沫会导致经济进入费雪的债务—通缩循环。此外，有研究发现，货币政策本身可能也是导致金融市场不稳定的因素之一。根据丁伯根法则，当一项经济政策只针对一个政策目标时，能达到最佳的效果。在货币政策与宏观审慎政策两者同时使用的双支柱调控框架下，解决系统性风险用宏观审慎政策，而对于物价稳定和经济增长等经济目标可以采用货币政策工具。2018年十九大报告中关于双支柱调控的提出为此提到了新的高度。

央行通过因城施策的住房金融宏观审慎政策的实施，加大了对房地产市场的宏观审慎管理力度。当前，银行方面，流动性平稳，货币信贷和社会融资规模也保持稳定增长的趋势，大部分银行等金融机构经营情况健康稳定，杠杆和投资行为受到一定程度的压抑，普通企业和居民的借款需求得到一定的保障。另外，双支柱调控框架的建立为当前的供给侧结构性改革和“三去一降一补”提供了良好的货币金融环境，同时也促进了宏观经济的平稳健康发展。

以中国人民银行为主导，财政部、证监会、银监会、保监会参与建设的货币政策和宏观审慎政策双支柱政策框架的建立，将有效的改善金融市场面对的环境。首先，货币政策与MPA体系二者会相互影响。货币政策对资产价格、市场利率和汇率的作用将影响宏观审慎政策的制定，同样，宏观审慎政策的宽松还是紧缩对货币政策的操作空间也产生了影响。第二，中国人民银行作为双支柱调控体系的主导者对系统性风险和宏观审慎政策作了大量的基础研究，对二者的融合有较好的保障。第三，中国人民银行是金融部门的监管者也是宏观审慎政策的制定者，其特定的角色为政策的制定与实施提供了重要依据。因此，设立在央行的国家金融稳定发展委员会办公室与财政部和三会对政策的制定与实行集合着各自的优势。

4. A 股纳入 MSCI 新兴市场指数

MSCI 是美国著名的指数编制公司摩根斯士丹资本国际，从 1969 年编制出第一只指数产品开始，到目前已经是全球最具影响力的公司之一。据公司官网显示，全球 100 家重要的资产管理公司中有 97 家是其客户，某股票纳入 MSCI 指数将意味着非常大的买盘，从而 MSCI 指数逐渐地成为反应国际投资者投资的风向，给投资者的投资带来参考。

2017 年，中国 A 股纳入了 MSCI 新兴市场指数，在连续三次的失败后，中国 A 股终于被认可，第四次成功纳入该指数。随着 A 股市场的进一步国际化，准入制度也将进一步与国际接轨。初始纳入的 22 只 A 股将分为两步：分别于 2018 年 5 月和 8 月实施。这意味着从 2018 年开始，国际投资者将可通过 MSCI 指数来购买 A 股股票。

A 股纳入 MSCI 新兴市场指数如同实体产业 2002 年加入了世贸组织，后者是实体产业进入了全球化范围，而前者则是中国股市走向国际化的重要标志，这将为中国资本市场参与国际化带来便利。A 股纳入 MSCI 指数，在两个方面对中国的股市起到促进作用：一是这意味着国际化资产管理公司对中国资本市场的信心在不断的增强，在人民币贬值的情况下，反映出了这一担忧的缓解和消化；二是这是国际市场对中国证监会主导的股市治理和改革的认可，反映出中国股市的阶段性成长，对股市未来的发展带来利好。尽管目前看来形势一片大好，国际市场也对中国股市信心十足，但由于股市停牌过多，沪港通、深港通的交易额度的限制，股票停牌制度的进一步完善变得越来越重要。这也是加强中国 A 股纳入 MSCI 影响力的重要一步。

5. 国企混改有突破性进展

2017 年是国企改革的“施工年”，继 2016 年发改委宣布展开第一批的国企混合所有制改革试点以来，2017 年的中央经济工作会议再次强调了混合所有制改革的重要性。要求推进大型国有垄断领域带头迈出混合所有制改革的步伐，给其他企业的改革形成模范作用。国企混改对于政、企参与方都存在着较大的挑战。政府需要完善制度和法律法规的建设，为混合民间资本进入国有企业开辟道路，保驾护航。而国有企业作为被投资的一方需要改变思维、积极参与、拿出诚意、真正的与民营企业合作，规范合理地建出一个新模式。

国有企业混改是一项重大的产权制度改革，虽然过去已取得了令人瞩目的成就，但当前依然存在着一些问题和矛盾。首先国有企业需要清产核资与资产确权，避免国有资本的流失，再者国资管理体制的提升也亟待解决，现有的法律法规限制了企业独立的市场地位。然后是企业公益机构的剥离与移交问题能否处置好对混改项目将带来较大影响。

2017 年，共完成 134 家央企的公司制改革任务，扫清了混合所有制改革的障碍，所以 2017 年可称为国有企业混改的见效之年。

三、未来与展望

2017 年是中国共产党的十九大召开之年，十九大报告指出：中国的任务已经从解决温饱问题提升为将面对更复杂的社会问题，如防范化解重大风险、精准脱贫、污染防治等。由此，影响着中国 2018 年的宏观政策走向，给 2018 年的中国经济带来外生性影响。总体来说，未来几年有以下两个方面值得关注。

第一，为了实现 2020 年全面建成小康社会，维持经济中高速增长非常必要。2018 年是第“十三五”规划的中间之年，其重要性不可言喻。供给侧结构性改革，“三降一补”政策依然是中国经济改革的首要考虑因素，以创新驱动和消费导向为经济发展提供新动力。

实施创新发展战略的重要载体是大众创业、万众创新。在未来的一段时间中，大众创业、万众创新将引领潮流，为经济的发展带来推动剂。2017 年国务院发布《国务院关于强化实施创新驱动发展战略进一步推进大众创业万众创新深入发展的意见》，提出了“四个进一步”的要求。一是进一步要求优化创新创业环境，从制度上为创新创业开辟一条顺畅的高速路。政府职能方面从之前的全监管转变为审慎监管，从而推动了“放管服”

改革。二是进一步扩大创新创业的覆盖范围，高等院校、研究所起带头模范作用，着力推动创业群体的多元化，从农民、工人到高等院校研究者都可以通过自己的禀赋来参与其中。三是进一步提升创新创业的高科技含量，培养中、高级技能人才的创业意识、创造潜能，将基础研究与市场应用结合起来，为生产力的进步增添新血液。四是进一步结合“互联网 +”“中国制造业 2025”和军民融合等重大战略措施，促进新技术、新模式、新业态的产业技术升级。“四个进一步”的提出为我国的经济走向指明了道路，在未来的几年中，我国将围绕这些战略部署经济措施，2018 年作为关键之年，重要性不可小觑。

国民经济的“三驾马车”——投资、出口和消费中的投资和出口对中国经济的影响逐渐下降，消费已成为中国经济增长的新动力。中国作为全球第一人口大国，消费潜力巨大，但是由于国产消费的质量达不到消费者的要求，需求与消费不匹配，随着中国人均收入的进一步提高，消费外流将越来越严重，如前几年出现的中国大妈大量购买日本马桶等，年轻消费者手机消费偏爱三星、苹果等国外品牌将屡见不鲜。故中央提出了四个“进一步”的战略，这一先进性革命，将拉动国产品牌的质量，使需求国内消费者的消费。

第二，当前国际环境复杂，贸易保护主义抬头，尤其是特朗普上台后的一系列贸易政策都对中国的政策走向产生了重大影响。中国作为一个具有对全球经济有较大影响力的国家，将会继续秉持推进对外开放战略，积极参与全球化治理。对外通过“一带一路”加大在不同领域上的对外投资力度，为中国经济也为世界经济带来活力。

2018 年，中国经济的“换挡提速”的强劲与风险并存，随着经济实力的不断提高，全球治理的需求进一步扩张，中国有望从“跟随者”转变角色到“引领者”。积极参与国际环境建设，主动优化与其他国家的关系，为国内发展寻找机遇。我们认为 2018 年有三大机遇将给中国的经济带来由内及外的支撑，对“对外开放、对内改革”的政策也将带来促进。

第一，人民币国际化。2018 年，财政、债务、汇率等多重风险将给石油输出国带来巨大压力。为规避风险，沙特、巴西等石油输出大国将会追随委内瑞拉的先例，从“去美元化”方面着手，加强石油贸易的“去美元化”，为石油人民币带来机遇，以人民币结算的石油会越来越大，国际社会对人民币货币的需求量进一步增大，推动了人民币的国际化进程。

第二，“一带一路”建设。2018年，“一带一路”政策将继续扩大国内对沿线国家的投资建设，从需求国向供给国转变。沿线国家面对较大的海外投资，作为被投资国家，将会匹配外来投资的需求，发挥自己的优势，国际产能和区域一体化合作的内在推动因素将多倍增加。另外，“互联互通”将进一步深化，沿线国家资源禀赋不同，对要素的需求也就不同，“一带一路”政策给各国带来资金的同时也将各国特有的优势融合起来为新的区域发展带来良好的外溢效应。随着“一带一路”进程的推进，将为人民币国际化及资本市场的开放提供有力支撑。

第三，中美新型大国关系。从短期来看，美国民粹主义影响着中美贸易政策，时不时给中美贸易带来摩擦，影响中美关系的稳定性。但长期来看，中美作为全球两个经济实力最雄厚的国家，若发生贸易战将两败俱伤，中美两国无论任何一个国家受到伤害都会给对方带来损失，所以中美贸易的相依相存和特朗普政府以利益为导向的政策制定都会让未来的中美贸易由对抗变为合作从而带来希望。2018年，中美全面经济对话以及在多方面展开的合作，如天然气、制造业、高新技术等方面的合作将为中国经济的改革升级带来外部效应。

所以，2018年作为在全面建成小康社会的关键之年，也是贯彻十九大精神的开局之年，中国经济面对经济周期波动有更强的韧性，对内改革对外开放的政策将进一步加深，全球治理创造新机遇。以此为机遇，中国经济的重心将会有三次换挡升级的机会。第一是供给侧结构性改革的政策带来的红利将逐渐显现，国有企业混改和国际产能合作将持续不断的增强。第二是创新驱动经济发展将代替要素驱动，中产阶级崛起和消费升级将成为增长新引擎。第三是从关注GDP总量的增速转变为以民生福利为核心，促进分配更加公平合理，提升社会保障能力。抓住这三个增长机会将对我国经济的发展带来强有力的促进作用，使我国在经济转型的关键时刻能够力挽狂澜，稳定增长，达到十九大报告提出的对我国经济发展的要求。

第二章　2017 年美国经济观察报告

任康钰　孙中源

一、经济、社会概况

2017 年是美国总统特朗普上任执政后的第一年，之前一年，美国刚刚经历了由于国内私人投资以及进出口贸易疲软而导致的经济增速放缓，但 2017 年美国经济成功迎来复苏，在消费、投资、出口三大推动力的支持下，经济各项指标表现良好。除了经济的复苏，2017 年也是意义深远的一年，特朗普税改、美联储加息缩表等多个重磅事件的发生，都意味着美国正在逐渐远离 2008 年金融危机的影响，有望开启一个全新的时代。

1. 国内生产总值（GDP）

回顾 2008 年之后美国国内生产总值的变动趋势，可以看出，自 2010 年开始，美国经济逐渐走出金融危机的阴影，自 2013 年至 2015 年，国内生产总值连续增长，平均增长率超过 2%，但 2016 年增速明显放缓，下滑到 2% 以下。

北京时间 2018 年 1 月 26 日，美国商务部经济分析局（Bureau of Economic Analysis）公布了 2017 年美国国内生产总值的最新数据。数据显示，2017 年美国国内生产总值接近 20 万亿美元，达到了 193868 亿美元，稳居世界第一，排在第二名的中国 GDP 为 12 万亿美元，第三名日本仅有 4 万亿美元，由此可以看出美国经济可观的体量。而扣除价格因素，GDP 的同比实际增长率为 2.3%。这一增长率高于 2016 年的 1.5%，经济复苏迹象明显。

图 2–1　美国 GDP 总值增长率趋势图：2007–2017 年

数据来源：美国商务部经济分析局

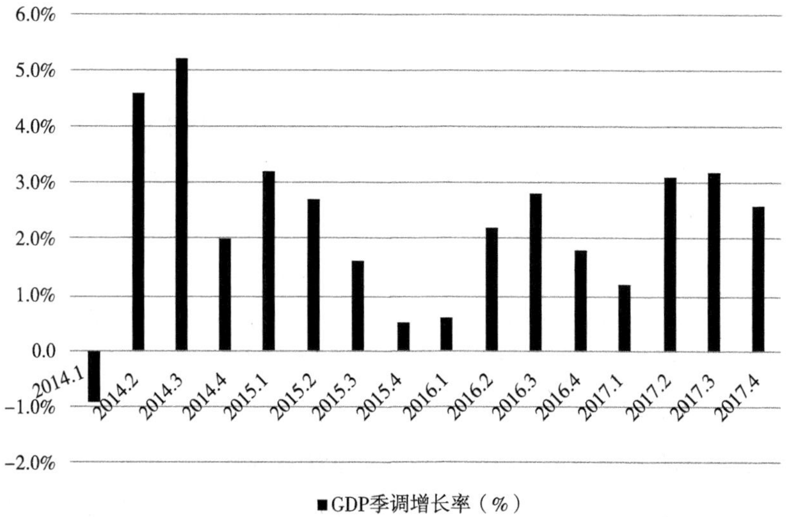

图 2–2　美国 GDP 季度增长对比图：2014–2017 年

数据来源：美国商务部经济分析局

从各项指标来看，2017 年拉动经济增长的动力主要来自个人消费支出、非居民固定投资和出口。第一是稳健的居民消费增长。作为支撑经济发展的首要动力，2017 年 GDP 的增长中个人消费支出的贡献达到了 1.88 个百分点，另外 2017 年全年零售销售增长率接近 5%，成了美国经济复苏的强劲动力；第二是制造业持续发力。在 2017 年 GDP 的增长中，国内私人投资贡献了 0.53 个百分点，其中固定投资贡献尤为巨大，达到了 0.65%，此外，从其他数据来看，美国制造业 PMI 稳步上升，制造业扩张迹象明显，产能利用率截至 2017 年 12 月已达到 77.1%，达到了近些年的较高水平，美国工业发展呈现出良好态势；第三是出口增长显著，在经历了 2016 年前后的短暂衰退后，2017 年底出口总额创下了金融危机后的新高，GDP 的增长中出口部分的贡献达到了 0.4 个百分点。2017 年美国消费、投资、出口三大经济推动力抵消了私人库存投资、进口对经济的负面影响，支撑了美国 2017 年经济的稳步增长。

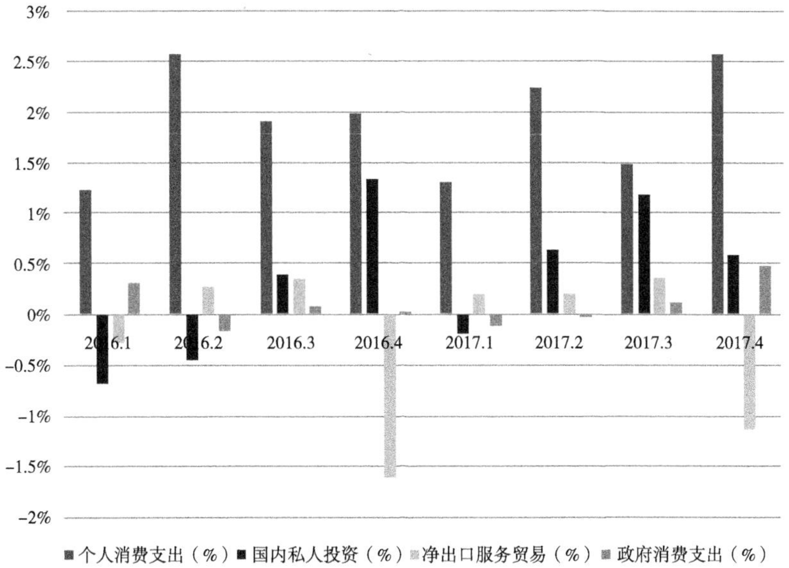

图 2-3　美国 GDP 各项经济指标季度对比图：2016-2017 年

数据来源：美国商务部经济分析

2. 就业和个人可支配收入

美国失业率在 2017 年保持着持续下跌的态势，截至 2017 年 12 月，美国失业率从年初的 4.8% 降至 4.1%，较年初降低 0.7 个百分点，达到了 45 年来的历史低位。从 2016 年开始，美国失业率便降至 5% 以下，2017 年下半年后一直维持在 4.4% 以下。回顾 2017 年，美国新增超过 200 万非农就业人数，并且多个月份新增就业数据表现超出市场预期。从新增就业岗位的来源看，主要来自制造业、采矿业和伐木业，三个行业成功扭转了 2016 年的颓势。随着 2017 年底的税改法案获得通过，制造业或将成为受益最大的经济部门，制造业的复苏将对 2018 年美国经济产生积极影响，这将促进就业岗位数量的增加，进一步促使失业率降低。

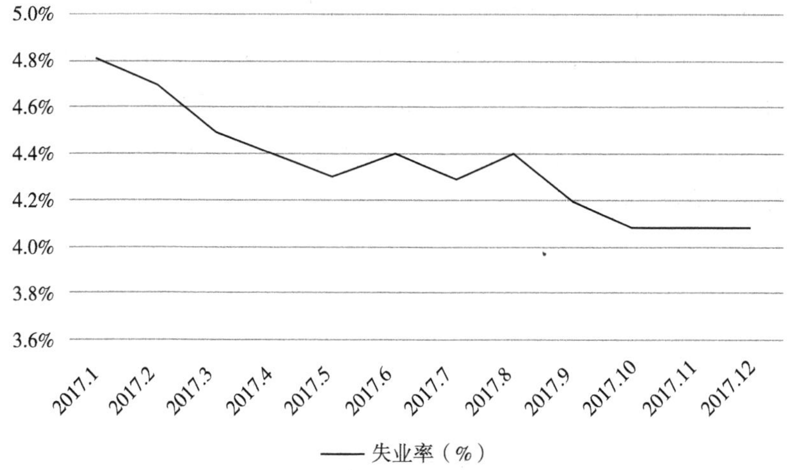

图 2–4　美国 2017 年月度失业率趋势图

数据来源：美国劳工部

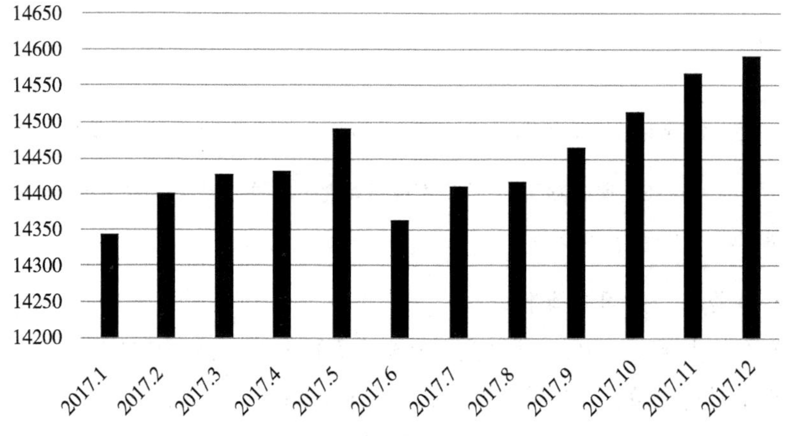

图 2–5　美国 2017 年月度个人可支配收入趋势图（单位：美元）

数据来源：tradingeconomics

除了就业形势的良好态势，2017 年，美国居民个人可支配收入稳步增长，截至 12 月，达到 14566 美元，为历史最高值。与 2016 年相比，个人可支配收入增加 308 美元，同比增长 2.2%。持续增强的消费能力是美国经济增长的重要保障。

3. 制造业、房地产发展

2017 美国的各项 PMI 指数持续走高。美国供应管理协会（Institute of Supply Management，ISM）数据显示，截至 2017 年 12 月，制造业 PMI 达到 59.7，创下了 2016 年之后的新高，2017 年美国制造业复苏迹象明显并处于扩张状态。另外，在 2017 年 12 月，制造业新订单指数上升 5.4 个点至 69.4，生产指数上升到 65.8，新出口订单指数 58.5。在美国供应管理协会调查的 18 个行业中，处于扩张状态的行业有 16 个，其中，以机械制造、化工、交通设备为代表的第二产业增长强劲，在国内、国外均有着良好的销售状况，出现衰退的行业仅有纺织品和木制品行业。

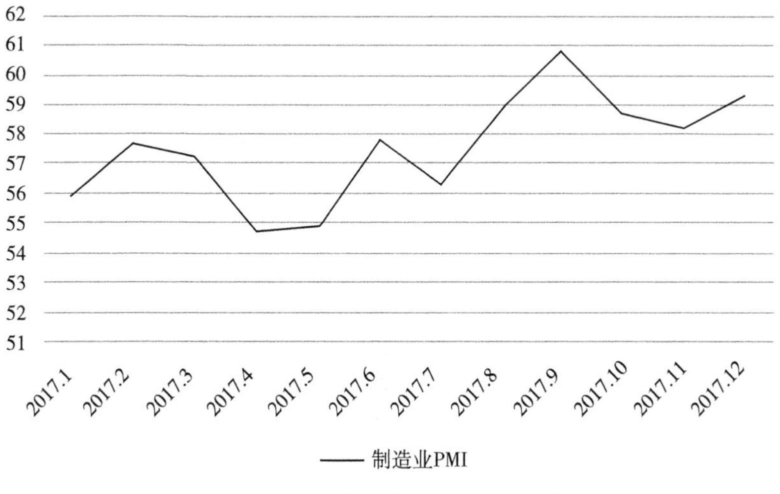

图 2–6　美国 2017 年制造业采购经理指数趋势图

数据来源：tradingeconomics

2017 年房地产上半年表现良好，年末由于美联储加息、飓风等因素影响，房地产所受影响显著。

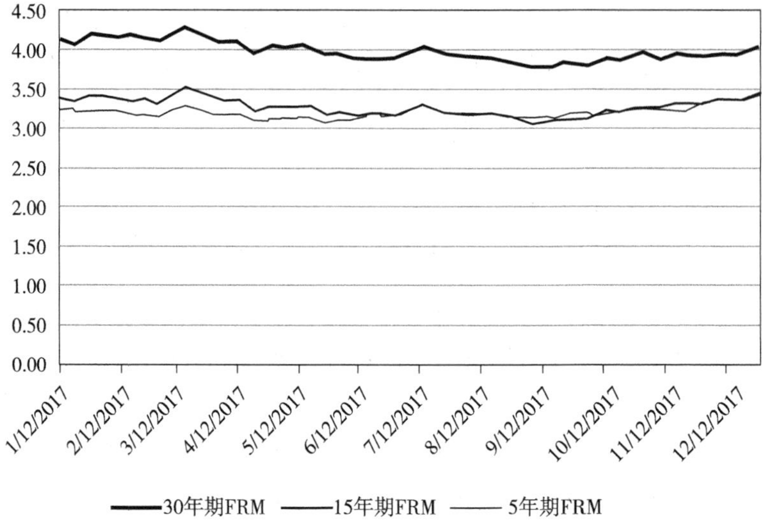

图 2-7　美国住房抵押贷款利率（单位：%）

数据来源：房地美 http：//www.freddiemac.com/pmms/

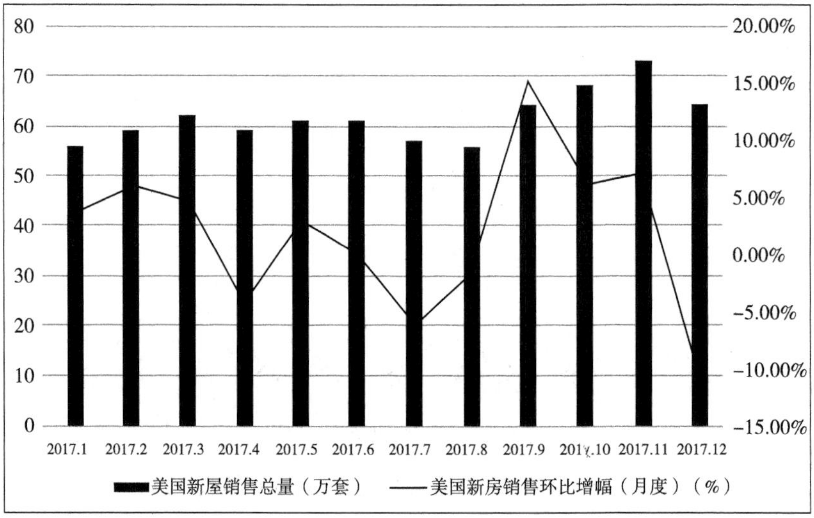

图 2-8　美国 2017 年新屋销售总量及环比变化图

数据来源：美国商务部

纵观 2017 年，美国 30 年期和 15 年期的住房抵押贷款固定利率走势出现分化态势，与 2016 年相比，前者下降 0.13 个百分点，后者上升 0.07 个百分点，分别是-3.2% 和2.1%，5 年期抵押贷款浮动利率比上年度上升 7.4%。

受美联储加息、飓风等因素的负面影响，年末 5 年期抵押贷款浮动利率上升明显，预计 2018 年将继续上涨。而从 2017 年最后两个月的数据来看，中短期抵押贷款利率的上涨显著影响到了房地产行业。新屋销售数据显示，2017 年 12 月新屋销售总量比 1 月增加 8.5 万套，2017 年全年同比增长超过 15%，但是 12 月新屋销售总量环比减少 12.28%，截止到 2018 年 1 月的最新数据，新屋销售总量与上年 11 月相比已蒸发约 20%。

4. 国际贸易

按照国际收支服务贸易统计（Balance of Payments 简称 BOP）显示，2017 年美国货物贸易总额继续保持前几年的上升态势，同比保持较快增长。与 2016 年相比，进出口总额均有增加，出口总额 15514 亿美元，比上年度增长 6.6%，进口总额 23615 亿美元，比上年度增加 6.9%。2017 年，贸易逆差的态势并没有改变，并以 7.6% 的增长幅度继续扩大，全年贸易差额超过 8000 亿美元，创下了金融危机以来的最高纪录。多方面因素造成了美国贸易逆差增加，一是美国经济复苏，国内需求旺盛，导致美国对外商品的采购增加；二是此过去几十年，美国政策间歇性的减税政策以及中东战争的巨大开支，都让美国政府债台高筑，而政府赤字与贸易逆差又具有高度相关性，美国政府的政策极有可能是贸易赤字的扩大的一项诱因。

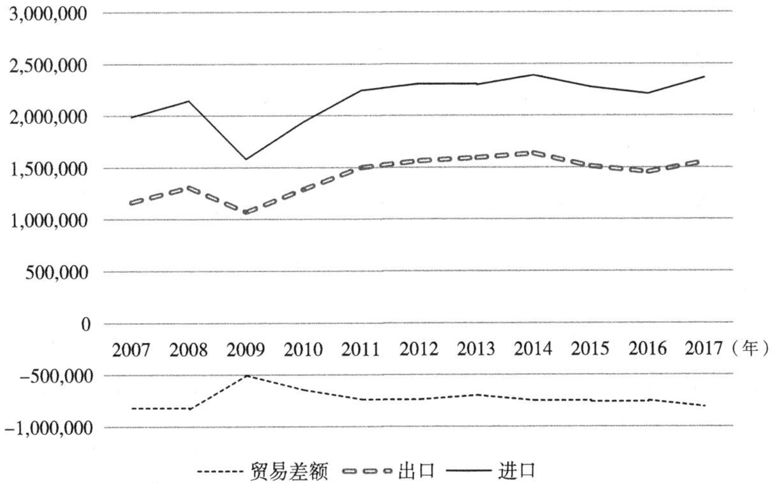

图 2–9　2007 年 – 2017 年美国进出口贸易趋势图（单位：百万美元）

数据来源：美国商务部

表 2-1 2017 年与 2016 年美国进出口贸易总量对比表

	2017（单位：亿美元）	2016（单位：亿美元）	与上一年的百分比变化
贸易差额	-8100	-7525	7.6%
出口	15514	14557	6.6%
进口	23615	22082	6.9%

数据来源：美国商务部

二、2017 年的经济大事件

1. 美国退出 TPP

2017 年 1 月 20 日，特朗普兑现了其去年 11 月 21 日在社交网站 YouTube 上视频讲话的诺言，正式宣布退出"跨太平洋伙伴关系协定（TPP）"，特朗普同时承诺："我们将会协商公平的双边贸易协定代替跨太平洋伙伴关系协定，将就业和产业带回美国海岸。"

"跨太平洋伙伴关系协定（TPP）"的前身是"跨太平洋战略经济伙伴关系协定（TPSEP）"，最早由智利、新加坡、新西兰和文莱四国提出，旨在推动自由贸易区建设，成员国承诺在货物贸易、服务贸易、知识产权贸易以及投资等领域给予优惠并加强合作。美国于 2008 年加入 TPSEP，并开始全方位主导谈判，并拉拢其他环太平洋国家加入，包括日本、越南、加拿大、韩国。2015 年 10 月 5 日，由 12 个成员国组成的 TPP 正式签署。然而由于美国民主党和共和党内部众多人士对部分条款不满意，奥巴马总统并未获得国会批准签字加入 TPP。2017 年 1 月 20 日，新上任的总统特朗普在就职当天宣布退出 TPP。

美国退出 TPP 给美国和环太平洋地区各国产生了巨大影响。从经济角度分析，退出 TPP 短期内有利于美国经济增长。近年来，美国许多企业为追求更低的劳动力成本，将工厂迁至墨西哥等相对落后的国家，但另一方面，这使美国国内经济受到了负面影响，包括国内就业岗位流失、工资水平增长缓慢等。此次退出 TPP，从短期来说，会促使美国企业回流，对就业和经济会有一定促进作用。但长期的贸易保护主义势必削弱美国企业的国际竞争力，会对美国的国际贸易造成巨大影响。从政治角度分析，美国退出 TPP 将会使其在亚太地区的国际影响力削弱，更重要的是，这对中国是一个利好消息。TPP 是一个政治性加强的经济联盟，谈判期间，中国始终被排除在外，给中国对外贸易施加了巨大压力。此次美国退出 TPP，将会使美国遏制中国国际贸易的目的得到削弱，同时，中国积极与世界各国参与贸易谈判，与包括东盟、欧洲和大洋洲各国发展出了良好的贸易伙伴关系。

2. 美联储加息

2017 年 12 月 14 日，美国联邦储备委员会决定将美国联邦基金利率（Federal funds rate）区间由 1.0%～1.25% 上调到 1.25%～1.50%。加上 2017 年 3 月 15 日和 6 月 14 日两次加息，2017 年美联储一共实施三次加息，符合市场此前的预期。

美联储金融危机后的第一次加息始于 2015 年，自此零利率时代结束，由此开始，美联储便采取了适度收紧的货币政策，在 2015 年进行了一次加息、2016 年又加息一次，并在今年进行了三次加息，加息速度不断加快。今年三次加息的大背景是经济持续复苏，基本面向好，包括劳动力市场、金融市场等表现良好，美股涨势强劲，达到了金融危机后的高点。从经济基本面来看，国内生产总值继续稳健增长，全年同比增长率达到 2.3%，制造业复苏明显。其次，从就业市场来看，失业率持续下降，创下了 45 年来的历史新低，而且有望在 2018 年继续下降。再次，从金融市场来看，美股已经经历了长达八年的牛市，股指持续创下新高，金融风险不断累积。通过此次加息，美联储希望经济增长、降低就业率稳定在合理水平，以实现 2% 的通胀目标，与此同时，防止系统性金融风险爆发。

此外，美联储加息将会增加世界经济增长的不确定性。第一，加息有可能是资产价格的泡沫破裂，由此产生世界经济增长的新风险。第二，加息会对全球汇率产生影响。美元加息或将对 2018 年各国汇率和资本流向产生深刻影响。在各国货币政策不变的情况下，美元加息将促使资金从国内流出，这将加大国内资本市场的波动。第三，加息会对各国货币政策产生影响。美国之外的国家如果选择实施紧缩性的货币政策，进而回收流动性，这样会对经济形成下行压力。如果各国不与美国采取同步的货币政策，那么国家间货币市场的利差将加大加速游资的流出。

3. 美联储缩表

2017 年 9 月 21 日，美联储召开会议，决定正式开始缩减资产负债表。美国国债和抵押贷款支持证券是这次美联储缩表的关键，美联储计划每月允许少量债券到期，并且每季度上调债券到期的数额，这一做法是为了避免突然减持。此外，2017 年四季度美联储将缩表 300 亿美元，2018 年将缩减 4200 亿美元，之后每年缩表规模将达到 6000 亿美元。从 2015 年开始，美联储退出量化宽松政策并数次加息，此次缩表是货币政策回归正常化的又一个重要举措。

2008 年金融危机之后，美国金融体系瞬间崩溃，股市暴跌，经济遭遇重大打击，为了刺激经济，美联储采取了非常规刺激措施，先是通过公开市场操作，连续大规模购买债券等方式向市场提供大规模的流动性，使家庭和企业支出得到促进，然后又实行了量化宽松政策，美国也进入了零利率时代，这为金融体系的重建、经济的复苏创造了非常有利的环境。美国经济在过去几年里持续复苏，美股开始了长达八年的牛市，金融风险又再次积累，为了应对新的局面，同时也对央行缩减刺激力度后经济是否能够依靠自身成长的能力进行测试，美联储先后退出量化宽松并开始加息。此次缩表与美联储的货币政策路线一致，通过收回金融危机时期释放的大量流动性，使货币政策正常化。

美联储缩表已成定局，但规模大小仍未知。在 2017 年 6 月的会议上，美联储宣布采用相对温和的、渐进式的自然缩表方式，而且从新任主席的公开观点来看，预计此次缩减规模有限。前美联储主席耶伦曾为大规模缩减资产负债表摇旗呐喊，认为重新回到金融危机前的公开市场操作模式是必要的，而新任主席鲍威尔则认为，当前的利率走廊体系有待调整。

美联储缩表和近年来连续且猛烈的加息，将给全球资本市场带来震动，其影响将会波及汇市、股市、债市、楼市等。对于其他国家来讲，美联储缩表，第一会引发国内市场资金流出，继而产生流动性风险，除此之外，资金外逃还会加剧国内资本市场的恐慌情绪，股市、楼市因此都面临着价格泡沫破裂的风险；第二，缩表将给其他货币带来贬值风险，并且会导致汇率波动加大。

4. 特朗普税改

2017 年 12 月 20 日，三十多年来规模最大的减税法案在美国国会以多数票的结果获得通过，此次税改有以下几点核心内容，第一，下调美国企业所得税率，税率将从过去的 35% 调降至 21%；第二，调低个人所得税税率，仍保留 7 档税率，但是调低各级税率，最大降幅 4%，预计减税期至少 8 年，直至 2025 年；第三，对于企业海外回流利润的所得税率，从此前的 35% 降至 15.5%～8%。此次税收改革意义深远，将给美国和世界带来重大影响。

总体来说，刺激美国经济增长是此次税改的核心目的，而消费和投资的增长是此次税改的主要表现。消费方面，由于税改降低了税率，居民可支配收入提升，消费能力因此增加，由此导致企业利润上升、岗位需求增加，最终带动美国经济增长。投资方面，此次税改针对海外和国内两个市场的企业，对于海外企业，美国针对其提供多项税收的优惠，使得在美国本土建厂开工的总成本下降、利润增加，对于美国本土市场来说，税改增加了其引资的竞争力，因此部分美国制造业和生产企业回流美国将是大概率事件，同时也会吸引更多的海外企业在美国投资建厂。预期到即将到来的税改，中国企业富士康迅速行动，去年在美国威斯康星州宣布斥资 100 亿美元建厂。由此可以看出，特朗普税改的指向依然与他竞选时的纲领相同，即重振美国制造业，让制造业回归。

除了上述积极方面，特朗普税改也同时伴随着很多不稳定因素。第一，财政危机或将发生，国际收支状况恐面临恶化。美国政府近年来不得不面对持续恶化的财政状况，截至 2017 年 9 月，政府债务总额已超过 20 万亿美元，而仅 2017 年一年，美国财政赤字便占比超过 GDP 的 3.5%，超过 6660 亿美元，创下了 2013 年之后的新高。根据美国联邦税收委员会预测，减税法案仍会导致美国未来十年的财政赤字扩大约 1 万亿美元，即使考虑到了税改刺激经济和扩大税基的积极作用。美国的社会保障、医疗保险和医疗救助等基本民生问题都会因为美国财政状况的恶化而显得捉襟见肘。第二，竞争性减税或将开始。如果美国成为世界“税收低地”，将会对别国的制造业发展甚至金融市场产生负面影响，因此美国减税之后，各国也有很大可能进行竞争性减税，以防止本国资本外逃、企业利润流失，而竞争性减税极有可能增加全球资本市场的不稳定性，从而引发系统性金融风险，另外，由于竞争性减税，外汇市场也会受到影响，汇率波动增加，这对于进出口企业的外汇结算和利润都将产生巨大影响。从税改的影响来看，资本和产业将回流美国，国际金融市场的不稳定性将增加。综上，美国此次税改更利于美国而不利于全世界的经济发展，这也显现了特朗普孤立主义和美国至上的立场。

三、未来与展望

目前美国经济依旧继续复苏，从美国内部看，2017 年固定投资增长率高于历史平均水平，这将有助于未来扩大再生产和就业需求的增加，而伴随着就业市场的良好前景，工资水平的提高也会刺激消费市场并慢慢推升 2018 年的 CPI 指数。但是，经济不确定性仍然存在，2018 年是否可以进入稳定增长期仍有待观察。

回顾 2017 年，减税政策、加息计划、缩表等因素都将对 2018 年产生持续性的影响。

税改是对美国企业的一个重大利好消息。税改的实施将有助于降低美国企业税负，刺激私人投资，吸引资金回流美国，进而创造更多的工作岗位。据美国国家税收基金会的预测，约有 500 万个就业岗位将会受益于特朗普税改而被创造出来。美国税收政策中心进行了相关预测，将减税对总产出的影响进一步量化，根据研究结果显示，2018 年税改法案将为美国经济增长率提高贡献 0.8 个百分点，税改对总需求的刺激是其中的重要原因。

加息大概率会继续发生，缩表力度或将扩大。在未来，货币政策正常化依旧是高频词汇，由于经济各项数据的持续良好表现，全年有较高概率进行 3 次加息，并且会循序渐进地加大缩表力度。由此可以得出结论，美联储加息、缩表将大概率被实施，同时也应该高度关注美国经历长期牛市后面临的下行压力。

2018 年，仍有多个阻碍美国经济增长的因素，包括劳动力问题、对外贸易问题等。

从人口年龄结构分析，美国的老龄化问题没有任何减缓的迹象，2016

年的最新数据表示，美国 65 岁以上人口已经达到了总人口的 17.4%，婴儿潮一代出生的劳动力老化导致新增劳动力人口锐减，劳动参工率持续下降。而劳动力不足的问题却因特朗普已经实施或是可以预见的执政政策而继续恶化，包括限制移民、关注传统制造业并且忽视高端产业和产业升级等。数据显示，美国进入 21 世纪以来全要素生产率（TFP）增长陷入停滞，尤其是 2012-2016 这五年，全要素生产率增长率接近零，这与美国企业创新活跃度不足、行业集中度增高等因素有关，而特朗普执政时代，这种现象大概率会继续恶化。因此在劳动力不足的背景下，劳动生产率提升面临重重阻碍。从长期来看，劳动力问题将是阻碍美国经济持续增长的重要因素。

在对外贸易问题上，特朗普从上任起便是贸易保护主义的拥趸，先是宣布退出跨太平洋伙伴关系协定（TTP）谈判，而后又与加拿大和墨西哥就北美自贸协定进行谈判并威胁退出，多边化自由贸易面临巨大风险，而 2017 年美国的贸易逆差进一步增大，让特朗普更有理由实施贸易保护主义。2018 年 1 月 22 日，美国政府正式宣布对中国出口的洗衣机和光伏电池及组件征收保障性关税，受贸易前景不确定的影响，中国沪深股市相关股票相继大幅下跌。同年，2 月 16 日，美国商务部公布国家安全调查报告，对美国进口中国的钢铁和铝产品等产品进行调查，报告认为进口钢铁和铝产品严重损害了美国利益，因此要求采取贸易保护措施，包括高额关税、进口配额等。

在 2018 年，特朗普仍极有可能继续在其他行业，针对其他产品开展贸易保护行动，这些产品有的是制成品、有的是中间品，因此贸易保护政策对于美国制造业和其他行业的影响，非但没有特朗普口中对于劳动力岗位增加的好处，反而会由于提高制造业生产成本、提高消费品价格，因而对生产者和消费者都产生不利影响。除此之外，税改的影响亦将会波及对外贸易，如果税改方案成功的提升了美国公民个人可支配收入的提升，那么消费和进口势必会有所增加，而这有可能继续加剧贸易逆差问题，而这一结果会使特朗普贸易保护主义观点更有市场，从而导致美国和他国贸易摩擦增加，也给全球贸易秩序带来冲击。

第三章　2017年日本经济观察报告

任康钰　高才淇

一、经济、社会概况

2017年，在“安倍经济学”的持续实施与全球经济回暖的共同推动下，日本经济实现稳步复苏，各项基本面向好。GDP每季度增长突破2%，CPI同比回归正值，通缩情况得到缓解；就业市场有所改善，失业率全年呈稳步下降趋势至2.7%，达到近23年以来最低点，但薪资水平仍有较大的提高空间；国际贸易向好，日本自2013年至2017年连续实现了对外贸易的顺差；制造业持续走升，投资者信心十足；2017年日本股市呈现走升的趋势，汇市（日元）较为平缓。整体来看，日本经济发展动力逐渐恢复。

1.GDP稳健增长

2017年，日本国内生产总值（GDP）整体保持上行，增长率自2016年以来保持在正值水平。全年四个季度的GDP增长率分别为0.6%、1.2%、2.1%和1.6%。尽管第四季度微微下调，然而与前两个季度比较仍实现了增长。作为衡量宏观经济发展良好与否的关键指标，GDP的稳健增长反映出日本经济在整体上处于回暖的进程。

观察影响GDP的各项经济指标发现，内部需求逐步取代了外部需求，对GDP起到了主要的拉动作用。从各分项来看，纵观2017年各项指标对GDP的拉动，政府消费所占比重有所下降，国内需求项占据最大比重，在2017年四季度该趋势尤为明显，二者所占比例分别为0%与1.3%；私人消费呈增长趋势，但从物价指数数据来看，日本消费仍有待增强，间接影响了其2%通胀目标的实现。2017年全年，国内需求对GDP的贡献率呈现上升态势，四个季度内需对实际 GDP 的贡献率（季调）分别达到 39.14%、73.37%、66.66% 和 85.46%。其中第三季度增长率较前期相比微微下滑，但是保持在了较高的水平。而政府消费情况却不容乐观，第一季度出现了负值，二季度反弹到 8.6% 后，在三季度迅速下滑，跌至 2.62%，四季度下行情况有所好转，实现小幅回涨。

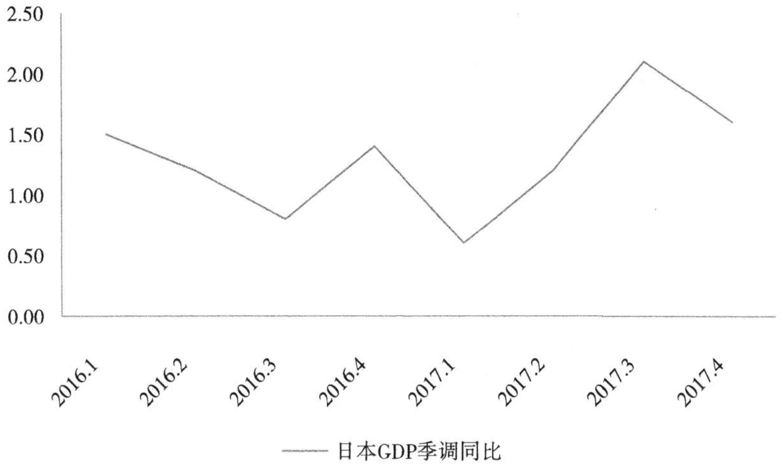

图 3-1　2016-2017 年日本实际 GDP 季调同比（%）

数据来源：日本内格府，Wind

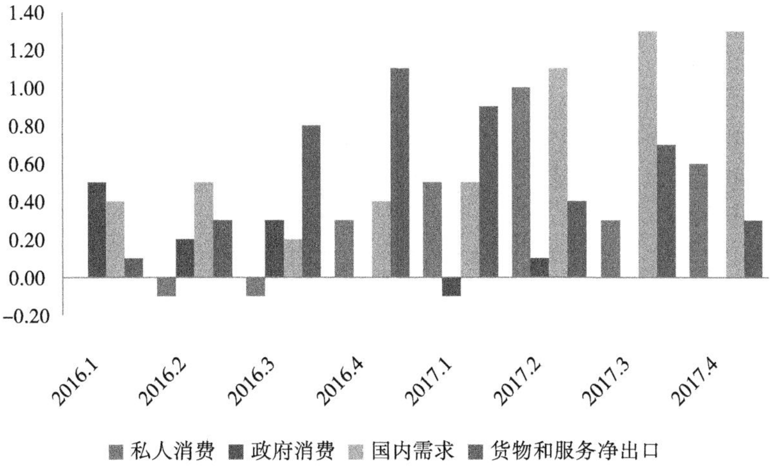

图 3-2　2016-2017 年日本各项指标对 GDP 增长的拉动（%）

数据来源：日本内格府，Wind

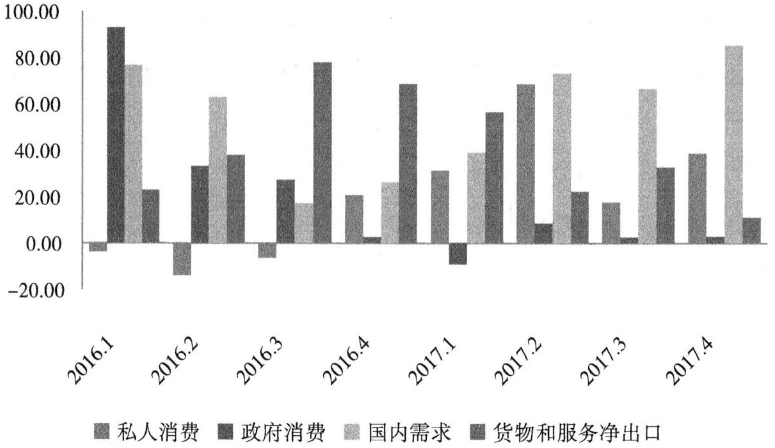

图 3–3　2016–2017 年日本各项指标对 GDP 的贡献率（%）

数据来源：日本内格府，Wind

2. 通胀缓慢复苏

在物价数据方面，日本全年 CPI、核心 CPI 同比走势大体相同，两项指标均保持了正值并呈缓慢上升的趋势（受经济危机所带来的严重通缩情况得到缓解），与前期制定的 2% 的通胀目标差距正在缩小，为经济回暖注入了动力。但从核心—核心 CPI（不包括生鲜食品、酒精饮料及能源数据的影响）来看，日本的消费能力仍处于低位，2017 年上半年基本呈负增长趋

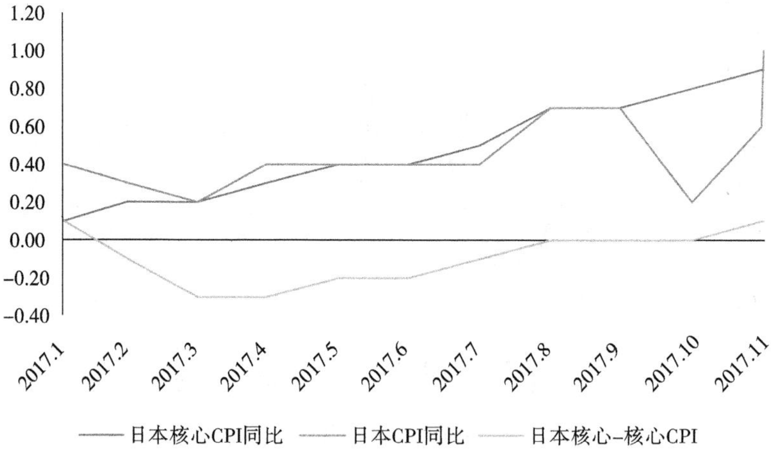

图 3–4　2017 年日本 CPI、核心 CPI 与核心 – 核心 CPI 同比（%）

数据来源：日本内格府，Wind

势，自三季度起微弱回正，维持在 0% 左右，其中 8、9、10 月连续保持在 0.1% 的低位。综合来看，从大方面的经济风向指标数据，如 GDP 增长率上分析，日本经济增长动力十足，但由于日本处于经济恢复期，加之并未摆脱经济衰退与停止后的负面效应，因此通胀的回暖道路仍充满曲折。随着后续发展与货币政策的相应调整也将带动日本消费水平的提高，加快通胀回暖步伐。

3. 劳动力市场改善

在就业方面，日本 2017 全年失业率表现较为稳定并呈下降趋势，劳动力人数持续上升，劳动市场情况有所好转。日本自 6 月份失业率降至 2.8%，创历史新低后，维持了连续五个月的稳定，在 11 月稍有反弹至 2.7% 后在 12 月又回升至 2.8%，但仍处于较低位。从图中两个分项可以得出，日本男性失业率整体相对高于女性，因此女性成为日本劳动力市场的主力。

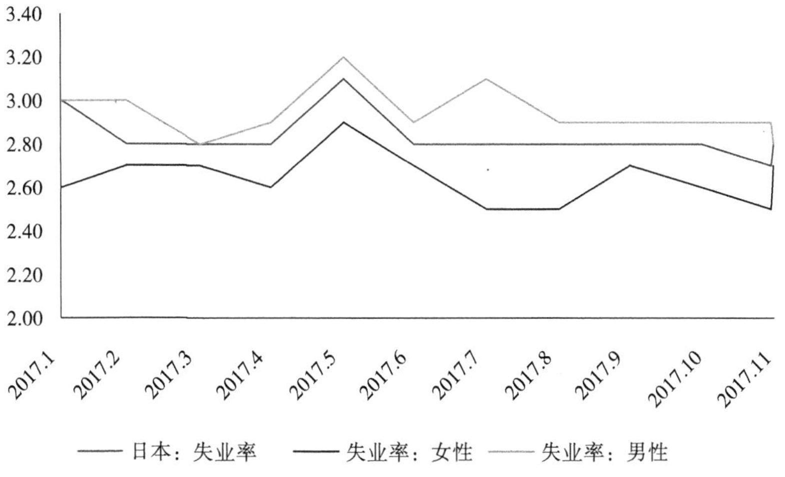

图 3–5　2017 年日本季调失业率走势图（%）

数据来源：日本统计局，Wind

尽管整体就业情况有所改善，但从收入角度来看，日本薪资水平依然疲软，内生动力不足。根据下图走势可以看出，2017 年除了在 6 月和 11 月出现薪资增长趋势外，其余月份都基本处于停滞状态。整体来看，总现金收入并没有随着失业率下降和经济基本面的向好呈现出走升态势。薪资的停滞不前同时影响了日本居民的消费水平，进而不利于物价指数的提高。

具体从就业率、劳动力充足度和薪资水平这三方面分析，现状表现为伴随日本失业率稳步下降，在建筑业等多个行业出现了严重劳动力短缺，同时薪资水平未出现增长的迹象，因此日本的劳动力市场仍存在着诸多的弊端。我们认为这三个因素之间彼此是相互影响的，造成这种现象可归因于：1、日本企业主仍深受货币通缩心态的影响，缺乏加薪激励意愿，因此减少了劳动者的工作动力，使得工作岗位不具备吸引力；2、当前日本企业为节省人力资本，较多的聘用非正式员工，多数为兼职人员，不需提供相应的福利待遇与专业培训，因此劳动者缺少经验与工作的安全感。同时工作人员的强流动性，也造成了业务上的不连续性。未来日本企业将通过实行终身制雇佣合同（旨在减少劳动人员的强流动性）、提供养老金等福利制度与退休保障、制定员工奖励机制（加薪）等方法来解决现存劳动力市场的各项问题，并以此来推动私人消费水平的提高。

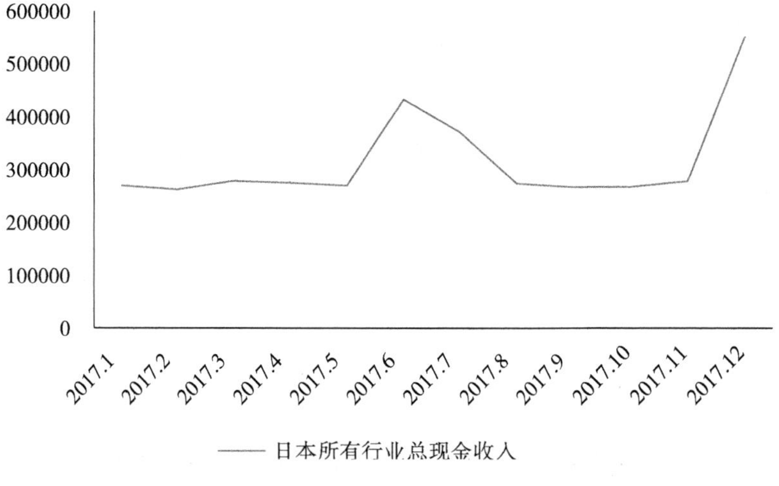

图 3-6　2017 年日本所有行业现金收入（日元）

数据来源：日本内格府，Wind

4. 国际贸易活跃

2017 年日本出口总额为 7828970 亿日元，与去年同期相比增长了 825390 亿日元，同比增长 12%；进口总额为 75298630 亿日元，与 2016 年相比增长了 925670 亿日元，同比增长了 14%，贸易往来较为活跃。

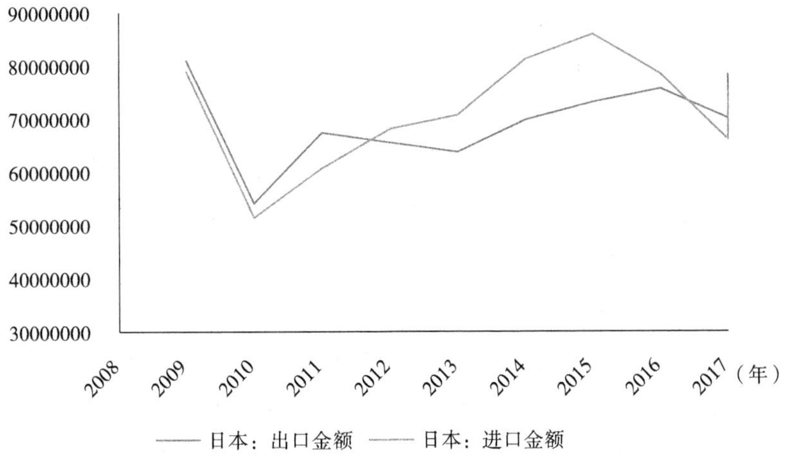

图 3-7　日本进出口额变化趋势 2007-2017 年（百万日元）

数据来源：日本财务省，Wind

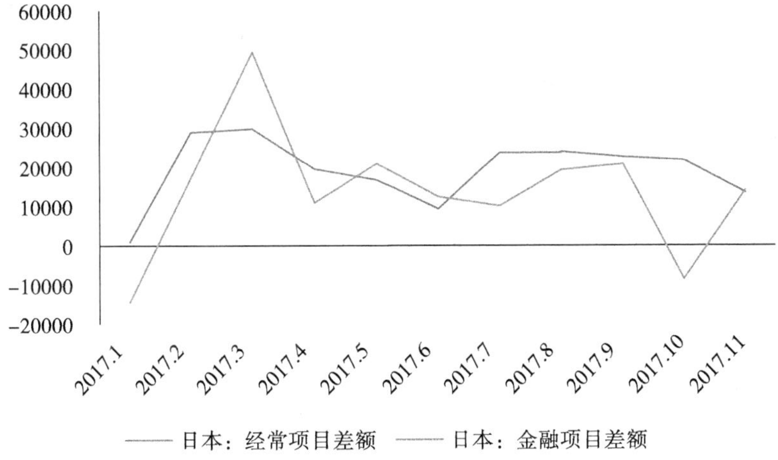

图 3-8　2017 年日本经常项目差额与金融项目差额（亿日元）

数据来源：日本财务省，Wind

从日本财务省数据的发布来看，在贸易往来方面差额增加明显。2017 年进口增速显著，出口同样实现增长，但增速相比有所放缓，两者差距逐渐缩小。金融项目差额表现较为波动，日本经常项目收支 2017 年总额为 13473 亿日元，同比增长 22684 亿日元，日本现阶段已实现了连续 44 个月的顺差。顺差的扩大部分原因受惠于外国游客增加所带来的旅游收支，同时也归因于本年度原油价格的变动。日本当前主要靠依赖原油能源的火力进行发电，而日本的原油进口渠道较为单一，主要从中东地区进行采购，因此地缘政治变动的影响增加了原油价格的不确定性，也增加了日本的购买风险。加之日本受 2011 年 3 月 11 日地震的影响，大部分核电站受损，现仍处于核能恢复期，削减了对可替代能源 – 核能的使用。因此日本未来将采用更为环保、高效的核能来下调对原油的依赖比重。

5. 制造业持续复苏

回顾 2017 年全年，日本制造业 PMI 指数整体上行，服务业 PMI 指数表现在小范围内上下波动，2018 年上半年仍延续了上行的大趋势。其中 12 月制造业 PMI 指数延续了上升趋势并达到本年度最高点，为 54.20，表现了日本制造业处于规模扩张阶段。当前日本正在将人工智能、大数据等高新科技与制造业相融合，进入全新工业 4.0 时代，制造业需求相对旺盛。相比之下服务业指数在 2017 年的波动性，反映出日本经济在第三产业的发展潜力未充分释放，仍有待恢复。在投资者信心指数方面，自 2017 年 8 月份以来，上升趋势较为明显，说明经济的向好与出口的强势给予了投资者充分的信心，普遍看好日本下一阶段的经济走势。

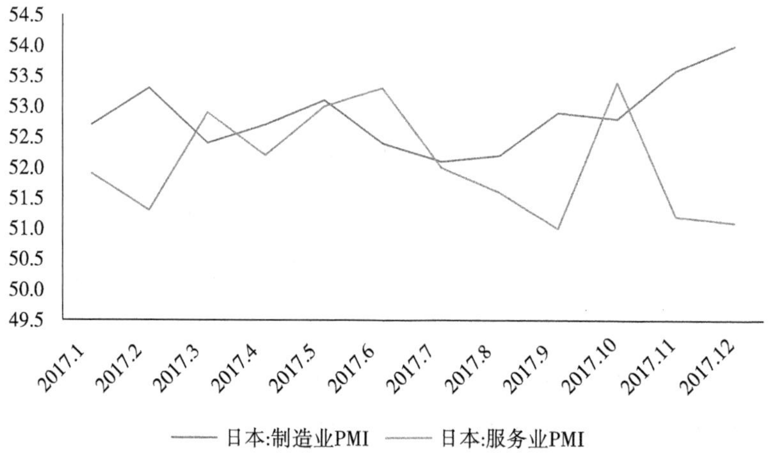

图 3–9　2017 年日本 PMI 指数（pips）

数据来源：日本统计局，Wind

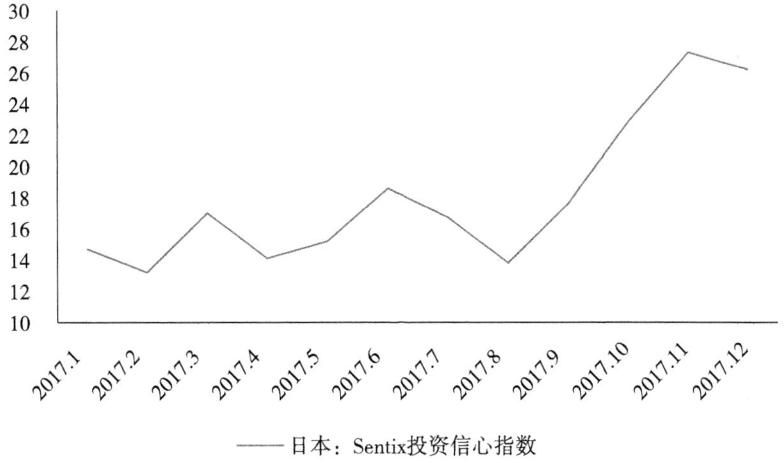

图 3–10　2017 年日本 Sentix 投资者信心指数（pips）

数据来源：日本统计局，Wind

6. 金融市场稳定

在股市方面，受国内外经济增长动力十足，使得投资者避险情绪有所下降的影响，2017 年日本股市稳定向好，日经 225 指数在 2017 年的涨幅累计达到 19%。日本股市显著走升的主要驱动力在于企业盈利能力的修复和基本经济状况得到改善。由于日本不随波逐流，坚持执行超宽松的

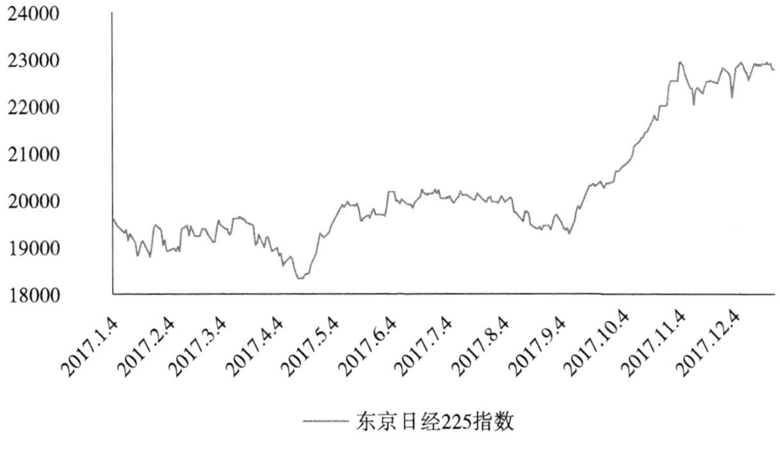

图 3–11　2017 年日经 225 指数（pips）

数据来源：日本统计局，Wind

货币政策，逆“全球货币正常化”主流而行，使得日本国内的资金量充裕也为股票市场带来了利好。

在债市方面，受股市以及群众避险情绪降低的影响，本年度东京证券交易所募集资金的总额在一定的区间内上下波动，并伴随较小幅度的下降，整体表现相对稳定。同时，在利率政策方面，日本中短期国债收益率仍较低（由长期实施的负利率政策所导致），在吸引境内外的投资者上缺乏竞争力。日本国债收益率的期限利差范围较窄，通过对收益率曲线的控制，并以此来改变过于平缓的现状，增加其陡峭程度仍是日本一项重要的货币政策。

在汇市方面，2017 年日元相对美元呈走强的态势，美元 / 日元汇率指数有所下降，一度突破美元 / 日元 110 关口。在 2017 年前三季度，归因于美联储加息决策落地，美元指数从 2017 年 1 月 3 日的最高价 103.82 降到了 2017 年 9 月 8 日最低价 91，整体走势略显疲软，避险情绪使得投资者转向日元，日元走升。从 2017 年 9 月开始，美元指数在“缩表”“税改”等政策影响下逐渐回归正常，也使得日元转向微贬值的趋势，最终实现了美元兑日元相对贬值 3.7%。综合来看，在货币走向影响因素上，美元指数变动的外部影响因素高于日本内部的经济、政治影响因素，加之日本市场较为敏感，货币政策因素与外部环境变化是日元走升的重要原因。

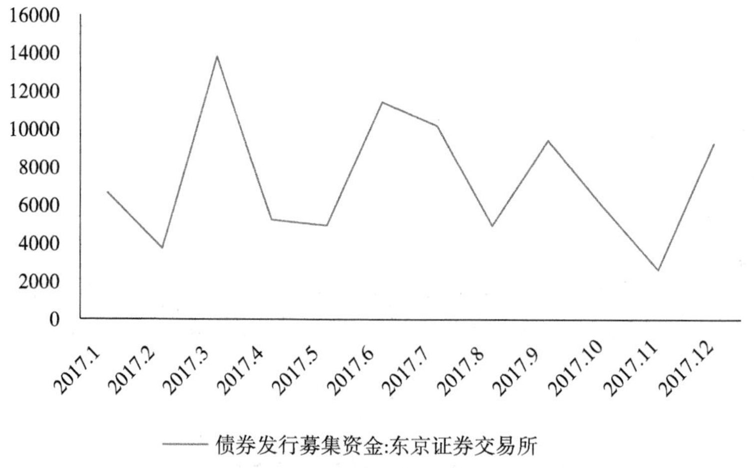

图 3–12　2017 年东京证券交易所债券发行募集资金金额（百万美元）

数据来源：日本统计局，Wind

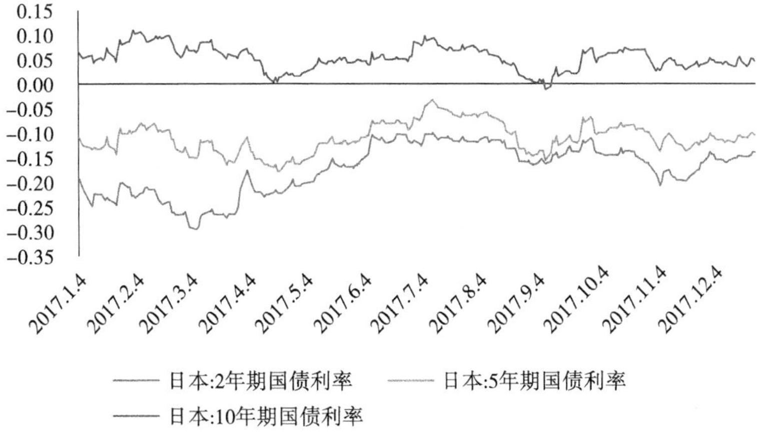

图 3–13　2017 年日本 2、5、10 年期国债利率走势对比图（%）

数据来源：日本统计局，Wind

图 3–14　2017 年美元兑日元走势图（pips）

数据来源：日本统计局，Wind

二、2017 年的大事件

1. 货币政策维持宽松主基调

尽管 2017 年，全球的货币政策整体趋紧，美联储、欧元区、亚洲区加息脚步逐渐加快，但日本仍坚持量化宽松货币政策（QE）的大方向不变，同时伴随着微妙的起伏而引起市场的不断猜测。其货币政策具体项目包括，实行 –0.1% 的政策利率（自 2016 年 2 月日本开始实行负利率政策以来，到 2017 年年末，日本央行已经持续实行了 22 个月的负利率政策）；800000 亿的政府债券和公司债券购买规模；金额为 60000 亿交易型开放式指数基金（ETF）和 900 亿日元的房地产投资信托基金持有量。

回顾本年度日本货币政策的微妙起伏，在 2017 年 11 月份，日本宽松货币政策的推行发生了一些预期之外的小波折。11 月 13 日，日本现任央行行长黑田东彦在一次公开讲话中提出反转利率的定义，暗指当前的宽松货币政策对银行等金融机构或将产生不利影响，本次讲话似乎出现了一些退出宽松的迹象，而此前在 2017 年 10 月底的议息会议中，日本央行未表现出任何紧缩的态度，引起市场波动带动日元小幅走升。同年 11 月 28 日，黑田东彦在另一次重要会议上发表讲话进行了纠正称，现阶段实行的货币政策有助于当前的金融系统完善与发展，在必要情况下将加大实施力度以此来刺激经济，此番演讲后使得日本继续保持宽松货币政策的市场预期非常明显。接着在 12 月下旬召开的议息会议上，日本未对其宽松货币政策做出任何调整，同时明确表示出了日本在一定时间内（中长期）不会随波逐流进行加息，甚至可能加大宽松来实现首相安倍提出的 2% 的通胀目标。

综合来看，日本 2017 年度的货币政策仍保持了原特点，持续走宽松路线。一方面在于受惠于当前的货币政策，带来了经济上的复苏，说明此政策是适合的，并需要将经济增长稳固住。另一方面在于，作为宽松货币政策的提出者——日本首相安倍晋三，在 2017 年 11 月的大选中获连任（三届连任），成为日本第 98 任首相，并即将（于 2018 年）开启“修宪”进程。因此无论是从经济角度还是政治角度，都为延续当前日本宽松的货币政策做了铺垫。

2. 日本制造业丑闻升级

2017 年，日本接连发生了多起“制造业丑闻”事件，事件影响持续发酵，如神户制钢所承认的产品质量问题大大降低了日本 MRJ 客机与中国同类客机包括在销量、研发效用、品牌商誉等多领域的竞争力。各起事件发生的具体时间序列由下表所示：

表 3-1　2017 年日本"制造业丑闻"事件汇总

事件时间	所属公司	存在问题
2017 年 9 月	日产汽车公司	在产成车出厂检验程序中造假，使用无合格工作证人员办理出厂检验手续
2017 年 10 月	神户制钢所	多家附属工厂造假部分铜、铝产品的出厂检验数据，给客户提供未满足要求的不合格产品来充数量
2017 年 11 月	三菱综合材料下属子公司：三菱电线、三菱伸铜和三菱铝业	出厂产品技术参数造假，问题产品流入了世界范围内 300 多家企业，造假零件还涉及位于高滨和大阪的两座核电站

资料来源：http：//business.sohu.com.

3. 日本将迎来税制改革之年

2017 年年底（12 月），伴随美国税改的正式确立，在全球掀起了一阵税改风。12 月 14 日，日本为促进劳动力市场的改革、提高劳动人员薪资水平以及对促进生育缓解老龄化过快问题，公布了2018年税制改革的修订草案。此次日本的税改方案主要集中在企业和家庭上，部分也涉及了旅游业（或将抑制中国游客的过度消费）与环境保护业，重点修改方式如下表所示：

表 3-2　日本 2018 年税改重点摘要

税种类别	修改内容
企业税率	1、采用培训、加薪等措施重视人力资源培养的公司的实际税率减免至 20% 左右，同时对互联网、人工智能等新兴科技企业提供减税红利鼓励政策。 2、对每名员工平均涨薪 3% 的大企业及每名员工平均涨薪 1.5% 的小企业，最多减免 20% 的企业所得税。
个人所得税	对年收入超过 850 万日元者增加税收金额，同时减少自由职业者的纳税额来带动劳动方式改革，其中对于有 22 岁以下的孩子和需要护理人的家庭免征税。
烟草税	将于 2018 年 10 月正式实行。对纸卷式香烟每根增税 3 日元；加热式香烟的税额增至纸卷香烟的 70%~90%。
新增税种	税种内容
森林环境税	预计将于 2024 年正式实行。日本将从个人居民税中征收，每人每年加征 1000 日元（不包含低收入人士）。此税收款将按一定的比例分配至各个城镇，成为国家修护森林的财产资源。
国际观光税（离境税）	预计将于 2019 年正式实行，开征离境税。在旅客购买机票、船票时一同征收。征收对象包括离境国民以及外国游客，征收金额为每人 1000 日元。

资料来源：中华人民共和国商务部

4. 比特币危机下的日本

比特币自发行之日起其价值已实现约为40倍的暴涨，在2017年更是实现了从1月的1比特币兑换778美元到12月的近乎可兑换20000美元的涨幅，而在2018年价格开始走下坡路，截至2018年6月30日，由年初的日均价格1个比特币可兑换19000美元左右跌至7000美元左右，跌幅较为明显，因此加密货币在高收益的产生同时伴随着高风险，当前比特币市场涨跌起伏仍过于剧烈，存在较大的泡沫，其不稳定性与不安全性不被多数国家所看好，2018年对比特币等加密货币的监管仍是重点关注的问题。

日本对比特币的流通与使用持较为支持的态度。尽管日本财政部曾多次强调比特币的虚拟性与潜在风险，但当前比特币的交易多数在日本进行，日本并于2017年四月出台了将比特币纳入合法支付方式的文件——《支付服务修正法案》。比特币在日本的盛行也反映出了日本对新型数字货币的认可。但据相关资料显示，现阶段日本并没有大型的金融机构介入比特币的交易，也未涉及大规模的资金参与进来，因此即使未来比特币一旦泡沫破裂面临崩盘的危机，也不会立即引发日本的经济危机。

三、未来与展望

1. 经济基本面

在宏观经济基本面方面，从物价指数来看，2018年日本第一季度CPI同比约为1.3%，第二季度有所下滑至1%左右，而核心CPI同比仍低于0.3%，因此消费水平的持续低迷（物价指数上涨缓慢）仍作为成为日本2018年经济发展的重要阻碍因素。而日本消费不足的原因很大一部分都是结构性的，如人口老龄化现象严重而老年人群体消费欲望不高等，在较短时间内难以解决的问题，其中部分可以通过提高居民的收入水平、完善社会保障体系以及延长退休时间来间接缓解。从劳动力市场整体来看，截至2018年上半年，日本的失业率已降至近十几年来的最低点2.2%，就业市场动力逐渐恢复，同时日本劳动人员的平均每月现金收入同比从2018年年初的1.2%增长至2018年5月的2.1%，创2018年上半年新高，可以看出，日本劳动人员的薪资水平在2018年有所提高并存在一定的提升空间，原因在于，一方面现阶段日本就业市场仍存在人员短缺的问题，岗位的提供大于人员的需求，因此各企业需要提高薪资报酬来吸引人才的流入；另一方面，日本已于 2017 年 12 月颁布了 2018 年税制改革大纲并于 2018 年 1 月开始正式实施，其中，对给员工进行加薪的企业进行不同程度的税务减免（此项税款的有效期为 3 年），这表明政府在积极的促进加薪的落实，同时也增加了企业提高薪酬的动力。从实施效果来看，在 2018 年 4 月公布的春季劳资谈判统计结果中，涵盖定期加薪和提高基础工资在内的企业月薪上调平均幅度为 2.54%，同比增长了 0.36%，以汽车、钢铁为代表的 11 个制造业及非制造业行业加薪幅度均高于 2017 年，但是距离安倍首相所提出的 3% 的加薪目标仍存在一定的差距。

在贸易往来方面，日本出口动能尚存。当前全球处于经济回暖期，各国贸易往来较为频繁（包括欧美中以及东南亚地区的新兴经济体），因此良好的外部环境为日本出口创造了好的条件，加之日本内部经济的复苏，加快了商品贸易的流转速度，2018 年仍有可能延续贸易顺差趋势。同时出口的增多一方面或将增加日本的外汇储备，另一方面，若将大量外币换回日元汇入国内，会提高各企业对日元的需求，使得汇率市场上的日元面临升值的压力。从能源角度，日本 2018 年有望改善对原油过度依赖的现状，转向更为环保与高效的页岩气和天然气等能源，同时增加采购渠道，控制采购成本以此来降低原油价格的不稳定性所带来的负面影响。综合来看日本 2018 年出口或将增速放缓，以此来促进国际贸易收支平衡。

在股市方面，由于宏观层面日本制造业持续向好，经济景气指数一路攀升，投资者信心十足，结合微观层面企业存在基本面的支撑盈利水平得到改善，因此 2018 年日本股市仍有望持续稳定与利好。

在债市方面，2018 年初美债收益率一路高走推动日债收益率抬升。但作为三大货币政策之一的收益率曲线控制，仍是日本的重点关注对象，日本于 2018 年 1 月 31 日和 2 月 2 日分别宣布中期国债购买量增加和在 0.11% 利率水平下无限量购入 10 年期国债的决定，强力打压债券收益率。因此 2018 年 10 年期日债收益率或仍将维持在 0.1% 水平以下。

2. 货币政策实施

在货币政策方面，从现状来看，日本有意保持当前良好的经济形势。

2018年日本的货币政策大幅收紧的概率不大，其主要原因在于：1.经济角度，通胀水平虽有所改善但效果并不是很明显，其中核心–核心物价指数距离2%的通胀目标仍存在较大的差距，消费提升动力不足，因此仍需要宽松的货币政策来提振通胀和消费。2.政治角度，作为宽松货币政策的推崇者——日本首相安倍与央行行长黑田东彦的连任，对通胀目标实现期限的不断推延，都大大削弱了当前市场对退出QQE政策[①]的预期，加之现阶段日元对市场变化较为敏感，更需要统筹好日元升贬幅度与带动通胀水平提升的一致性。因此综上所述，日本在2018年，尤其是较短时期内，不会进行大幅度货币政策的调整，仍将保持负利率政策与各项购买债券的规模不变，但为顺应全球货币正常化的大趋势，或将存在略微收紧的可能，偶尔释放出微妙变化的信号（如口头表达上透露缩紧口风与缩短退出QQE的时间等）。

结合货币政策来看日元走势，从目前情况来看，日本的外汇市场对货币政策敏感性很强，央行的货币正常化试水导致日元大幅上涨，这是央行不愿意看到的局面，不利于通胀目标的实现。从长期来看，央行不会大幅紧缩，因此日元汇率不会大幅上涨。

3.外交新展望

在外交方面，中日外交2018年有望实现平衡发展。在2017年，日本已提出将以中国“一带一路”建设为桥梁，开启中日合作新篇章。日本现阶段想要缓和中日外交关系的意图已十分明显，日本曾在2017年的多次重要会议上，表示希望增加与中国的外交合作，我国总理李克强等领导人也对中日外交做出了积极的回应，考虑在2018年开启对日本的访问。2018年为中日和平友好条约签署四十周年，双方在旅游业等第三产业、经济往来互助方面存在较大的扩展空间。同时，中日外交的改善将会是一个循序渐进的进程，中方表示了在领土完整问题上将继续坚持一贯的原则。当前中日在新兴国家，尤其是东南亚地区开拓市场的竞争仍较为激烈，但应将这种竞争转化为促进作用，抛开政治因素，从经济角度正视有利的竞争，通过

---

① QQE政策（Quantitave and Qualitative monetary easing with a negative interest rate）：在保持负利率（收益率曲线管理下的）的基础上实施量化加质化宽松的货币政策，此名称于2016年1月29日日央行行长黑田东彦宣布日本进入“负利率”时代后，戴维斯在《金融时报》上首次提出。

互利共存促进两国经济发展。

美日外交 2018 年发展空间增加。自特朗普就任美国总统后，美日外交的可变性逐渐增大，同时间接影响了日本与周边国家之间的关系走向。在 2017 年 1 月，特朗普上任就职第一天，就正式宣布了美国退出跨太平洋伙伴关系协定（TPP）的决定，此消息使得 TPP 的积极拥护者日本作为现阶段 TPP 成员国中的最大经济体，独自撑起了与各国进行协调的责任（现更名为 CPTPP）；在领土安全方面，伴随 2017 年朝鲜半岛局势的愈发紧张，核武器的不定时试验，日本的外部环境安全并未在特朗普领导的美日同盟下得到保护。尽管局势紧张，但日本仍倾向于与美国建立亲密互信的外交关系，不断示好来谋求建立更加牢固的日美同盟。2018 年美国有意向回归 TPP，日本作为 TPP 协议的主力国，将助推美日外交发展。

日越外交 2018 年将迈上新台阶。目前，日本与越南已建立了友好与密切的贸易合作关系。经济上，截至 2017 年 11 月，日本对越南的直接投资总额已达到 89 亿美元，成为越南第一大直接投资国、资金援助国与第四大贸易伙伴。同时，日本积极参与到越南基础公共设施的建设中，如对日新大桥的修建、海上巡逻艇的提供等举措来扩大其在越南的影响范围。日本也希望通过在越南的影响力延伸到其他东南亚新兴国家，巩固与东盟各国的友好往来。在东南亚其他国家方面，日本与泰国已有百年友好往来的历史，当前日本仍保持着泰国直接投资最大国（投资占比 36.2%）的霸主地位，但增速有所放缓（略低于中国的投资增速）。2018 年是日泰友好往来的第 131 年，作为泰国另一大投资国——中国，一个强有力的竞争对手，日本在 2018 年将采取一定措施，如运用高科技信息技术、互联网 + 与制造业相结合，促使产业升级，以此在泰国抢占更高的市场份额。与此同时，亚太地区在能源获取方面均存在着较大的需求，因此日本也将在能源（页岩气、天然气等）的购买力上加强与东南亚各国的合作，以共同能源的方式降低购买成本，谋求互利共赢。

第四章　2017 年欧盟经济观察报告

任康钰　马天骁

一、经济总体概况

2017 年对于欧盟来说并不轻松，前一年英国“脱欧”带来的政治经济风险仍持续发酵、西班牙加泰罗尼亚地区的独立运动又添阴霾；再加上民粹主义势力崛起、恐怖主义肆虐，严重威胁了欧洲的一体化目标的实现。然而欧盟在重重困难面前表现毫不逊色，尤其是经济领域，全年经济增长超出预期，多项指标持续向好，市场情绪高涨。

1. 国内生产总值（GDP）

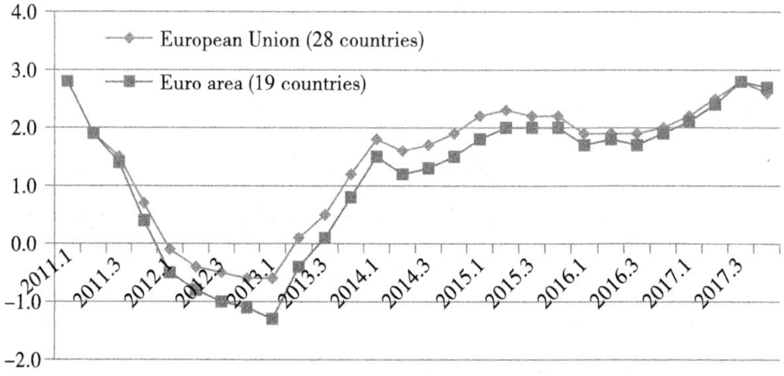

图 4–1　欧盟及欧元区 GDP 季调同比增长率趋势图（2011–2017 年 单位：%）

数据来源：Eurostat database– GDP and main components（nama_10_gdp）

自 2013 年欧盟季度 GDP 增速转正开始，欧盟经济状况逐步改善，今年多项指标更是迭创复苏以来新高。欧盟 28 国 2017 年度国内生产总值约为 15.3 万亿欧元，比上一年度增长 2.5%，大幅超出欧盟年初预测的 1.9% GDP

增速。欧元区国内生产总值约为 11.15 万亿欧元，全年增长 2.5%，达到了近十年最高经济增速。从环比数据来看，第四季度，欧盟和欧元区环比 GDP 均增长 0.6 个百分点，连续 19 个季度环比 GDP 正增长，这说明欧洲经济持续扩张态势明显。不仅如此，2017 年所有欧盟成员国的 GDP 增速实现了共同正增长，这是过去十年中唯一一次，展现了良好的同步性。

从分项数据看，欧盟地区 2017 年最终消费总额约为 11.63 万亿欧元，与去年同期相比上升 2.3%；实际国民收入总额约为 15.2 万亿欧元，与去年同期相比上升 2.65%，固定资本形成总值为 3.16 万亿欧元，同比增长 5.33%；商业库存增加 42 亿欧元、实际家庭最终消费支出增长 3.7%，同 2016 年增长率相比，上升 0.8%；进出口总额增长 6.8%。①

2. 人口和就业

2017 年欧盟新增人口约 150 万人，人口总数达到 5.118 亿。从欧洲统计局数据可以看出，过去一年欧盟的出生和死亡人数大致相等，可以由此判断新增人口大多为其他国家移民。在欧盟国家中，德国以 8280 万的人口总数高居欧洲人口榜首位。接着是相距不远的法国和英国，分别以 6700 万和 6580 万排名第二、三位。从欧盟人口构成数据来看，占据最大比例的是 15~64 岁年龄段，占总人口的 65.3%，65（含）岁以上人口占 19.2%，比去年同期增加 0.3%。② 目前，老龄化问题愈发严重，它将是困扰欧盟的重要社会问题之一，根据欧盟统计局预测，2050 年欧盟老年人抚养比 ③ 将超过 50%，而这个比例在 2015 年仅有 28.8%。

从下图可以看出，近年来，欧洲劳动力市场日趋活跃，失业率不断降低；2017 年 12 月欧盟的劳动人口失业人数约 1788 万人，失业率 7.3%，欧元区约 1415 万人失业，失业率 8.7%，④ 双双达到了 2009 年 3 月份以来的最低值。

① 数据来源：欧盟 AMECO 数据库 .

② http：//ec.europa.eu/eurostat/statistics-explained/index.php/Population_structure_and_ageing.

③ 65 周岁以上的人口总数与 15-64 周岁人口总数之比。Eurostat database，Population Projections- Projected old-age dependency ratio（tps00200）.

④ 未经季节性调整 数据来源：Eurostat database，Harmonised unemployment（1 000）– monthly data.

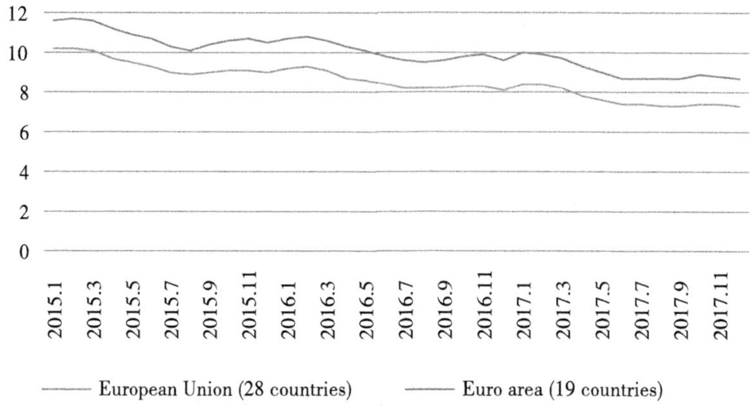

图 4-2　欧盟及欧元区失业率对比（2015-2017 年 单位：%）

数据来源：Eurostat database，Unemployment by sex and age – monthly average［une_rt_m］

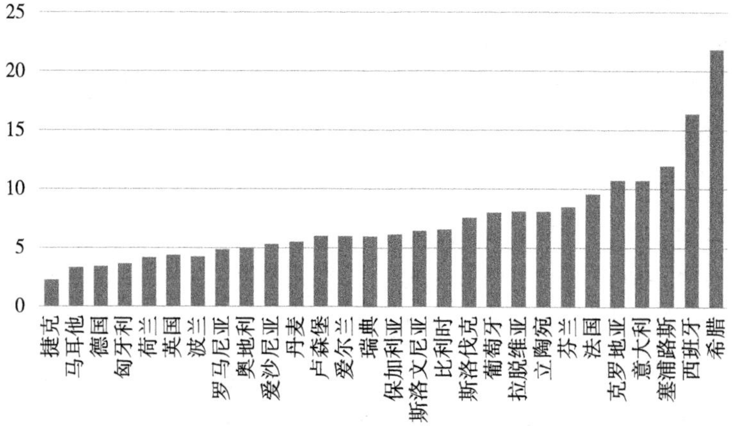

图 4-3　2017 年 12 月欧盟 28 国失业率比较（未经季节性调整）（单位：%）

数据来源：Eurostat database，Unemployment by sex and age – monthly average［une_rt_m］

从国别角度来看，欧洲南部地区经济表现依然落后。12 月，希腊以 21.8% 的失业率高居欧洲失业率首位，但对比过去几年来同期数据，也呈现下降趋势。地处伊比利亚半岛的西班牙以 16.3% 的失业率紧随其后。除芬兰失业率有小幅上升以外，其他各国就业状况均有所改善，23 个国家失业率在 10% 以下。

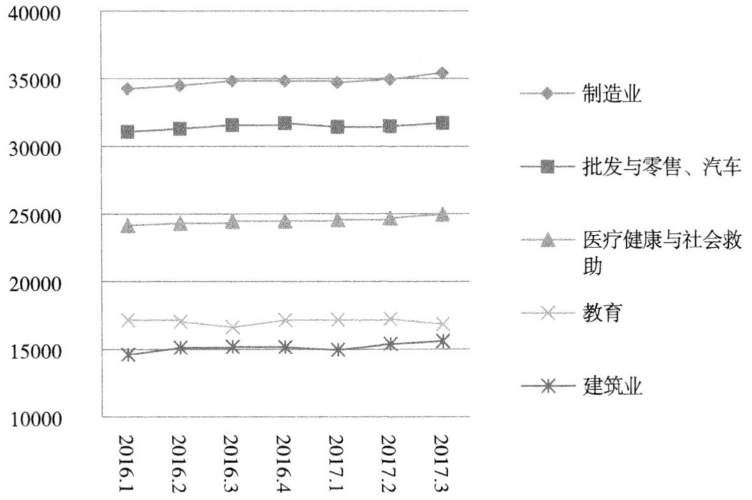

图 4-4　欧盟前五大行业就业人数变化（2016-2017 年 单位：千人）

数据来源：Eurostat database- Employment by sex, age and economic activity (from 2008 onwards, NACE Rev. 2) - 1 000 [lfsq_egan2]

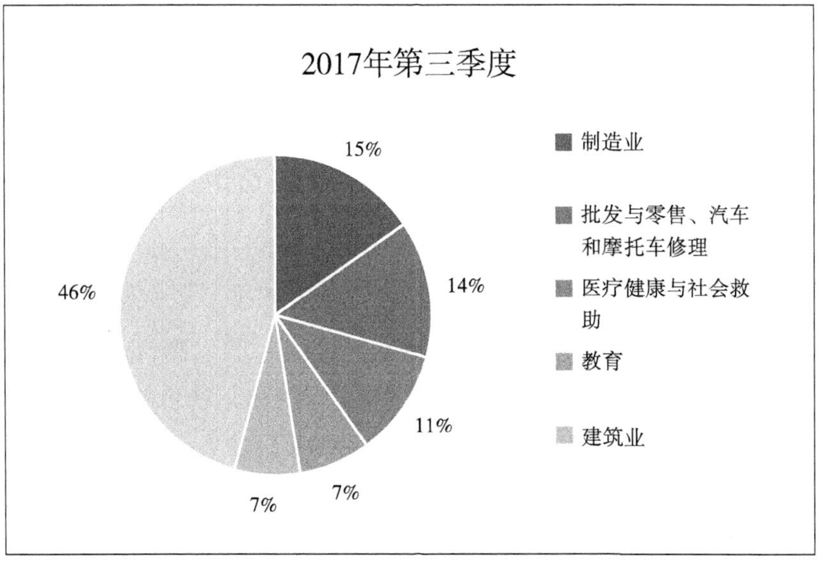

图 4-5　2017 年第三季度欧盟就业人数前五大行业

数据来源：Eurostat database- Employment by sex, age and economic activity (from 2008 onwards, NACE Rev. 2) - 1 000 [lfsq_eegan2]

2017 年三季度，制造业、批发与零售业、医疗健康与社会救助行业是提供就业岗位最多的行业，三大行业分别占总就业人数的 15%、14% 和 11%。随着欧盟经济复苏，固定资产投资增加，越来越多的人从事建筑业，与 2016 年一季度相比，就业人数增长了 6.95%。紧随其后的是制造业和医疗健康与社会救助行业，两行业就业人数均增长了大约 3.4%。教育行业就业人数是欧盟五大行业中唯一一个减少的，与 2016 年一季度相比下降了 1.69%。其他行业中，食宿服务就业人数增长最快，增幅达到 11.48%，这与经济景气密不可分，居民可支配收入增加，促进私人消费支出增加，居民消费更多资金在旅游和外出就餐。

3. 消费与价格水平

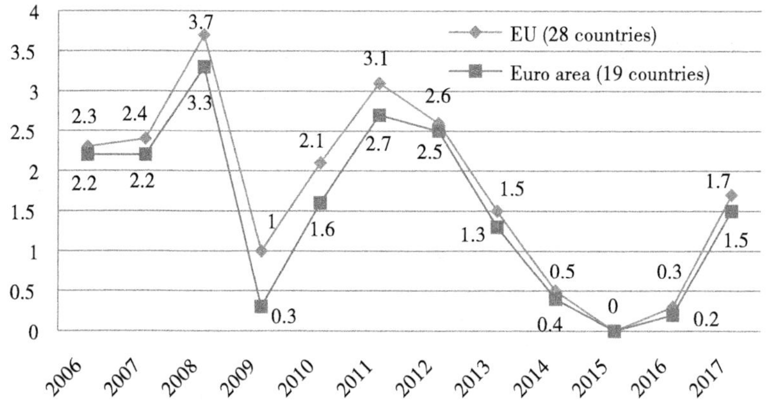

图 4–6 欧盟及欧元区总体消费者价格指数（HICP）同比涨幅

（2006–2017 年 单位：%）

数据来源：Eurostat database，prices–Harmonised index of consumer prices（HICP）（prc hicp）

2017 年欧盟 HICP 上涨 1.7%，欧元区上涨 1.5%，物价水平明显有所回升，脱离了 2014 至 2016 年的通货紧缩危险区域。物价的回升主要是由于劳动力市场不断转好，欧盟 2017 年最后一个月的失业率仅为 7.3%，达到近年来的最低点。工人更容易找到薪酬较高的工作，居民可支配收入增加，收入的增加和对未来前景的乐观预期促使消费者更愿意增加自己的消费支出。

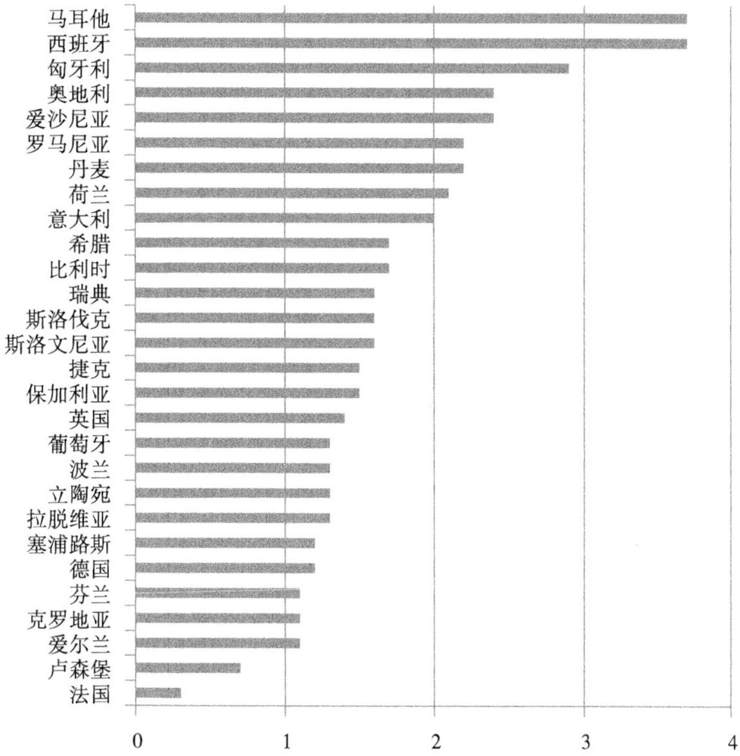

图 4–7 2017 年欧盟各国总体消费者价格指数（HICP）对比

数据来源：Eurostat database，prices–HICP – annual data（prc_hicp_aind）

按国别来看，欧盟所有成员国总体物价均比去年有所上升。其中，马耳他和西班牙物价上涨相对较大，HICP 同比上涨 3.7%，法国和卢森堡物价涨幅低于 1%。大多数国家物价涨幅处于在 1%~2% 之间。

表 4–1 2017 年欧盟居民消费价格同比涨跌幅度（单位：%）

类别	HICP
食品、不含酒精饮料	2.1
烟、酒	2.4
衣着	0.6
居住	1.8
家庭设备用品	0.4

续表

类别	HICP
医疗保健	1.2
交通	3.2
通信	-1.1
娱乐文化用品	1.2
教育	1.1
餐饮、住宿	2.5
其他	1.0

数据来源：Eurostat database，prices-HICP - annual data（prc_hicp_aind）

按消费品类别分，价格涨幅最大的类别是交通、餐饮和食品价格，其中，交通出行相关产品价格涨幅最大，同比上涨 3.2%。通信费用是唯一价格下降的类别，同比下降 1.1%。

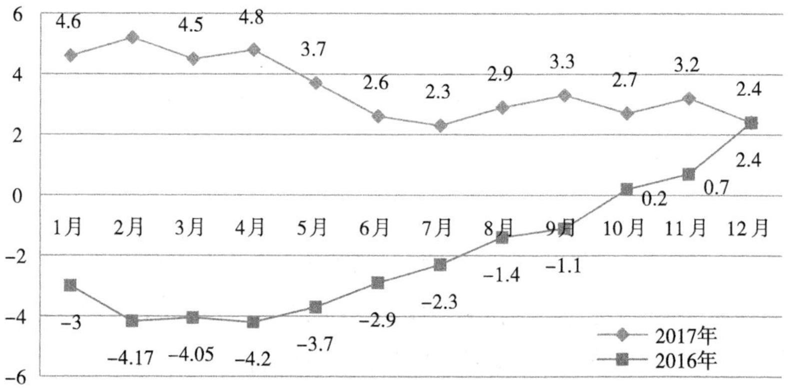

图 4-8　欧盟生产者价格指数 PPI 月度同比增长率（2016-2017 年 单位：%）

数据来源：Choice 金融终端

由上图可以清晰看出今年年初生产者价格指数处于高位，1~4 月 PPI 同比涨幅接近 5% 左右，一方面是由于上一年度同期 PPI 处于低位，另一方面，大宗商品价格反弹、经济复苏刺激了固定资产投资增加。随后 PPI 价格逐月回落，下半年维持在 2.3%~3.3% 之间上下波动。

4. 国际贸易

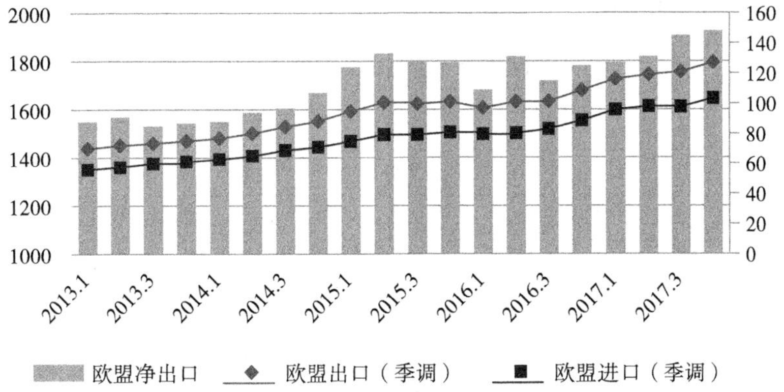

图 4-9　欧盟进出口贸易季度数据（季调）（2013-2017 年）（单位：10 亿欧元）

数据来源：Eurostat database，GDP and main components［namq_10_gdp］

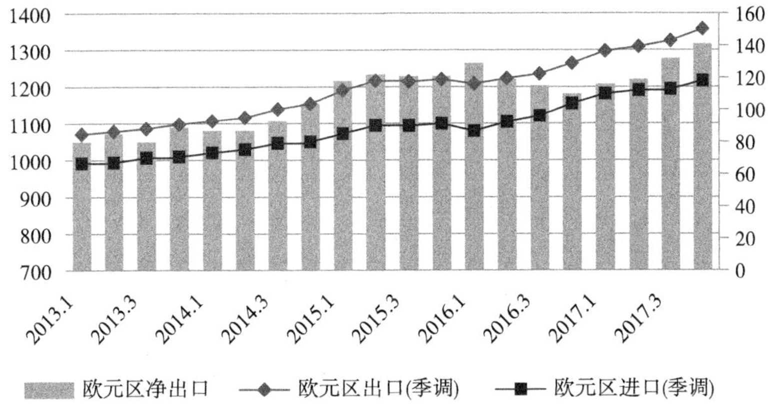

图 4-10　欧元区进出口贸易季度数据（季调）（2013-2017 年）（单位：10 亿欧元）

数据来源：Eurostat database，GDP and main components［namq_10_gdp］

对外贸易方面，经季节性调整后数据显示，欧盟 28 国 2017 年进出口总值（包含商品及服务）为 13.48 万亿欧元，比上年同期增加 6.8%，是近五年来的最高值。其中，出口 7.02 万亿欧元，进口 6.47 万亿欧元，贸易顺差持续扩大。欧元区进出口总值 10.07 万亿欧元，比上年同期增加 7.25%，其中，出口为 5.29 万亿欧元，进口 4.78 万亿欧元，贸易顺差扩大到第四季度的 1410 亿欧元。2017 年进出口情况明细优于去年，四个季度的出口总值连续正增长，顺差不断扩大。

表 4-2　2017 年欧盟主要出口商品构成（单位：百万欧元）

商品构成	2017 年	上年同期	同比 %	占比
总值	4115844	3822015	7.69%	100.00%
食品、饮料、烟草	121664	115916	4.96%	2.96%
食品及主要供食用的活动物	87605	83961	4.34%	2.13%
饮料及烟类	34059	31955	6.58%	0.83%
原材料	49788	42545	17.02%	1.21%
不含燃料的原材料	44381	37247	19.15%	1.08%
矿物燃料、润滑油及有关原料	98387	74769	31.59%	2.39%
石油、石油产品	91152	69818	30.56%	2.21%
动植物油脂及蜡	5407	5298	2.06%	0.13%
工业制成品	1550058	1453753	6.62%	37.66%
化学品及有关产品	333056	313188	6.34%	8.09%
其他制成品	424670	395425	7.40%	10.32%
制成品主要按材料分类	203639	189931	7.22%	4.95%
机械及运输设备	792332	745141	6.33%	19.25%
杂项制品	221032	205494	7.56%	5.37%
未分类的其他商品	58616	57574	1.81%	1.42%

数据来源：Eurostat database，International trade in goods，EU28 trade by SITC product group（ext_st_eu28sitc）

表 4-3　2017 年欧盟主要进口商品构成（单位：百万欧元）

商品构成	1-12 月	上年同期	同比 %	占比
总值	4031142	3727103	8.16%	100.00%
食品、饮料、烟草	111956	109104	2.61%	2.78%
食品及主要供食用的活动物	103458	100877	2.56%	2.57%
饮料及烟类	8499	8228	3.29%	0.21%
原材料	77992	68268	14.24%	1.93%
不含然脸的原材料	67179	59143	13.59%	1.67%
矿物燃料、润滑油及有关原料	338357	264840	27.76%	8.39%

续表

商品构成	1–12 月	上年同期	同比 %	占比
石油、石油产品	251644	196717	27.92%	6.24%
动植物油脂及蜡	10813	9125	18.50%	0.27%
工业制成品	1260384	1190362	5.88%	31.27%
化学品及有关产品	193768	185160	4.65%	10.45%
其他制成品	475668	450095	5.68%	11.80%
制成品主要按材料分类	199641	181524	9.98%	4.95%
机械及运输设备	590948	555107	6.46%	14.66%
杂项制品	276027	268570	2.78%	6.85%
未分类的其他商品	64808	79982	–18.97%	1.61%

数据来源：Eurostat database，International trade in goods，EU28 trade by SITC product group（ext_st_eu28sitc）

按商品看，工业制成品是欧盟最主要的出口商品，2017 年出口额 1.55 万亿欧元，占比 37.66%，随后是机械及运输设备和其他制成品，分别占比 19.25% 和 10.32%。矿物燃料、石油及相关产品由于大宗商品价格反弹，出口额大幅增长 31.59% 和 30.56%。全部类别的商品出口均比去年有所增加。进口方面，工业制成品、机械运输设备、其他制成品是欧盟最主要的进口商品，出口总额分别达到 1.26 万亿欧元、5909 亿欧元、4757 亿欧元，占比 31.27%、14.66%、11.80%。由于大宗商品价格上涨，矿物燃料、石油及相关产品进口总额同样大幅上涨，同比增加 27.26% 和 27.92%。未分类的其他商品进口额下降 18.97%。

分国别（地区）看，2017 年，欧盟的第一大出口对象是美国，出口总额达到 3750 亿欧元，中国和瑞士的出口额也超过了 1000 亿欧元，达到 1983 亿和 1508 亿欧元，俄罗斯和土耳其分别以 862 亿和 848 亿欧元紧随其后。其中，对俄罗斯和中国的出口增速最快，同比增长 19.1% 和 16.9%，对美国出口增速较低，同比增速仅为 3.2%；进口方面，中国是最主要的出口对象，进口总额为 3743 亿欧元，其他主要进口源自美国、俄罗斯、瑞士和挪威，进口总额分别为 2542 亿欧元、1450 亿欧元、1102 亿欧元和 774 亿欧元，其中，对俄罗斯和挪威的出口同比增长速度高达 22% 和 22.3%，对中国出口增长速度紧随其后，为 8.5%，对瑞士的出口大幅减少，同比降低 9.4%；中国、俄罗斯和挪威是欧盟最主要的逆差来源地，全年累计达到 1760 欧元、588 亿欧元和 267 亿欧元；美国、瑞士和土耳其对顺差的贡献最大，分别为 1208 亿欧元、406 亿欧元和 150 亿欧元。①

5. 欧元汇率

图 4–11　每日欧元兑美元汇率（单位：EUR/USD）

数据来源：美联储

整体上看，欧元兑美元汇率 2017 年全年呈现快速上升趋势，从年初的 1.05 附近迅速攀升至 1.20 左右，9 月份开始汇率保持高位震荡，年末再次接近全年新高，欧元兑美元汇率全年共计升值高达 15.42%。

二、2017 年欧盟重要事件分析

1. 平稳度过“大选年”

2017 年，欧盟成立 60 周年，在接连遭遇主权债务危机、克里米亚危机、英国“脱欧”以及多起恐怖袭击之后，欧盟困难重重。在此背景下，欧洲大陆上的荷兰、法国、德国三国相继迎来了最高领导人换届选举，三国人口数合计占整个欧元区 19 国人口总数的 56%，且三国均是欧盟创始国，在欧盟成员国之中占据了极为关键的位置。同时，刚刚决定脱离欧盟

① 数据来源：欧盟统计局 Euro area international trade in goods surplus €25.4 bn，时间范围为 2017 年 1 月 1 日至 2017 年 12 月 17 日 .

的英国也在 6 月份进行大选。大选的结果对未来的欧盟政局稳定、经济发展、欧洲一体化进程产生重要影响。

2017 年的各国大选中存在一个突出的特征，即民粹主义势力逐渐崛起，主张反对欧盟、反对全球一体化的右翼民粹主义政党希望更多的参与政治角逐，并得到了部分民众的支持，在欧洲政坛占据了一席之地。同时，很多民众对欧洲一体化的利益分配方式感到不满，认为在成员国内部各阶层之间以及成员国之间都不同程度的出现分配不均衡的现象，这使得他们对一体化的态度也产生变化。具体大选情况如下：

表 4–4　欧洲大选年情况汇总

时间	国家	获胜领导人及政党	大选结果
2017.3.15	荷兰	吕特（自由民主党）	自由民主党——33 席 自由党（右翼民粹）——20 席
2017.5.7	法国	马克龙（“前进运动”）	“前进运动”（非左非右）——66.1% “国民阵线”（极右翼民粹）——33.9%
2017.6.9	英国	特雷莎·梅（保守党）	保守党——317 席 工党——216 席
2017.9.25	德国	默克尔（联盟党）	联盟党——33%，246 席 社会民主党——20.5%，153 席 选择党（右翼民粹）——12.6%，94 席

资料来源：新华社

纵观欧洲大选年，一方面，各个国家的主流政党均保住了领导地位，特别是法国马克龙和德国默克尔的胜出，在一定程度上稳定了欧盟的政治局势，在目前动荡的欧洲环境中，政策的延续和稳定对欧盟发展至关重要，拥有稳定的政治环境，各成员国在应对各种挑战时就可以更加从容，也可以集中精力解决目前存在的问题。但是，另一方面我们不得忽视右翼民粹主义快速崛起，如：反对欧盟一体化的荷兰自由党在下议院夺取得了 5 个席位，德国右翼政党选择党成了议会第三大党，很多国家右翼政党拥有足够实力与主流政党相抗衡。

2. 曲折的“脱欧”谈判

2016 年 6 月 23 日，英国“脱欧”公投的结果超出了几乎所有人的预期，脱欧派竟然最终获得多数支持，这说明英国会离开欧盟的怀抱。“脱欧”这只黑天鹅的到来无论是对英国还是欧盟整体乃至世界局势都具有重大影响。

英国在 2017 年 3 月 29 日正式启动“脱欧”程序，开启了漫长的与欧盟之间的谈判。谈判议题可主要以分为政治与经济两方面，政治方面主要围绕移民、分手费支付、与爱尔兰的边境关系等问题，经济方面主要围绕国际贸易、金融服务等方面。

对于英国来说，争论焦点在于退出方式的“软硬”之辩。“硬脱欧”是指英国将退出欧洲共同市场，和其他非欧盟成员国一样在世界贸易组织的规则下与欧盟成员国保持贸易关系，不过要限制生产要素的自由流动，也不用承担任何欧盟的费用。“软脱欧”是指仿照冰岛和挪威的模式，继续保持欧洲经济区的成员资格，英国还可以与其他国家形成自由贸易区，但英国需要保持某种程度的与欧盟的人员自由流动，分担欧盟的预算，但是却在欧盟机构中没有自己的政治代表。

最初，英国执政党保守党主张采用“硬脱欧”的方式，但这遭到了第二大党工党的反对，

工党和其他多数小党一起主张“软脱欧”，初期官方的强硬态度一度使“脱欧”谈判陷入僵局。随着谈判的进行，英国的态度逐渐发生转变，对某些关键问题进行让步，谈判不断取得突破。2017 年 12 月 8 日终于和欧盟就脱欧问题达成协议，承诺在 2019 年 3 月 19 日之前正式退出欧盟。协议中关于分手费、爱尔兰边境、英国与欧盟公民权利等核心问题的解决方案双方达成一致意见。

至此，“脱欧”谈判中的政治层面问题基本取得共识，而下一阶段双方将主要针对核心经济问题——贸易关系问题进行谈判。双方都试图寻求最优的贸易合作模式，致力于降低“脱欧”带来的负面影响。但从今年经济指标观察，短期内“脱欧”事件对双方的经济负面影响并不显著，而从长期来看，双方的经济发展则取决于多重因素，其中，贸易关系谈判的结果将起到关键的影响。

3. 经济强劲复苏

2017 年是全球经济情况不断向好的一年，主要经济体复苏态势明显，其中欧洲更是经济复苏的领头羊。

在经历了金融海啸、欧债危机、“脱欧”等难关之后，欧洲经济逐步摆脱危机的拖累。欧盟三季度季调后 GDP 同比增长高达 2.8%，是自 2011 年一季度以来的最高值，欧元区 GDP 录得相同涨幅，全年增速 2.5%，攀上十年新高。

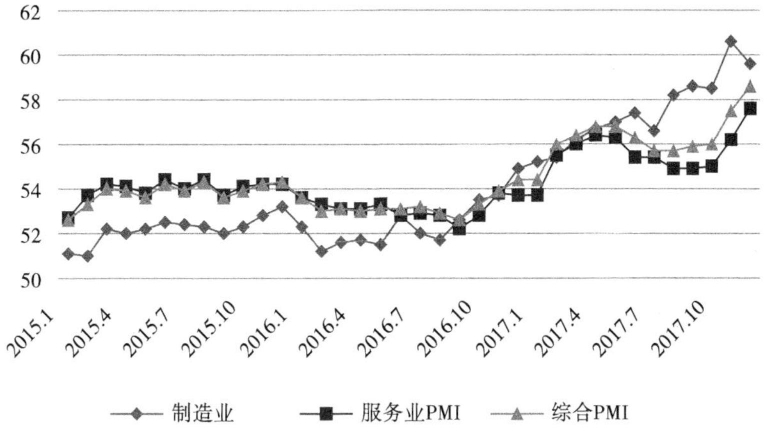

图 4-12　欧元区采购经理指数 PMI 趋势图（2015-2017 年）

数据来源：IHS Markit

从多项指标可以看出欧洲经济强劲复苏，去年三季度，衡量欧元区景气周期情况的三大指标：制造业 PMI、服务业 PMI、综合 PMI 同时出现拐点，后续增速明显加快，这说明欧洲经济在迅速扩张，今年四季度，该指数再次快速上涨，年末时服务业和综合 PMI 都创出月度历史新高，预示 2018 年经济情况乐观。

产能利用率指标同样显示欧洲工业复苏态势明显，近年来，欧洲地区产能利用率持续增加，2017 年末，欧元区的产能利用率高达 84%。欧洲工业设备利用率在不断上升，这说明工业企业效益增加，并且企业管理者看好未来经济发展前景，扩大产出意愿增强。

同样，由于企业利润转好，投资者对欧洲经济信心增强。反映在金融市场，欧洲主要股票指数 2017 年均出现不同幅度的上涨。德国 DAX、法国

CAC40 和英国富时 100 指数分别上涨了 12.51%、9.26% 和 7.63%[①]。

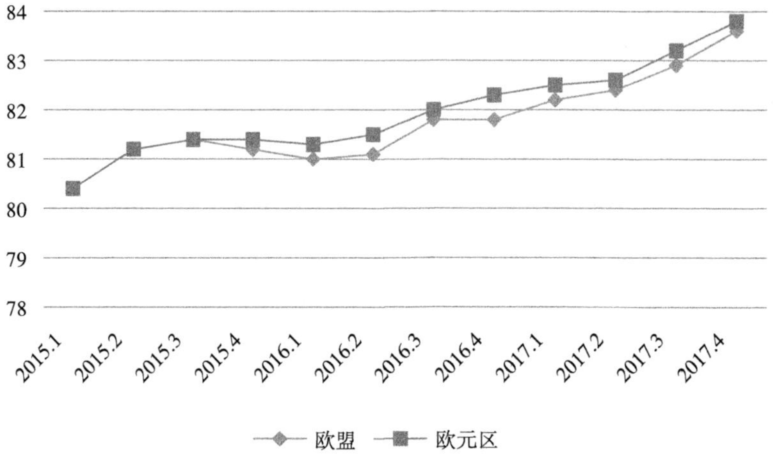

图 4–13　欧盟及欧元区产能利用率（季调后）变化趋势（2015–2017 年 单位：%）

数据来源：Choice 金融终端

2017 年欧洲经济复苏强劲主要原因如下：

① 内部政治稳定

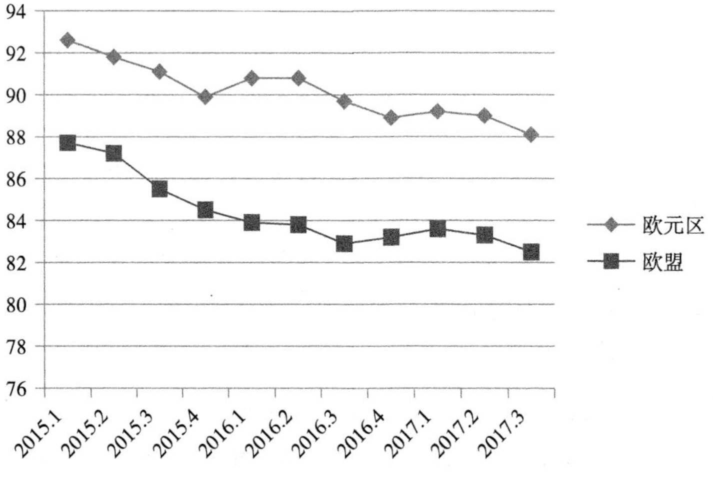

图 4–14　欧盟及欧元区政府债务占 GDP 比例 季度数据（2015–2017 年 单位：%）

数据来源：Eurostat database– General government gross debt – quarterly data

① 数据来源：Wind 资讯。

2017 年，英国“脱欧”带来的负面影响随时间逐渐减弱，马克龙和默克尔相继胜选稳定了欧洲动荡的政治居民，使欧盟离心的政治风险大幅下降，欧盟各项经济政治政策得到延续，政府重心重新放回到经济发展上。由下图可以得知，欧洲政府近年来致力于改善财政收支，欧盟及欧元区政府债务不断下降，赤字得到控制，主权债务风险逐步缓解。

② 消费支出保持强劲

2014 年 9 月份以来，消费增长一直是欧洲经济的主要推动力量。2017 年，欧盟实际家庭最终消费支出增长 3.7%。受益于宽松的货币政策，刺激企业增加投资，企业投资增加活跃了劳动力市场，消费者收入和信心增加，愿意将更多的钱用于消费，从而促进消费支出增加，消费的增加又有利于企业利润的增加。欧洲经济目前正处于这一良性循环中。

③ 固定资本形成增长

投资支出的增长主要来源于固定资本形成增长，欧盟 2017 年度季调后固定资产形成总额 3.07 万亿欧元，[①] 同比增长 4.24%，是 GDP 增速的将近 2 倍。自 2013 年以来，固定资本形成总额保持稳健增长。

④ 全球经济复苏促进出口

全球贸易整体复苏促进了欧洲进出口贸易的增长，贸易顺差的扩大增加了居民的收入和企业的利润，从而推动消费和投资的增长。WTO 也将全球贸易增长率预测由 2.4% 调升至 3.6%，2012~2016 年，全球的贸易增速与经济增速相比，显著落后，而今年全球贸易增速追平经济增速，这说明全球经济情况和贸易情况均明显出现反转迹象。由于全球贸易的增长，推动欧盟进出口总值达到约 7% 的增速。

4. 欧洲央行释放货币政策转向信号

欧洲央行 2017 年继续施行宽松的货币政策，通过压低利率既降低贷款资金成本又促进消费，不仅如此，央行每月通过公开市场购债的方式向市场注入资金。但是需要关注的是 2017 年 4 月，欧洲央行开始缩减净资产购买规模，每月减少 200 亿欧元至月度 600 亿欧元。数月之后的 10 月 26 日，央行再次公告缩减购债规模，预计自 2018 年起，将购债数量减少至每月

---

① 未经季节性调整 数据来源：Eurostat database- GDP and main components [namq_10_gdp] .

300 亿欧元。虽然缩减净资产购买规模并不能说明欧洲央行货币政策彻底转向，但央行的动作表明量化宽松政策（QE）退出正式提上日程，货币政策很可能发生改变。

从欧洲央行的官网可以看到，官方货币政策的制订主要是围绕如何保持价格稳定。对于欧洲来说，价格稳定意味着保持欧元区总体消费者物价指数（HICP）同比增幅低于但接近 2%。

此轮量化宽松政策可以追溯到 2015 年 3 月，欧洲央行希望通过调降利率和持续净资产购买的手段刺激经济增长，避免通货紧缩。各项数据显示，此轮量化宽松政策效果显著，欧元区实体经济得到推动，GDP 以 2.5% 的同比增速创下了十年新高；截至 2017 年年末，制造业采购经理人指数以 60.6 的优异表现成功站上近 20 年以来的最高点；劳动力市场活跃，欧盟失业率仅有 7.3%，而欧元区失业率也只有 8.7%，两者都维持在近十年低位。这说明欧元区现阶段处于景气周期，实体经济快速扩张，通货紧缩以及之前增长乏力等问题已得到改善。

然而，欧洲地区通货膨胀率指标明快速上行，欧盟 HICP 指数上涨 1.7%，欧元区 HICP 指数也上涨了 1.5%，均达到近 5 年来的最高水平。尽管目前欧元区通胀水平仍低于 2% 的央行目标，但今年前三季度物价的快速上涨依然引起了欧洲政府对经济过热的担忧，毕竟货币政策具有一定的时滞效应，政策调整需要对经济形势做出一定的预判。虽然今年四季度欧元区物价涨幅有所回落，延缓了量化宽松政策退出进程，但是根据当前欧洲经济的强劲表现，量化宽松政策结束可能只是时间问题。

三、未来与展望

多数主流经济研究机构对 2018 年欧洲经济发展表示乐观。欧委会 2018 年 2 月份最新预测，①未来两年欧盟经济将继续保持强劲势头，欧盟 28 国和欧元区 19 国 2018 年预期 GDP 增速均达到 2.3%。其中，马耳他、罗马尼亚、爱尔兰、波兰、斯洛文尼亚、斯洛伐克 2018 年预计 GDP 有超过 4% 的

① 源自《冬季 2018 中期经济预测》.

增幅。但对英国、比利时和意大利的经济并不被看好，预期 GDP 增幅均低于 2%，分别只有 1.4%、1.8% 和 1.5%。而作为欧盟经济大国，德法两国增长稳定，预期 GDP 增长 2.3% 和 2.0%，对整个欧盟未来的经济稳定增长起着关键性作用。

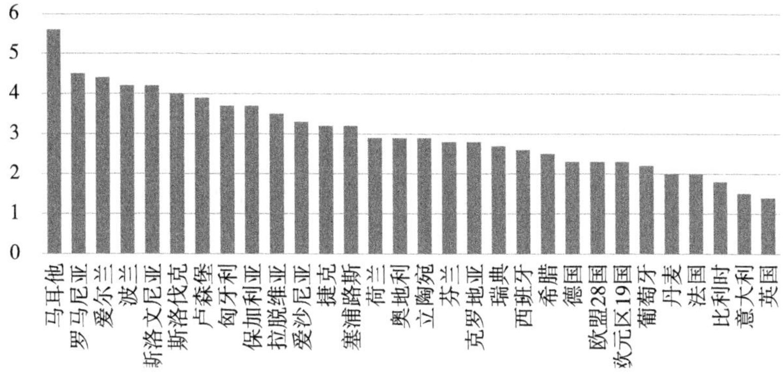

图 4-15　2018 年欧盟各国 GDP 增长预测

数据来源：《冬季 2018 中期经济预测》

全球经济持续复苏将促进欧盟 2018 年出口继续增长，根据欧委会预测，2018 年全球 GDP 增长速度（不包括欧盟国家）预计达到 4.1%，高于 2017 年的 3.8%。除欧盟地区以外的全球商品及服务进口量增长 4.7%。

预计欧盟地区内需将继续增长。处于高位的消费者信心指数和劳动力市场的不断改善都预示着 2018 年私人消费将持续增长。较低的家庭债务比和不断攀升的房地产价格也支持这一预测。

在未来的一年中，商业投资或将维持较高的增速。根据欧委会最新的投资调查，欧元区制造业投资将加速增长，各项经济景气指数维持在近 10 年高位。宽松的货币环境、不确定性的降低、企业利润的不断好转都将支持 2018 年商业投资的增长。就业市场也将进一步改善，2017 年欧元区失业率处在低位，总工作小时数尽管在不断增长，但是依然低于经济危机前的水平，意味着劳动力资源的利用仍有提升的空间。

2018 年欧洲央行或将维持宽松的货币政策支持经济复苏，2017 年 12 月，央行决定在次年 9 月之前不退出量化宽松，但目前针对后续货币政策分歧加大。官方普遍认同如果通货膨胀迹象持续显现，将必须对货币政策进行调整。不过目前看来，新一年通胀前景仍旧低迷。尽管能源价格上涨，欧元区四季度的通胀依然回落，且低于秋季预测。欧委会预测 2018 年 HICP 指数增幅与 2017 年持平。

随着欧洲经济继续扩张和利率维持低位，投资者情绪高涨，金融市场火热。国债收益率有所回升但仍维持低位，股市将跟随复苏步伐继续上涨，但基于估值较低考虑，欧洲主要股票指数已不再低估，预期涨幅可能会低于全球平均股市表现。

目前，主要风险来源于外部金融环境从紧和政治风险，如美国宽松货币政策加速退出、脱欧的不确定性、中东和朝韩地缘政治紧张等。

第五章　2017 年俄罗斯经济观察报告

任康钰　马千云

一、经济总体概况

过去两年中，在西方国家制裁与原油价格下降的影响下，俄罗斯经济发展受到了明显的制约，俄罗斯货币暴跌，其财政压力也在不断提升。然而俄罗斯于 2017 年逐渐呈现出了经济复苏的趋势。由于外部不利因素逐渐减弱、油价持续上涨和经济基本面保持稳定，俄罗斯经济逐渐转好，最先于 2017 年年初开始触底反弹，逐步摆脱了自 2014 年以来的衰退。但未来几年，俄罗斯经济要完成从低速增长到中高速增长的跨越，实现经济增长高于世界平均水平的目标，仍有很大的不确定性。

1. 国内生产总值

在全球经济发展加快、国际贸易增加、外部融资环境保持良好的大背景下，俄罗斯经济终于触底反弹，走出衰退。2017 年前三个季度俄罗斯国内生产总值增长 1.8%，这远高于之前估计的 1.3% 的增长率。并且第二季度的增长尤为显著，达到了 2.5%。世界银行于 2017 年一月提出，由于油价会于当年的后半年出现上涨，俄罗斯 2018 年的国内生产总值预计会提升 1.4% 到 1.7% 之间，2019 年这一数字会在 1.4% 到 1.8% 之间，[①] 从俄罗斯 GDP 构成情况看，俄罗斯不同产业产值都在不断增长。2017 年前十个月，俄罗斯的工业产值增长为 1.6%，农业产值增长为 2.9%，运输业产值增长为 6.7%。除此之外，对于俄罗斯经济而言尤为重要的贸易额同样出现了大幅

---

① World Bank Group，RUSSIA’S RECOVERY：HOW STRONG ARE ITS SHOOTS?

的提升，这一数字高达25.3%。在2017年表现最为突出的产业是农业，俄罗斯农业产值于这一年达到了26年来的最高值，2017年俄罗斯的粮食产量为1.353亿吨，比上一年提升了近0.15亿吨。[①] 宏观经济持续稳定和俄罗斯政府对经济危机采取的一系列措施，比如说对银行资本进行调整、降低开支、创新汇率政策等，都对俄罗斯复苏经济起到了重要的作用。

图 5-1　俄罗斯 - 国内生产总值年增长率

数据来源：tradingeconomics

2. 消费与收入

2017年俄罗斯一些重要的经济和金融指标趋于良好，财政政策以及货币政策采用适度从紧的政策后，俄罗斯的通货膨胀率明显降低。2017年7月，俄罗斯通货膨胀指数成功降低至3.9%，提前五个月完成了其年末4%以内的目标，并且在随后的几个月中始终保持低于4%的水平。就业率接近历史最高水平，失业率从2016年的5.6%下降到2017年的5.2%，接近历史最低。同时，低通胀和低失业率也使实际工资增加成为可能，与去年同期相比居民实际工资上涨了3.0%，然而实际可支配收入却下降了1.3%，[②]这是因为统计的工资仅占居民实际可支配收入的不到一半，其他收入来源还包括社会转移收入，所有权、商业活动的收入以及其他收入，在2017年最后一个季度前，除了实际工资外的其他收入整体出现下滑。

① http://agroinfo.com/en/news/putin-explained-reasons-growth-russian-economy/.

② World Bank Group, RUSSIA' S RECOVERY: HOW STRONG ARE ITS SHOOTS?

图 5-2　俄罗斯 - 通胀率

数据来源：Thomson Reuters Datastream

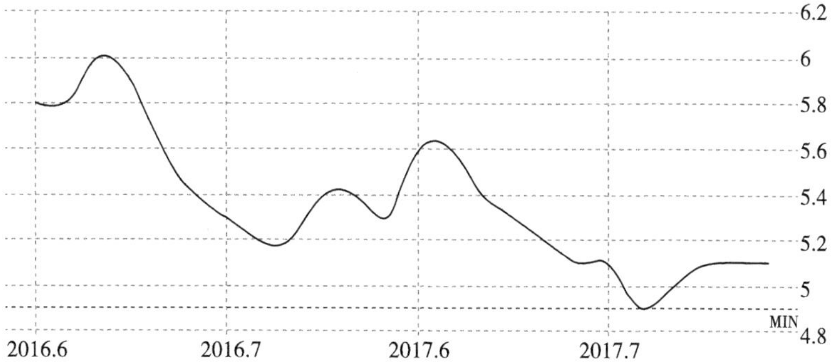

图 5-3　俄罗斯 - 失业率

数据来源：tradingeconomics

3. 财政与税收

得益于石油收入的增加和紧缩的财政政策，俄罗斯财政收入状况在 2017 年前三个季度有了明显的好转，与去年同期相比，其财政赤字降低了 82.53%，仅有 26038 亿卢布。但俄罗斯财政收入主要依靠石油和天然气出口的现状并未改变，未来油价走势仍将会对俄罗斯财政带来较大影响。2017 年，俄罗斯在对财政规则进行修改后，制定了一项新的法案，该法案强调财政整顿，而且需要利用货币干预的手段减轻外部经济波动对政府预算和实际汇率的影响。具体的财政整顿方法有调整预算制度，削减政府开支，改善税收管理制度，以及增加政府收入。

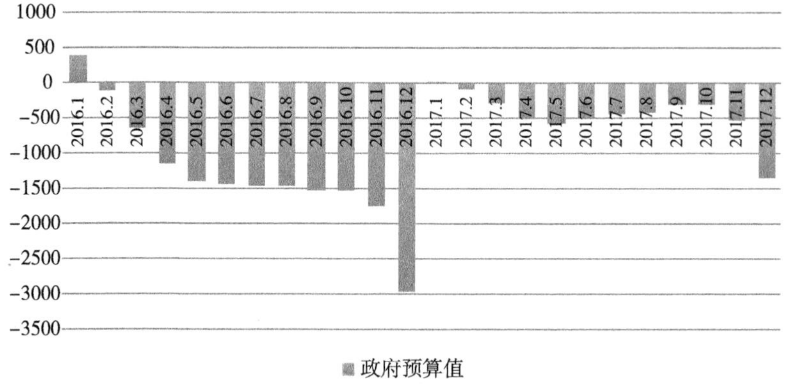

图 5-4　俄罗斯 – 政府预算值

数据来源：tradingeconomics

4. 金融市场与国际收支

俄罗斯受到欧盟以及美国的制裁，从 2014 年开始其货币就出现了持续两年的明显下跌，油价下跌更是加剧了当年卢布的疲软。2014 年 10 月，俄罗斯央行针对卢布疲软的情况投入了近 300 亿美元，不过并未取得良好的效果，俄罗斯央行虽然提出卢布汇率能够自由进行浮动，不过也强调，假如货币波动会直接影响到国内金融的稳定，那么央行就会再次对外汇市场进行干预。但自 2016 年年初以来，俄罗斯货币持续升值，2016 年卢布汇率为 1 美元 85 卢布，至 2018 年以前已经涨到 1 美元 58 卢布。这个迹象表明经济正在反弹，卢布已经升值和稳定。到目前为止，卢布汇率正在稳定增长，汇率大致为一美元 57.6 卢布，同比增长了 23.3%，这一数字同样可以说明投资者相信俄罗斯未来能够走出经济低迷的困境。

对比外汇市场，今年俄罗斯股市表现逊色，虽然惠誉在对俄罗斯进行评级的过程中，将稳定评级调整成了积极，不过俄罗斯依旧存在着明显资本外逃的情况。从 2017 年第二季度开始，证券投资下降至两年来最低点，这是由于美国和欧盟的制裁大大增加了俄罗斯吸引外资的难度，大量投资者以撤资俄罗斯的方式来应对制裁，全年从俄罗斯股市上撤资的金额达到近 9 亿美元。2017 年初，彭博数据显示，俄罗斯燃料联合会美元指数降低了 1.4%，其股市指数在世界排名较低。一般来讲，在发达国家股票指数增长为 20% 到 30% 之间，在发展中国家为 15% 到 50% 之间。[①] 由此，可以

① https：//xw.qq.com/cmsid/20171230B0M02J00.

看出，俄罗斯股市疲软。如果投资者对西方加大制裁俄罗斯的担忧无法改变，明年股市形势也不会好转。

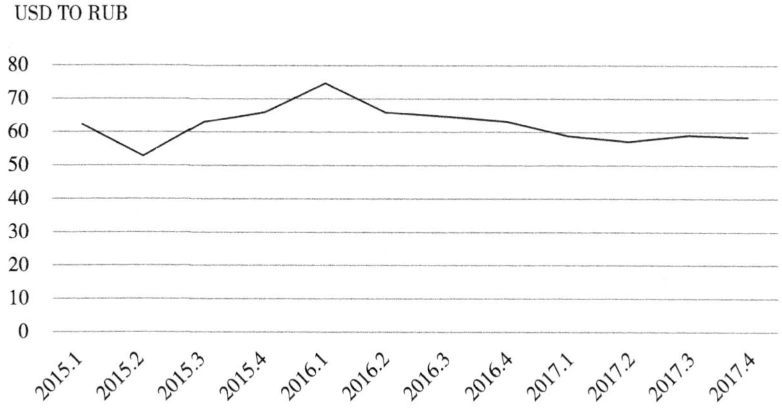

图 5–5　美元对卢布汇率

数据来源：tradingeconomics

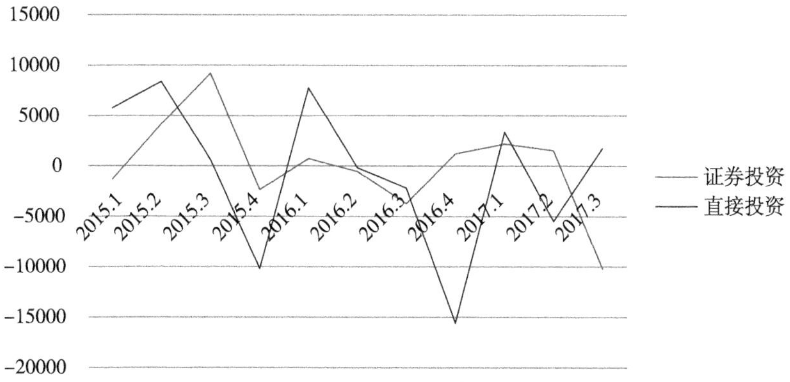

图 5–6　俄罗斯金融账户变动情况

Source：International Monetary Fund，Balance of Payments Statistics（BOPS）

再看俄罗斯国际收支情况，对外贸易量的增加和资本流入加强大大改善了国家的国际收支状况。2017 年 1 月至 12 月，俄罗斯经常账户盈余由 244 亿美元增至 352 亿美元，这是由于贸易顺差抵消了服务和收入账户的恶化。作为大宗商品的出口大国，受益于能源价格回升、外部需求回暖，俄罗斯对外贸易持续增长。俄罗斯于 2017 年外贸顺差提升了 28%，顺差达 1100 余亿美元，其出口总额为 3537 亿美元，这一数字与去年同期相比提升了 26%。其进口总额为 2379 亿美元，同比提升了 24%。[①] 由于需要清偿银行外债，在 1 月到 8 月期间，俄罗斯资本净流出了 121 亿美元，与去年同期相比数额提升了 70%。为了避免国内资本大量外流，吸引外资，俄罗斯对银行资本进行了重组，使其储备资金能够有效使用，积极改善投资环境，这一系列举措均取得了良好的成果。

表 5–1　国际收支状况（单位：十亿美元）

	2013	2014	2015	2016	2017	2017.1	2017.2	2017.3	2017.4
经常项目	33.4	57.5	68.6	24.4	35.2	22.3	2.2	–3.0	13.7
贸易收支	122.3	133.7	111.5	66.4	83.9	29.3	17.6	11.1	25.9
资本项目	–0.4	–42.0	–0.3	–0.8	–0.2	0.04	–0.2	–0.05	–0.04
金融项目	46.2	131.0	68.9	10.8	16.1	11.7	–1.6	–10.3	16.3
储备与相关项目	22.1	107.5	–1.7	8.2	22.6	11.3	7.5	6.5	–2.7
净误差和遗漏	–8.9	8.0	2.9	–4.6	3.8	0.7	3.9	–0.7	–0.03

数据来源：World Bank

二、影响 2017 年俄罗斯经济的重要因素

综合分析，2017 年促使俄罗斯经济迎来转机的重要事件（或因素）主要包括以下几点：

1. 国际油价走高

俄罗斯拥有众多的能源，其能源出口数量全球最高，因此俄罗斯经济就会直接受到能源，尤其是石油价格的影响。如果每桶石油的价格出现一美元的浮动，那么俄罗斯国内生产总值就会受到 0.04% 的影响。俄罗斯是由石油和天然气出口推动的出口驱动型经济体，这两项收入能够达到其财政收入的三成，所以国际油价提升的同时，也促进了俄罗斯经济的发展。在 2016 年前三个季度国际市场上每桶原油的价格为 44 美元，一年之后，每桶原油价格提升了 10 美元，到 2017 年年底，石油每周均价提升到了每桶 65 美元。2017 年 1 月到 9 月期间，俄罗斯石油出口量提升了 0.6%，共计获

① http://www.chinaru.info/zhongejmyw/jingmaoyaowen/51654.shtml.

得了 1307 亿美元的出口收入。

俄罗斯能源部门提出，2018 年油价大致为每桶 60 美元。瑞银集团、瑞士信贷和摩根大通三家投行同样对于 2018 年油价走势持乐观态度，预计布伦特原油价格将在 2018 年升至 60 美元。在油价上涨的同时，俄罗斯将获得更多的出口收入，其国内经济市场也更为活跃，因此其经济复苏进程也会不断稳定推进。

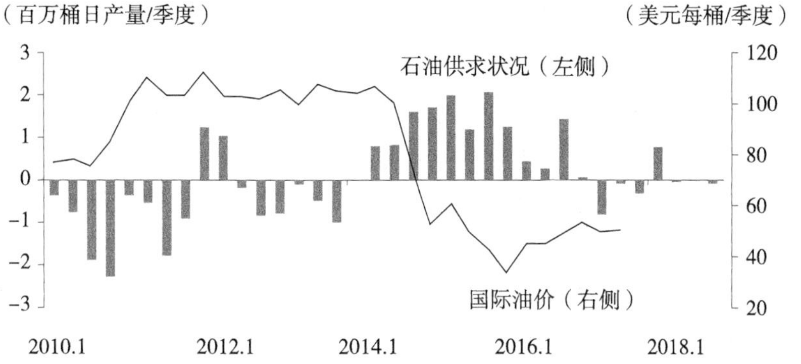

图 5–7　石油供求状况和国际油价

数据来源：World Bank

2. 反危机措施推进

近两年来，俄罗斯为了应对危机，两次推出了针对性的计划，都注重稳定宏观经济和支持具有增长潜力的行业。总的来讲，其在危机应对过程中采取的手段有推动中小规模企业的发展、创造更好的商业环境，对非能源型商品的出口予以鼓励、颁布并实施进口替代政策、对经济结构进行调整等，这些措施为俄罗斯经济复苏积累了有利因素。具体来看反危机措施，其一，外部环境在不断恶化的过程中，俄罗斯为了使国内经济更好的发展实施了进口替代政策。这一政策对于俄罗斯加工业以及制造业的发展具有重要的意义，也有利于注重国内农业、轻工业、制造业等部门的发展。根据俄罗斯政府法律规定，国内国有企业、政府部门、国家控控股企业，以及如军工、铁路、天然气、石油等国有垄断部门，都需要优先使用本土企业提供的服务或者相应的产品。俄罗斯政府预计在 2020 年时，其进口依存度将会降低至 40%。目前，俄罗斯主要在 22 个不同领域应用了进口替代计划，其包括投资项目1658个，技术方向1423个，并且这些投资项目都处于实施状态。[①] 推行进口替代政策以来，农业领域成果尤为突出，进口替代战略已有初步效果。2017年俄罗斯粮食出口创新高，共出口粮食2800万吨，比上年2100万吨同期增长35%。[②] 同时，为缩小能源在俄罗斯经济结构中比重，促进非能源生产的发展，俄罗斯政府为从事非能源产品生产的国内企业出台特殊的优惠政策，大力扶持国内高新技术商品、创新产业、机械制造、基础设施、农产品加工的发展。相关数据说明，俄罗斯与2017年天然气与石油的联邦预算仅为39%，比2014年下降了约12%。[③]

另一方面，反危机以来，俄罗斯非常重视保护本土微观经济主体的健康发展。普京针对微观经济主体出台了大量的政策，比如针对中小规模企业制定的减免税收政策、不增设非税收方式、对企业税率不进行提升，普京出台的这些政策有助于使其国内商业环境更为健康，很好地保护了本土中小规模企业的发展。世界银行预计2018年俄罗斯经商环境会提升五位，达到世界排名中的第35位，因此可以说，俄罗斯经济在反危机政策的推动下得到了良好的发展。

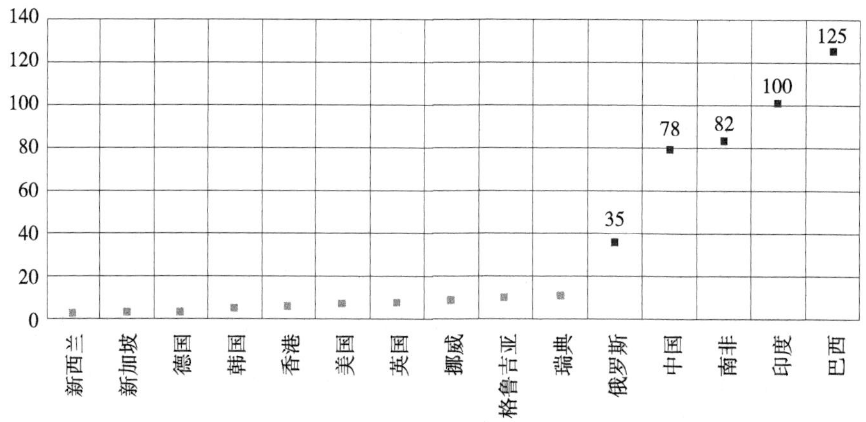

图5-8 俄罗斯在2018年经商环境报告中排名

数据来源：Doing Business database

① https：//www.awaragroup.com/blog/russias-import-substituton/.

② https：//www.uniwagon.com/en/multimedia/expert/overview-russian-railway-market-2017/.

③ http：//tass.com/economy/972269.

3. 消费需求回升

国内需求在前几年显著萎缩后出现反弹。2014~2016 年，由于受贸易条件恶化冲击和经济制裁影响，俄罗斯需求收缩 12.2%，作为度量消费者需求的重要指标商品零售额也自 2015 年以来连续下降了 27 个月。然而，2017 年俄罗斯国内需求开始回升，零售额也从 5 月份开始以大于 1% 的速度增长，8、9月份俄罗斯的零售销售与去年同期相比增长了3.1%。[①]可以认为，在实际工资增长、卢布升值和消费者信心增强的支持下，消费需求成为推动 2017 年俄罗斯经济增长的主要力量，促使 2017 年消费需求增加的主要原因包括：

由于通货膨胀率持续下降且提前达到低于 4% 的目标，俄罗斯央行得以在 2017 年六次降息。利率下调降低了贷款成本，提升消费者信心从负面预期转为略积极，从而使消费者借更多的钱花更多的钱。这种消费支出是建立在借贷基础之上的，由于信贷条件改善，消费者减少储蓄，增加消费。调查显示，2013 年 72% 的俄罗斯人有储蓄，而在 2017 年拥有储蓄的人下降到了 27%，并且大部分储蓄花费在购买商品以及偿还贷款上。[②]

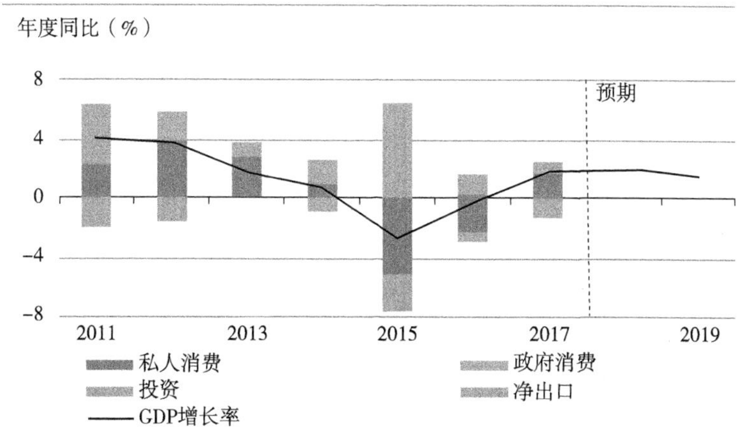

图 5-9　私人消费对经济增长的贡献

数据来源：EIU ABN AMRO Group Economics

① https：//www.reuters.com/article/russia-retail/update-1-russian-retail-sales-exceed-expectations-in-sept-underpin-growth-outlook-idUSL8N1MT47V.

② http：//blog.frontierstrategygroup.com/2017/05/will-consumer-demand-recover-russia/.

4. 国内政局基本稳定

三年前俄罗斯出现了经济危机，不过其在最近几年却呈现出了明显的复苏趋势，良好国内政局为其经济复苏提供了保障。总的来讲，虽然近年来俄罗斯也出现过反对普京的声音，但俄罗斯政局仍然基本稳定，一方面是由于经济情况的回升；另一方面是普京采取各种举措行动对反对派活动起到了遏制作用。普京很清楚政权的牢固需要努力维护，他组建国民警卫队，重组俄罗斯联邦安全局，加强军事部署，并裁减内政部和紧急情况部，所有这些举动都是为了强化其控制力。

2018 年俄罗斯针对总统进行再次选举，但是就目前情况而言，普京再次连任。一年前的杜马选举说明，普京执政过程中其国内局势稳定，政治环境良好，受到文化、历史的影响，俄罗斯公众非常支持态度强硬的领导人，而普京正具有这种特性，因此在选举过程中其具有重要的优势。除此之外，普京针对周边国家的军事活动以及外交政策等也得到了俄罗斯公众的支持与认可，因此其长期保持着较高的支持率。尽管目前并未彻底消除俄罗斯国内的冲突，不过由于其政局稳定，因此投资主体对其会保持良好的信心，这就为俄罗斯经济快速回升奠定了强有力的基础。

三、未来与展望

2017 年，俄罗斯经济从衰退走向复苏，不过以后俄罗斯经济水平的提升还存在着很多的未知数。在中短期内，俄罗斯无法完成经济结构的改变；投资不足、国内劳动力短缺等问题也难以解决；俄罗斯可能依旧需要在很长一段时间内接受西方国家对其进行的制裁。尽管目前俄罗斯已经逐渐摆脱了经济困境，不过其经济很难实现高速提升，其经济形势依旧非常复杂，不容乐观。

1. 经济结构调整

俄罗斯经济要从资源出口型向创新型转变，重点是要对经济结构进行改革。从俄罗斯外贸商品的构成情况以及其财政收入的主要来源能够知道，目前其经济结构并未出现根本的改变，调整经济结构并未取得显著的效果。俄罗斯最为关键的经济来源依旧是其天然气及原油等，这两项收入占据其经济的极大比例，甚至曾达到其收入来源的 70% 左右。虽然近年来油气所产生的收入比例有所下降，但这并不是其经济结构产生改变而带来的结果，比重下降很大程度上是 2014 年以来国际能源价格大幅下跌所造成的。由此可以知道，油气对于俄罗斯来讲非常重要，短时间根本无法动摇这两项能源的地位，今后俄罗斯在其发展过程中依旧需要依赖能源的出口。

对经济结构进行改革，并非仅仅调整能源的比重，还需要促进俄罗斯的非能源工业以及制造业的发展，利用创新经济来对其经济结构进行调整，以创新拉动经济多元化的结构转型。虽然在经过不懈努力后俄罗斯的经济构成有了一定变化，今年农业的份额大大提高，军工产业和信息产业的比重也有所增加，不过此时的俄罗斯依旧没有达到创新型经济的水平。从金融危机后，俄罗斯非常重视经济的创新，不过并未取得良好的效果。在经济创新的过程中，不但要筹措大量的资金，而且还需要有迈克尔·波特“国家竞争力理论”所分析的“高级生产要素”和“专业性生产要素”，即先进的技术、人力资本、基础设施和信息等；需要从组织、技术、产品、模式、管理等层面塑造创新驱动、转型发展的氛围。但是，现在的俄罗斯还不具备这样的条件。

另外，俄罗斯实施经济结构调整政策以来，一直非常重视中小企业发展。因为中小企业不仅可以调节国内外市场需求结构，维护经济的稳定发展；而且其在推动技术创新，提高企业的国际竞争力，实现新型经济也有不可忽视的作用。俄罗斯的中小企业大多数集中于非能源产业、加工工业和第三产业，因此对于俄罗斯经济的调整具有重要的意义。从世界其他各国的情况来看，有很大一部分国家的中小规模企业都创造了高达 50% 的产值，而且为国家提供了九成左右的就业机会，但是俄罗斯目前中小规模企业的产值仅在 20% 左右，这一数据明显与发达国家还有差距。此外，俄罗斯中小规模企业的分布问题更为明显，有近一半的中小规模企业都属于第三产业，只有一成左右的企业属于创新型企业或者工业生产类企业。未来几年，俄罗斯中小企业占 GDP 不高，而且发展缓慢的情况仍会威胁俄罗斯的经济发展。

尽管近年来俄罗斯针对中小规模企业制定了很多的法律条款，不过很多法规以及政策都并未严格执行，因此也就未能起到很好的效果，制度并未有效规范中小规模企业，扶持政策也未能很好地促进中小规模企业的发展。除此之外，俄罗斯政府也往往把中小规模企业视为市场经济的副产品，在某些阶段甚至认为中小规模企业是其发展过程中的负累，所以俄罗斯想要转变经济结构的任务很难在短时间内完成，这项工作任重而道远。

2. 投资不足

在发展过程中，投资不足一直是俄罗斯未能很好解决的问题。2014 年后连续两年俄罗斯出现了投资的负增长，各类企业的投资都迅速下滑，由于投资表现较差，俄罗斯发展受到了明显的限制。除此之外，调整结构的过程中也由于资金不足遇到了很多的困难，解决资金短缺问题，提高投资对 GDP 的贡献率，对于俄罗斯未来的发展尤为关键。目前，俄罗斯在国内投资方面存在缺陷，国内投资能力仅占 GDP 的 20% 左右。而俄罗斯只有以每年大约 7% 的投资增长速度才可以达到投资占 GDP 四分之一的目标，但俄罗斯在短期内很难完成这个目标。首先，由于俄罗斯经济不景气，破产企业较多，现有企业收益锐减，而俄罗斯固定资产投资的主体是企业，所以国内企业在经济低速增长下大幅提高投资的可能性不大。其次，在受到西方不断制裁后，俄罗斯也很难指望外国投资。西方制裁使俄吸引外资难度加大，股市资本外流，资金状况更为窘迫。俄罗斯吸引外商投资，先后启动了“远东一公顷”、建立“先进开发区”和“符拉迪沃斯托克自由港”发展项目。总体上看，投资不足还是未来俄罗斯经济发展的一个限制因素。

3. 银行业风险

随着经济复苏，银行业基本面有所改善，但仍很脆弱。在 2017 年 8 月俄罗斯私人银行中规模最大的 otkritie 宣布需要接受政府的援助，成为首个接受救助的俄罗斯十大系统重要性银行。俄罗斯央行于 2017 年 9 月国有化了资产排名第十二位的 B&N 银行。除此之外，俄罗斯也对第十大银行 Promsvyazbank（PSB）银行进行了救援。上述情况可以说明，近年来俄罗斯银行业形势非常严峻。

自 2014 年开始，俄罗斯受到经济萧条、西方制裁、油价暴跌等多种因素的影响，其银行业信贷资产恶化，不良贷款数量逐年上升。俄罗斯政府针对这一情况展开了综合的整治工作，如国有化、重组、对营业执照进行撤销等，不过其国内银行系统性的问题却依旧无法根除，而整顿举措也引发了一些担忧。

一方面，就投资主体来讲，央行资本储备是否可以使其银行系统保持良好的流动性成了重要的问题。在 2017 年 7 月到 9 月期间，俄罗斯央行共投入了 78 亿美元用于银行救助。在估算救助 otkritie 和 B&N 的成本时，央行提高预估至 140 余亿美元，对 PSB 进行救助的预估花费为 17 到 34 亿美元。尽管央行针对救助计划进行了初步估算，不过救助过程中所产生的真实数额经常显著大于预期。因此，俄罗斯不得不面对沉重的金融负担，此外，2018 年俄罗斯联邦预算支出依然相当大，据国际信用机构称，未来俄罗斯越来越重的财政负担可能会带来风险。

另一方面，俄罗斯银行业中过高的国有制份额也令人担忧。在国有化 otkritieFC 银行后，俄罗斯国有银行达到了银行业的六成以上。在俄罗斯不断重视推进对银行业整治和监管的过程中，这一比例还会不断提升。国有银行份额的增长，毋庸置疑会使俄罗斯具有更为稳定的金融系统，不过在国有化的过程中，其金融主体的创新能力及竞争意识可能也会随之丧失，加剧银行体系内各个主体无法得到均衡发展的状况。

4. 人口问题

俄罗斯极度缺乏劳动力，同时人口数量增长缓慢，这一问题严重影响了俄罗斯经济的快速发展。苏联解体这一历史事件，使俄罗斯公众生活受到了严重的影响，国家的出生率也逐年降低。直至 1999 年，俄罗斯的出生率低至了历史记录的最低点。即使在 20 余年后的今天，苏联解体这一历史事件依旧作用深远。总数从 1992 年的 1.48 亿人减少到 2013 年的 1.43 亿人，其中还包括每年数十万移民。直到 2017 年，俄罗斯的人口仍然基本上是负增长的。俄罗斯统计局的数据说明，2017 年上半年，俄罗斯人口出生率要远远低于其死亡率。

俄罗斯 2000 年以前出生的人目前已经普遍离校开始工作，出生率低下产生的后果就逐一显现。因为人口增长为负，所以目前俄罗斯急缺劳动力，劳动力匮乏会使俄罗斯在今后五年左右的经济增长受到明显的限制。根据俄罗斯官方的预测，直到 2022 左右，劳动力短缺的情况将不会改善，并且预计到 2050 年俄罗斯人口将减少 2300 万，导致劳动力减少 25%。

俄罗斯想要改变人口持续的负增长，出台了很多相应的政策提升本国的人口出生率。除此之外，俄罗斯政府还针对人口素质的提升以及人口寿命的延长等，采取了相应的举措。不过，像改变生育观等类似措施都是无法一蹴而就的，需要较长的时间才可以起到作用。再如生育补助措施，通过分析近几年俄罗斯的相关数据能够发现，其在短期还不能完全起到促进大规模生育以缓解劳动力匮乏的作用。

为了解决短期劳动力匮乏的问题，俄罗斯开始出台移民政策。就俄罗斯而言，从国外引进大批高级人才是缓解其劳动力匮乏的关键手段。目前，俄罗斯已经针对移民政策做出了新的提议，以期简化国外高水平专业人才在俄获取侨民纳税证明的程序，这项提议已经在磋商会议中得到了同意，修改后的新政策将于下年底生效。

5. 国际环境

今后一段时期内俄罗斯面临的国际环境，依然是复杂多变的。一方面，俄罗斯与西方关系越发复杂。2017 年美国分两次对俄罗斯实施了实质性制裁，先是议会通过了一项对俄罗斯实施制裁的法案，紧接着国务院发布了制裁俄罗斯的清单和一些指导意见。这次制裁比以往涉及范围更广、规模更大，涉及 39 个俄罗斯国防工业和情报机构，这无疑进一步加剧了俄美关系的恶化。同时，欧盟也在 2017 年 12 月宣布延长对俄罗斯经济制裁，接连四次的经济制裁导致俄罗斯损失了上千亿欧元，欧洲经济也同样遭受了损失。可以看出，美国和欧盟在短期内不会取消对俄罗斯的经济制裁。与此同时，俄罗斯也积极应对西方制裁，出台了相应的反制裁措施，继续推进“向东转”战略，不仅与中日韩和东盟等亚太地区国家加强合作，而且还积极推进远东开发。随着“向东转”战略的推进，俄罗斯与中国的经济合作越来越紧密，两国高层会晤频繁，除了签署 4000 亿美元的天然气合同外，中俄还在金融、电子商务、高新技术、海关、投资、农业等方面取得了显著的合作成果。可以说中国市场对俄罗斯 2017 年经济复苏起到了关键作用。据统计，2017 年中国对俄累计直接投资额达 82 亿美元，约占外国投资总额的三分之一。2017 年前三季度，中俄两国贸易额为 613.76 亿美元，比上一年同期增长 22.4%。[①] 虽然“向东转”战略对抵制西方经济制裁

① http://sputniknews.cn/russia_china_relations/201712131024273338/.

起到了一定的作用，但西方制裁带来的威胁依然不容忽视。

另外，2018 年夏季在俄罗斯举办的足球世界杯有望推动其经济复苏。世界杯球赛期间，俄罗斯境内消费显著增加，旅游、餐饮和酒店等行业将有大笔收入，11 个俄罗斯协办城市也将新增更多的就业岗位，会促进地方经济发展。经济学家称，世界杯预计将为俄罗斯经济带来高达 30 亿美元的收益。

综合以上分析，随着国际环境日益复杂，俄罗斯未来经济增长面临的外部风险来自于国际油价大幅下跌，全球金融环境收紧以及西方制裁产生的负面影响。但总体来看，外部因素对俄罗斯经济影响是有限的，经济复苏面临的主要威胁还是来自内部，要实现经济从低速增长到中高速增长的目标，其关键方法在于深入和迅速的结构改革。尽管从推行结构改革以来俄罗斯单一的经济结构有所改善，但突破并不大，没有实质性改变。因此，俄罗斯在今后一段时期内应继续推进经济结构转型，实施反危机计划，降低经济增长对石油价格的敏感度，支持非能源产业和中小企业的发展，促使俄罗斯经济向创新型经济转变。就目前来看，俄罗斯政府应该缩小实际工资与可支配收入之间的差距，防范银行业的风险，稳定投资者信心。

世界银行 2018 年 1 月份发布的《世界经济形势与展望》表示，随后两年俄罗斯经济将持续增长，国内生产总值增长率将分别达到 1.7% 和 1.8%。预计未来几年消费需求仍将是推动俄罗斯经济增长的重要动力，同时投资会起到一定的辅助作用。此外，由于低通货膨胀率和消费回升，预计 2018 年俄罗斯的贫困率将会降低。总之，未来俄罗斯经济在中期向好，但长期经济发展仍受经济结构问题的制约。①

① World Bank Group, RUSSIA' S RECOVERY: HOW STRONG ARE ITS SHOOTS?

第六章　2017 年韩国经济回顾与展望

曹雪城

一、经济运行的总体概况

韩国是全球中等发达国家的典型代表，也是东亚地区最重要的经济体之一。由于相对开放的金融市场和高度依赖国际市场的出口导向型经济模式，韩国经济在 2008 年全球金融危机之后遭受重创，国内失业率大幅上升，经济总量一度不升反降。不过经过之后近三年左右的恢复，经济增长已重回中低速增长的正常水平。尤其是 2017 年，随着全球经济的进一步复苏，韩国经济增长好于预期，似乎并未如外界所预测的那样，受到韩国政府高层及大财阀“丑闻”及中韩“萨德”风波的影响，以至于有韩国媒体发出了“韩国经济又活过来了”的感叹。[①]另外，以“人工智能（AI）”“大数据”以及“智能设备”等为代表的智能概念及应用在 2017 年集中爆发，这对在集成电路及半导体行业处于全球领先地位的韩国高端制造业产生了较为显著的正面影响。但与此同时，过度依赖出口、老龄化、少子化所带来的消费不振以及包括朝核问题等在内的地缘环境不稳定因素将是韩国经济所长期面临的问题。

1. 国内生产总值（GDP）

韩国 2017 年的名义 GDP 约为 15302 亿美元，高于外界预期——根据国际货币基金组织（IMF）2017 年 10 月的预计，按现价美元计算，韩国 2017

① “지난해 경제성장률 3.1% 기록…3 년 만에 3% 대 고지 다시 밟았지만 웃을수없는 이유는”（“去年经济增长率 3.1%…虽是三年来首次站上 3% 但并不乐观的理由是…”），http：//news.joins.com/article/22316015.

年名义 GDP 总量将超过 1.41 万亿美元。[①] 位居美国、中国、日本、德国、法国、英国、印度、巴西、意大利和加拿大之后，这也是韩国经济总量连续三年位列全球第十一位。

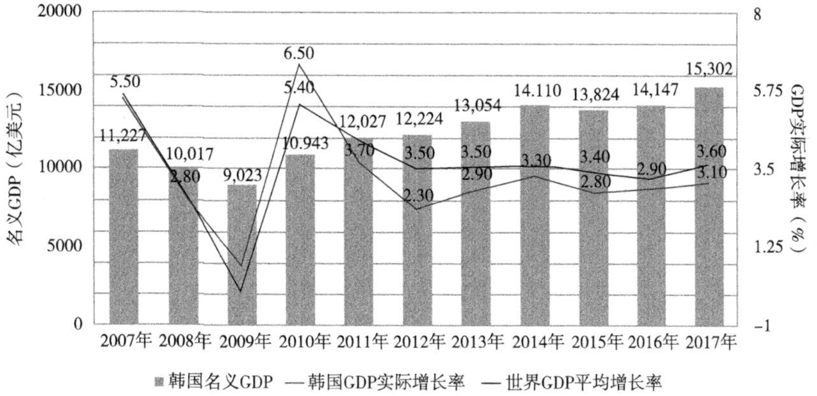

图 6-1　韩国国内生产总值及增长率

数据来源：韩国统计厅，世界银行

从 GDP 增长率上来看，韩国央行在今年一月末最新公布的数据显示，2017 年韩国实际 GDP 增长率为 3.1%，这是继 2014 年的 3.3% 之后首次重回 3% 以上的增长水平，略高于韩国新政府 3% 的增长目标，也好于外界此前的普遍预期。对此，韩国央行将之归因于“民间消费呈现恢复态势，且全国建设及设备投资实现了高速增长”，其随后公布的数据简报中也证实了这一点。[②] 2017 年韩国民间投资增长率为 2.6%，略高于 2016 年的 2.5%，而在设备投资领域则出现了 14.6% 的高增长率，与 2016 年的负增长形成了鲜明对比。分行业来看，2017 年韩国制造业产值增长了 4.2%，大幅高于 2016 年的 2.3% 和 2015 年的 1.8%。这得益于去年韩国出口情况的改善，尤其是国际市场对半导体需求量的大幅增加。但 2017 年以金融、房地产为主体的韩国服务业产值的增长率仅为 2.1%，低于前年水平，资金“脱虚向实”的

① World Economic Outlook Database，October 2017，International Monetary Fund，http：//www.imf.org/external/datamapper/NGDPD@WEO/OEMDC/ADVEC/WEOWORLD?year=2022.

② < 2017년 4/4분기 및 연간 국내총생산 (속보) >(2017 年第四季度及全年国内生产总值【速报】)，한국은행（韩国银行），http：//www.bok.or.kr/contents/total/ko/boardView.action?boardBean.brdid=142325&boardBean.menuid=559&boardBean.rnum=44&menuNaviId=559&boardBean.cPage=5&boardBean.categorycd=0&boardBean.sdt=&boardBean.edt=&boardBean.searchColumn=&boardBean.searchValue=.

倾向比较明显。

同时，韩国经济的外向型特点使其宏观增长同全球经济增长呈现出高度的正相关性。但近年来在广大新兴经济体的强势拉动之下，韩国 GDP 增速已低于全球平均水平，不过同日本及欧美发达国家 1%~2% 左右的增长率相比还依然处于高位。这样的增长速度对于一个已经相对成熟的经济体而言显得尤为不易，这也体现出韩国经济未来还具有继续上扬的潜力与活力。

2. 财政及国际收支

2017 年韩国的财政收支总额继续稳步增长。来自韩国央行的最新数据显示，2017 年 1 月至 11 月，韩国财政支出总额达到 346.385 万亿韩元（约合 3250 亿美元），其中用于补助金及包括向地方政府及一般行政机构转移支付在内的经常性支出为 234.575 万亿韩元，占比达 67.7%，是韩国财政支出的主要部分。财政收入总额为 375.562 万亿韩元，其中国税收入是其主要收入来源，占比约为 67.1%。通过历年的数据可以看到，韩国 2017 年的财政状况总体较为健康，财政收支与经济保持同步增长。尽管 2017 年 12 月的数据还未公布，还无法得出全年数据，但根据已经公开的前十一个月的信息，基本可以肯定 2017 年韩国财政总收支超过 2016 年是大概率事件。

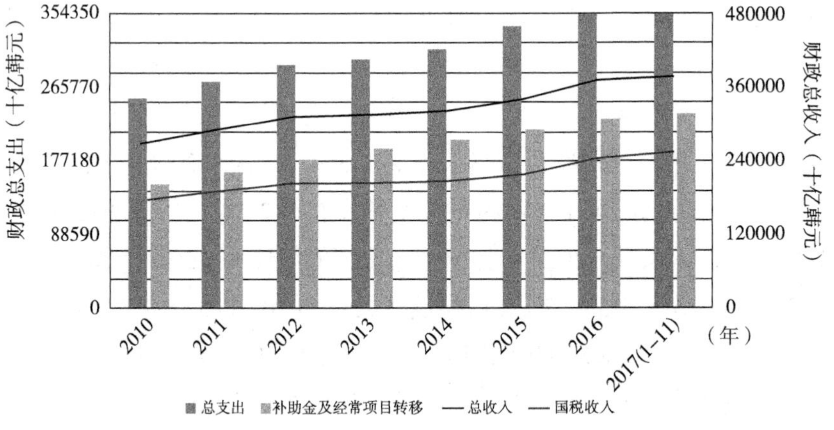

图 6–2　韩国财政支出与收入情况

数据来源：韩国统计厅

韩国 2017 年的对外债务总额总体呈明显上升趋势，终结了 2015、2016 连续两年的下滑，但宏观债务风险依然可控。当年韩国对外债务总额为 4188.24 亿美元，约占韩国 2017 年 GDP 的 30%，低于目前国际公认的 40% 警戒线。这其中，短期债务余额为 1159.22 亿美元，长期债务余额为 3029.01 亿美元，分别占韩国对外债务总额的 27.7% 与 72.3%。短期外债占债务总额的比例已超过 20%~25% 的国际合理区间，但由于韩国经济基本面向好，竞争力相对较强，这一比例尚处在韩国经济可以承受的范围之内，并不会对其偿债能力及信用造成冲击。

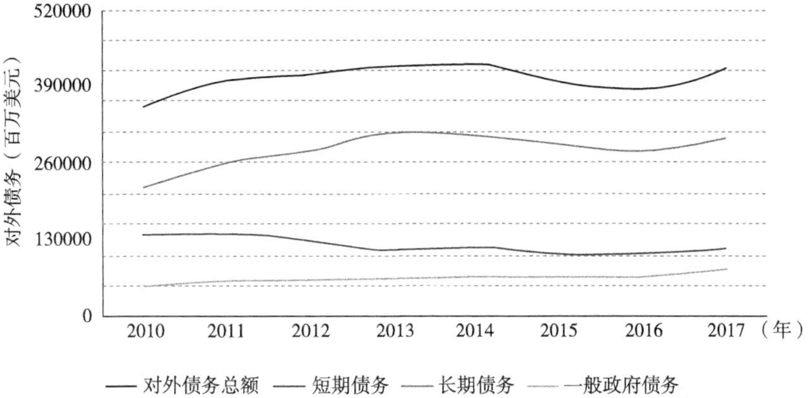

图 6-3　韩国对外债务情况

数据来源：韩国统计厅

不过，值得关注的是，韩国一般政府部门 2017 年的外债总额突破了 800 亿美元，较往年出现大幅上升，同比升幅达到了 19.33%，其中公开发行债券占了较高比例。从具体统计数据上看，韩国政府 2017 年对外发行公债较去 2016 年大规模增加了近 134.8 亿美元，其中有很大一部分被用于 2018 年韩国平昌冬奥会规模庞大的前期准备及建设工作。根据韩国相关媒体的报道，韩国政府用于本届冬奥会的预算已达到 14 万亿韩元（约合 131 亿美元），预期未来将会出现超过 3000 亿韩元的赤字，这已经在韩国国内引起了争议和质疑。[①] 但由于这些债券均属于中长期债务，因而长远来看，即使冬奥会最终产生亏损，也不会对韩国政府的财政运行造成明显影响。

① “平昌冬奥会将负债累累 外国游客本国民众均不买账”，《亚洲经济》，http：//china.ajunews.com/view/20171031083004177.

3. 居民收入与就业

2017 年韩国国内总收入（GDI）继续稳步增长，通过数据可以看到，2011 年之后韩国 GDI 开始止跌回升，之后始终高于 GDP 的增幅。2017 年，韩国实际国内总收入（GDI）同比增长了 3.4%，高于 3.1% 的 GDP 增幅，但较 2015 年及 2016 年有所降低。虽然居民消费额增幅在 2017 年第四季度仅微涨 0.2%，但这并未影响其全年平均水平——2.6%，这也是继 2011 年的 2.9% 之后该指标六年来的最高增幅。[①]有分析认为这是由于去年半导体价格大幅上升带动了韩国居民收入与消费的增加。

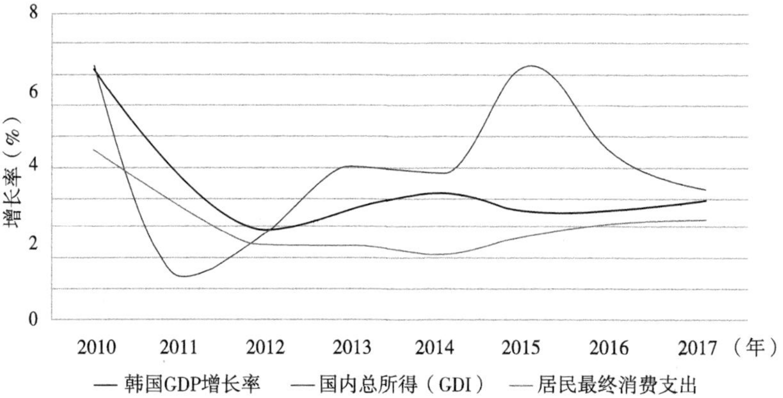

图 6–4　韩国国内总所得及居民消费增长情况

数据来源：韩国统计厅

韩国 2017 年的总体就业情况可谓“有惊无险”。总登记失业人数突破了 102 万人，年平均失业率为 3.7%，同去年持平，这是韩国自 2000 年以来连续两年失业人口超过百万。这一比率虽然已触及自全球金融危机以来的最高点，但在全球范围内来看仍然处在较低水平，远好于欧洲及部分拉美国家超过 10% 甚至 20% 的失业率水平，也好于去年经济数据亮眼的美国。

不过，2017 年在韩国国内引发广泛关注的“青年失业”问题却不容乐观。根据韩国统计厅最新发布的数据，2017 年韩国 15~29 岁青年的失业率为 9.9%，远高于其国内平均失业率水平，已达到 2000 年以来的最高值，而

① “2017 년韓성장률 3.1%”（2017 年韩国经济成长率 3.1%）http：//www.snmnews.com/news/article View.html?idxno=388553.

且已连续四年呈上升趋势。[①] 愈演愈烈的青年阶层“就业难”已引起韩国社会的普遍担忧。有分析认为这与韩国当前的教育体制与经济结构有关——韩国受过高等教育的年轻人接近总量的 70%，数量庞大，韩国社会目前还无法为这些年轻人提供足够的适合他们的岗位。很多年轻人宁可在家待业，也不愿从事层次和薪酬相对较低的工作。除此之外，文在寅政府上台后推出了一系列有利于劳动者的政策，如临时工正式化，提高最低工资标准，缩短工时等，这无疑会提升企业的用人成本，一定程度上影响了企业的招聘积极性。

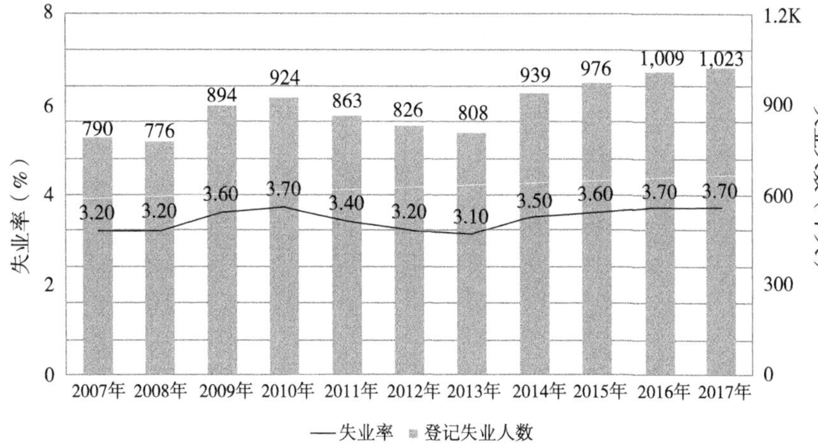

图 6–5　韩国登记失业率及失业总人数

数据来源：韩国统计厅

4. 对外贸易及投资

韩国 2017 年的总体对外贸易形势向好，进出口总额连续两年保持增长势头。韩国产业通商资源部今年年初援引世界贸易组织（WTO）最新公布的数据，称韩国 2017 年出口总额位居全球第六位，排在中国、美国、德国、日本与荷兰之后。这一排名较 2016 年跃升了两位，且货物及服务总出口额增长率达到 15.8%，是全球十大出口地区中增速最快的。韩国在全球 71 个主要出口地区中的总份额占比也从 2016 年的 3.1% 上升到了 2017 年

① “청년실업률 9.9% 역대 최고, 지방공무원 추가 채용이 발목 잡았나?”(“青年失业率9.9%史上最高，地方公务员增录惹的祸”), http：//m.post.naver.com/viewer/postView.nhn?volumeNo=11975827&memberNo=36765180&vType=VERTICAL.

的 3.5%，占世界贸易总额的比重则从 2016 年的 2.8% 上升到了 2017 年的 3.2%，这是韩国目前所达到的最高比重。① 由此可见，2017 年 5 月才新入主青瓦台的总统文在寅，在其“增加出口，扩大对外贸易”的承诺方面确实有所收获。文在寅上台后，马不停蹄地先后参加了 G20 德国峰会、俄罗斯东方经济论坛以及韩国·东盟（ASEAN）论坛等，这些努力的背后都有明显的推动韩国投资及出口的考量。而且在出口形势好转的同时，韩国 2017 年的对外进口额也不断攀升。韩国进口额增幅自 2014 年以后开始大幅增加，2017 年增长幅度为 7.2%，高于韩国 GDP 及货物出口增速。尽管如此，韩国贸易顺差国的地位短期内还不会发生变化。尽管货物进口增加会在一定程度上影响就业和国民总收入（GNI），但有利于平抑韩国国内物价并减少自特朗普入主白宫后全球范围内愈演愈烈的贸易摩擦。

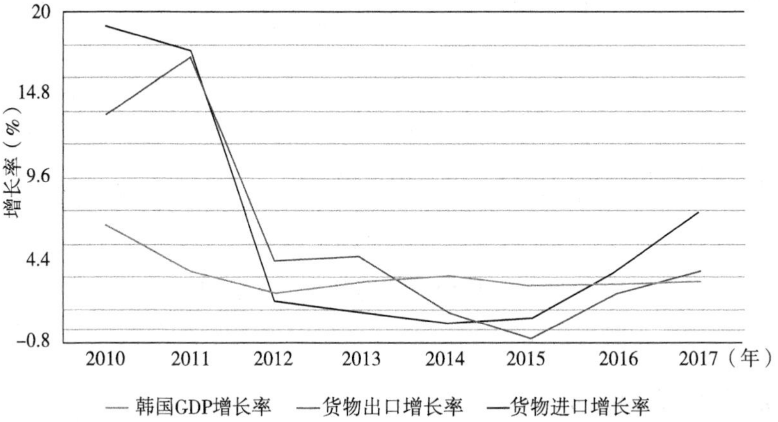

图 6–6　韩国货物进出口增长率情况

韩国吸引外商投资的情况可以说是 2017 年韩国制造业繁荣的最佳体现。韩国 2017 年共吸引外商直接投资 2774 件，低于 2016 年的 2987 件，但总金额达到 229.43 亿美元，同比增长了 7.7%。这些投资绝大部分流向了韩国的服务业和制造业：服务业吸引投资总额 154.59 亿美元，制造业则为 72.47 亿美元，分别占据投资总额的 67.3% 与 31.5%，同比下降了 0.3% 和大

① “文정부 첫해 10 대 수출국 중 한국 수출 증가율 '1 등 '”（“文在寅政府首次 10 大出口‘国’中出口 增长 率第一位”），http：//www.segye.com/newsView/20180216001706.

幅上升了 41.2%。可见外资在 2017 年进入韩国制造业的意愿明显升温。金融保险、商业服务以及房地产成为服务业领域外商投资的主要组成部分，占比依次为 17.42%、25.41% 与 29.11%。而化工及电气电子等韩国优势领域则占据制造业总投资的六成以上，分别占制造业投资总额的 40.35% 与 21.07%。虽然在韩国的产业结构中，第三产业已经成为主体，但制造业依然是韩国经济的基石，制造业的繁荣对于稳定韩国就业及出口都具有举足轻重的作用。

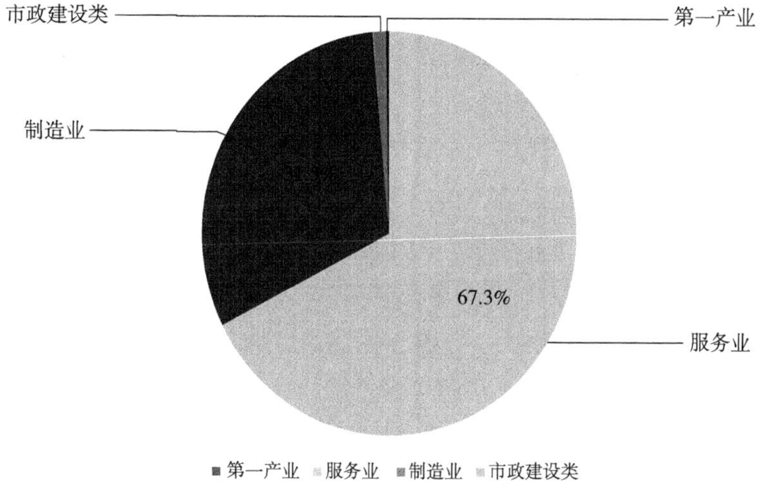

图 6–7 2017 年韩国外商直接投资额情况

数据来源：韩国统计厅

二、2017 年韩国重大经济事件

1. 三星掌门人被捕

2016 年，韩国媒体爆出让人瞠目结舌的“亲信干政门”事件，引发韩国政界和企业界剧烈动荡。2017 年 3 月，前总统朴槿惠被正式免去总统职务，锒铛入狱。之后，经过韩国媒体的追踪和检方的深入调查，发现包括三星、现代等在内的韩国知名财阀亦牵扯其中。随后，三星电子副会长，也是三星电子的实际控制人李在镕以行贿、挪用公款等罪名被批捕，成为该事件中首个被捕的韩国大财阀负责人，其行贿理由是为了促使韩国政府批准三星旗下两家子公司的合并要求。

三星电子负责人的入狱，在韩国经济界引起强烈震动。毕竟三星电子是目前全世界最大的芯片及平板显示器生产企业，被其直接或间接持股以及依附其生存的韩国企业不计其数。三星电子一家公司的股票市值就超过韩国股市总市值的20%，整个三星集团更是超过30%。[①]因而，三星电子的经营状况可谓是韩国经济的“晴雨表”。2017年韩国经济势头向好，三星功不可没。由于三星是典型的家族企业，李在镕及其父亲李健熙在三星内部的地位无人能及。而且近年来李健熙因为身体状况不佳，已逐步将权力移交给李在镕，因而许多人担心掌握韩国经济命脉的三星的运营将因此出现重大变故，进而拖累韩国经济。

不过出乎很多人的预料，李在镕入狱期间，其所负责的三星电子业务依然保持了良好的发展态势，得益于芯片销售的火爆和内存价格的上涨，三星2017年的利润与股价均创下历史纪录。而且李在镕本人也已于2018年2月获释出狱，量刑与其所获罪名完全不相称，这也充分证明了韩国财阀企业在韩国政界的强大影响力。李在镕的父亲，即三星集团的董事长李健熙就曾经在丑闻被曝光后两次获得来自总统的特赦，韩国其他大财阀的负责人也都曾享受过类似的待遇。

以三星、现代、SK等为代表的韩国财阀对韩国经济的发展有着举足轻重的作用。这些企业自诞生之日起，就与韩国政府及其高级官员有着千丝万缕的联系，任何一家企业的垮台都会对韩国经济及就业产生严重冲击，迫使韩国政府在处理相关问题时难免“投鼠忌器”。这种“大而不倒”的财阀体制对韩国经济的捆绑背后风险巨大，韩国社会对此也多有讨论，但多年来并未出现明显改观。2017年所发生的戏剧性“丑闻”只是这种经济体制的缩影，在可预见的未来很有可能将长期存在下去。

2. 家庭负债继续攀升

家庭部门负债过高近年来一直是影响韩国经济稳定的重要因素，这个问题在2017年虽有所缓解，但负债总额依然庞大，让许多韩国家庭抵御风险的能力受到质疑，并有可能成为引发经济危机的导火索。根据韩国央行

---

① 中华人民共和国商务部：http：//www.mofcom.gov.cn/article/i/jyjl/j/201707/20170702608317.shtm.

最新发布的统计资料，2017 年韩国家庭的信贷总额达到了历史最高值——145 万亿韩元，较上年末增加了 10.8 万亿韩元，增幅为 8.1%，增幅尽管较往年已有所放缓，可仍明显高于收入增幅。在此之前，韩国家庭部门负债增加额已连续三年高速增加，一路从 2014 年的 6.6 万亿韩元增加到了 2016 年 13.9 万亿韩元。①

韩国家庭负债总额的持续攀升，其实与近年来韩国首尔、釜山、世宗等热点城市的房价高涨关系密切。仅以首尔为例，去年 3 月，首尔单套公寓的平均价格首次突破了 6 亿韩元，较四年前足足增长了 20% 以上，首尔江南区还出现了 400 人抢一套房的奇景。② 持续攀升的房价和低利率政策促使投机资金大规模进入韩国房地产业，房贷总额也随之上升。为了打击热点地区房地产的投机炒作行为，文在寅政府先后出台了所谓的“6·19 政策”和“8·2政策”，其中涉及提高房地产交易税费及首付比例、限制购买资格等。

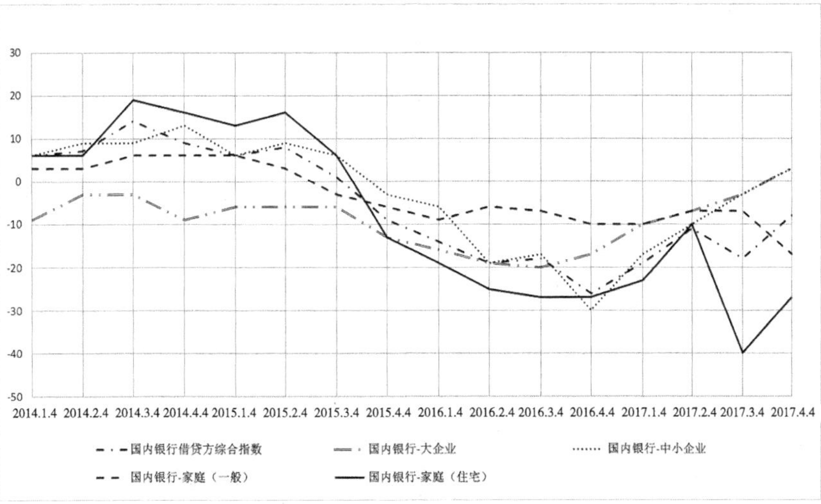

图 6–8　韩国银行对外贷款意愿指数

数据来源：韩国统计厅

在一系列严厉的调控政策之下，韩国国内银行 2017 年针对大企业及中

① “지난해 가계부채 1450 兆 넘어…증가폭은 둔화”（“去年家庭负债逾 1450 兆…增幅下降”），http：//biz.chosun.com/site/data/html_dir/2018/02/22/2018022201255.html.

② “韩国出台三年来最严厉楼市调控，首尔江南区 400 人抢一套房”，http：//news.163.com/17/0619/19/CNAMAG6N000187VE.html.

小企业的贷款意愿要显著高于对家庭贷款，针对家庭的住房抵押贷款意愿最低，与2014年的情况形成强烈反差。从交易量上看，2017年韩国公寓交易量为61万户，较前年的69万户减少了超过10%。可见，文在寅政府的地产调控政策已初见成效，这也对2017年韩国家庭负债总额增幅放缓起到了决定性的作用。有分析认为，造成韩国家庭负债规模超过其GDP九成之多的主要原因是韩国长期的低利率政策（韩国央行自2012年以来已连续8次降息），这还将导致居民消费萎缩和破坏金融稳定性。一旦遭遇地区乃至全球性的金融危机，韩国很多家庭将率先被过高的信贷杠杆击垮。这还需要韩国政府出台有针对性的长效机制，及时管控在家庭信贷领域的潜藏风险。

3. 中韩“萨德（THAAD）”风波

2017年正好是中韩两国建交25周年，但中韩关系却在这一年遭遇重大挫折。朴槿惠前政府以“确保国家安全”为由坚持引入美国的“萨德”导弹防御系统，但由于该系统会严重威胁中国和俄罗斯的战略安全，因而引起了两国的强烈反对。中韩间政治互动因此一度中断，事件的影响随后也迅速扩大到了经济领域。有韩国媒体曾作出了韩国并不会因此受太大影响的论断，但事实证明，“萨德”争端对韩国经济造成的负面影响是显而易见的，而且可能超出很多人的预期。

由于同中国关系的恶化，韩国2017年在旅游、对华出口及商品销售上遭受了前所未有的损失。韩国观光公社日前发布的数据显示，2017年中国内地访韩游客为416.9353万人次，同比减少48.3%。韩国央行估算，受“萨德”风波的影响，中国赴韩游客2017年同比减少近400万人，这导致韩国GDP减少了约5万亿韩元。在中国游客减少的大背景下，具有高度关联性的韩国免税店业绩也受到影响，尤其是对中国顾客占比超过80%的市内免税店。虽然2017年韩国免税店总销售额同比增长了20.8%，达到128亿美元，创下历史新高。但其平均营业利润率却较2016年大幅下降，仅为1.5%~2%。尤其是为“萨德”提供军事用地的乐天集团，其旗下免税店去年1~3季度营业利润锐减87.8%。韩国化妆品及食品的对华出口也同样受到影响。韩国知名的化妆品制造商爱茉莉太平洋2017年销售额同比减少10%，韩国化妆品企业整体对华出口增幅也有所放缓。韩国食品企业好丽友 2017 年的销售额则同比减少了 33.2%，2018 年上半年营业利润同比减少 64%。韩国奶粉的对华出口也同比减少了 41.6%。[①] 这一方面体现出韩国在相关产业上对中国市场的高度依赖，另一方面也体现出中韩经贸关系的发展同样需要两国在政治上的互信与合作。近期，中韩关系出现“解冻”迹象，两国航班及贸易往来开始恢复，这对 2018 年的韩国经济而言无疑是个十分积极的信号。

三、未来与展望

1. 外贸环境趋于复杂

韩国虽然国土面积不大，内需规模小，但却是全球名列前茅的贸易大国，这也意味着其对国际市场有着较高的依赖程度。2017 年前十个月，韩国出口和进口总额分别达到了 4751.2 亿和 3927.7 亿美元，顺差达 823.55 亿美元，较十年前增长了 463.7%。单以其前十个月的贸易总额计算，韩国 2017 年的对外贸易依存度[②] 就已经超过了 60%，远高于美国、日本及欧元区国家 20%~30% 的水平。长期超高的贸易依存度导致韩国对外贸环境的变化非常敏感。而且韩国长期以中国、美国作为主要贸易对象，如果将香港和台湾计算在内，单是中国一个国家就在韩国 2017 年的对外出口中占据超过 30% 的比重。一旦中美经济出现波动或出台针对韩国的贸易制裁措施，韩国经济必然受到冲击。韩国政府对此已有所警惕，近年来有意引导和鼓励企业开拓东南亚、中东及南美市场，目前已取得了一定的成绩。未来这一政策将延续下去，中美对韩国商品出口的重要性也将逐步下降。

---

① “작년 방한 중국인 반토막…GDP 5 조원 감소시켜”（“去年访韩中国人缩减一半…GDP 损失 5 兆元”），http：//www.yonhapnews.co.kr/bulletin/2018/03/02/0200000000AKR20180302155900030.HTML?from=search.

② 一国进出口总额与其 GDP 的比值，通常用来衡量一国或地区的经济对国际市场的依赖程度。

表 6-1　2017 年前十个月韩国对主要出口对象出口情况[①]

名次	2017 年（1-10 月）		
	国家 \ 地区	出口额（百万美元）	比重（%）
1	中国	114269	24.1
2	美国	56941	12
3	越南	39279	8.3
4	中国香港	31375	6.6
5	日本	21846	4.6
6	澳大利亚	18002	3.8
7	印度	12802	2.7
8	中国台湾	12380	2.6
9	新加坡	9560	2
10	墨西哥	9341	2

另外，由于韩国在国际贸易中长期处于顺差国地位，在当前全球愈演愈烈的贸易保护主义情绪之下，已越来越容易引起其贸易伙伴的反制措施。韩国国会产业通商委员会下属的创业企业委员会曾于去年年底公布过一个组数据——截至 2017 年 8 月，韩国商品出口被限总件数达到 187 件，已经是 2012 年全年总量的 1.6 倍，预计 2017 年全年将突破两百件。而且发起这些限制措施的国家包括美国、印度等在内的韩国主要贸易伙伴。可见，韩国正面临着日益复杂的贸易环境和在全球蔓延的贸易保护政策的影响。对此，韩国出口企业已纷纷要求政府保障其相关权益，积极同相关国家谈判，缓和贸易争端，降低贸易壁垒。同时，也有企业要求韩国政府制定出对等的贸易政策，限制越来越多的海外商品的进口。尤其是美国总统特朗普新近提出的针对外国钢铁制品的高关税政策，将导致韩国钢铁企业受到重大影响。这些事件的不断发生，很可能促使韩国政府未来在贸易政策上走向保守。

① "한국 무역 10 년, 베트남 등 아세안지역으로 시장 확대"（"韩国贸易 10 年，向越南等东盟地区市场扩展"），http：//jedam15.koreafree.co.kr/news/view.html?section=1&category=3&item=&no=35806.

表 6–2　韩国同主要出口对象商品出口被限情况调查[①]

时间	总计（件）	反倾销（件）	反倾销·反补贴（件）	保护措施（件）
2017 年 8 月末	187	145	7	35
2016 年	184	135	7	42
2015 年	175	106	8	61
2014 年	167	108	8	51
2013 年	141	112	4	25
2012 年	120	95	4	21

2. 地缘政治风险长期存在

韩国复杂的地缘政治环境决定了其经济发展不得不面对来自朝鲜及周边大国的影响。尤其是在“朝核问题”悬而未决的大背景下，韩国始终都面临着外部安全环境恶化的风险，这为韩国经济发展所带来的损失往往是隐性的、长期的，而且难以具体量化。虽然朝鲜在韩国对外经济活动当中所占的比重微乎其微，但却对韩国内外部安全环境的和平稳定具有重要影响，从而进一步引发国际社会及外资对韩国经济发展前景的担忧。

2017 年 9 月 3 日，朝鲜不顾国际社会的普遍反对，进行了第六次核试验，这一举动造成朝鲜半岛及东亚局势骤然紧张。随后韩国股市及韩元大幅下挫，连美国、日本的资本市场也受到波及。朝鲜核试验之后，联合国安理会迅速通过了“史上最严厉的对朝制裁”，美韩等国也先后在相关地区多次举行联合军演对朝施压。这也引起了外界对半岛生战生乱、朝鲜政权崩溃及难民涌入的担忧。尽管这些忧虑未必会成为现实，但一旦发生便会对韩国经济造成巨大打击。另外，韩国对美及对朝政策的变化也同时会影响到中韩、韩俄及韩日关系，相关方均为世界级的经济及军事大国，任何一对关系的恶化都会对地区乃至全球经济造成冲击，可谓“牵一发而动全身”，“萨德”争端便是最好的例证。

不过，2018 年以来，朝鲜方面主动抛出橄榄枝，以平昌冬奥会为契机多次互动，双边关系明显回暖，为持续紧张的半岛局势降了降温。这大大

① “최근 5 년간 한국제품 해외 무역규제건수 1.6 배”（“最近五年韩国产品海外贸易限制件数 1.6 倍”），http：//www.newsis.com/view/?id=NISX20171011_0000114586&cID=10401&pID=10400.

降低了朝鲜半岛走向对抗和军事冲突的可能性，也缓和了国际市场由于半岛局势不稳定而对韩国经济发展预期的担忧。虽然这其中有太多的不可控因素，但唯一可以肯定的是，一个和平稳定的内外部环境对韩国及周边国家的发展有百利而无一害。

综上，2017 年韩国经济总体呈现出稳中有升的态势，出口、国内投资及消费等主要经济增长点均好于预期。这既是全球经济复苏的结果，也是韩国政府及企业提前布局，率先站在了第四次科技革命的有利位置上。在由世界知识产权组织等共同发布的《2017 年全球创新指数报告》中，韩国排名全球第 11 位，在亚洲地区仅次于新加坡，比日本还高出 3 位。报告称其在专利和其他知识产权相关指标方面居于领先地位，企业部门也极大地推动了韩国的人力资本开发及研发活动。① 这也从侧面肯定了韩国科技创新的整体实力，已经成为亚洲地区乃至全球的创新领导者之一。

但与此同时也要看到，韩国经济也还面临着诸多挑战。据世界经济论坛《2017–2018 全球竞争力报告》显示，韩国在 137 个参评经济体中排名第 26 位，同去年评选结果持平，在全球位居前列，但却呈长期下降趋势。韩国在宏观经济环境及基础设施建设两项上评分较高，分列全球第 2 及第 8 位，但其在劳动力市场效率及劳动力市场流动性两项上排名靠后，与其发达经济体的地位不相称。② 这一评价应该是受韩国国内冲突日益严重的劳资关系及过高的人员冗余所致。这也让韩国成为过去十年少数几个竞争力呈下降趋势的发达经济体之一。另外，2017 年引起全球广泛关注的韩国政治局势动荡及腐败丑闻一定程度上对韩国经济及其国际形象造成了负面影响。这些问题在去年的集中爆发其实反映了韩国政治体制及经济结构中所长期存在的问题，这些“痼疾”的解决都需要韩国领导人及政府未来在相关领域推出强有力的改革措施。希望 2018 年经济向好的信号能成为韩国经济朝更积极方向发展的转折点。

① The Global Innovation Index 2017 Report, https: //www.globalinnovationindex.org/gii-2017-report.

② Klaus Schwab, The Global Competitiveness Report 2017-2018, World Economic Forum, http: //www3.weforum.org/docs/GCR2017-2018/05FullReport/TheGlobalCompetitivenessReport2017 - 2018.pdf.

第二部分　能源与气候

第七章　二十国集团主要国家的气候立法趋势研究

牛华勇

【摘要】本文选取了美国、中国、欧盟、巴西和印度五个具有代表性的G20成员国家，首先对这五国气候变化政策的演变分别进行整体观察；然后结合各国的气候变化法案进行分析；最后，对各国在气候变化立法中存在的问题进行说明，同时对几国的气候立法趋势进行比较。

【关键词】气候变化、立法、趋势

一、美国气候变化政策的演变

作为全球温室气体排放量最大的国家之一，美国的气候变化立法进程不仅备受世界瞩目，还影响着气候变化的国际合作进程。自1989年以来，美国政府经历了将气候变化置于政策边缘地位到给予其以战略性关注的过程。①

老布什执政期间，美国政府在气候变化国际合作方面展示出积极姿态。1992年，联合国环境与发展大会在巴西里约热内卢召开。对于会议接受的联合国气候变化框架公约（UNFCCC），美国政府迅速给予批准，这表明在国际格局剧烈动荡的背景之下，布什政府认识到气候变化问题亟待关注，但并未将其置于战略高度。

克林顿政府转变了布什政府面对气候变化议题相对被动的态度，明确了气候变化与国家安全之间的直接联系。1993年10月，克林顿政府公布

---

① 李海东：《从边缘到中心：美国气候变化政策的演变》《美国研究》，2009年第2期．

了《气候变化行动方案》，表明美国迎接来自全球变暖和经济增强的双重挑战，并确定了在2000年将美国温室气体排放量减少到1990年水平的目标。1997~1998年，克林顿政府积极参与谈判并签署了《京都议定书》，但并未将其递交参议院讨论表决；参议院更是申明不会对《京都议定书》予以批准。因此，尽管克林顿政府就气候变化问题采取了一部分措施，但国会的坚决反对使其在气候变化方面所做的任何国际承诺都难以兑现。

小布什上台后，对气候变化问题基本采取自由放任政策，并于2001年宣布美国将不签署《京都议定书》，原因在于其存在根本性的致命错误，①即：（1）落实《京都议定书》规定的条款会导致工人失业，物价上涨，对经济带来负面影响；（2）关于气候变化有多大程度是由人的活动造成的，答案并不明确，而且现在对全球气候变化原因及其解决方法的科学知识不完整，也缺少消除与储藏二氧化碳在商业上可行的技术；（3）处在议定书之外的中、印等温室气体排放大国不受约束对其他国家而言不公平；（4）反对对温室气体的排放采取强制性的限排措施，主张采取自愿性的限排措施。在第二届任期内，小布什在国际与国内的强烈呼吁下对气候变化政策做出了姿态性调整，签署通过了《2005年能源政策法》和《2007年能源独立安全保障法》，但并未采取实质性减排措施。

2009年，奥巴马就任总统后，将能源和气候变化作为其核心施政内容之一，提出明确目标，并开始采取一系列积极的政策措施，成为美国历史上首位提出建立强制性的、范围覆盖整个经济的碳排放上限与交易制度的总统。同时，众议院中应对气候变化的积极力量也有所增强。2009年，众议院通过了《2009美国清洁能源与安全法案》。作为美国参议院首次通过的应对气候变化的法案，该法成为美国气候变化立法上的里程碑。随着国际应对气候变化进程的扑朔迷离，加之美国政府忙于应对金融危机，气候变化立法进程有所停滞。2010年，参议院提出了《2010年美国电力法案》，标志着美国气候变化立法程序的重启。2015年，奥巴马总统和美国环保署更是公布了《清洁电力计划》，提出到2030年发电厂的碳排放目标是在2005年基础上减少32%。

① 参见“布什关于全球气候变化的演讲”。

（一）美国气候变化法案内容分析

1. 减排目标

《2009 年美国清洁能源与安全法案》提出的目标是，纳入碳排放上限的行业，到 2012 年实现碳排放在 2005 年水平上减少 3%，到 2020 年减少 17%，到 2030 年减少 42%，到 2050 年减少 83%；而整个经济体的减排目标，是到 2020 年实现碳排放在 2005 年水平上减少 20%，到 2050 年实现在 2005 年水平上降低 80%。

《2010 年美国电力法案》提出的减排目标与上述目标基本一致，但将碳排放上限行业的 2012 年减排目标修改为在“2013 年实现碳排放在 2005 年水平上减少 4.5%”。

2. 监管范围

《2009 年美国清洁能源与安全法案》与《2010 年美国电力法案》均将 7 种温室气体列为监管对象，即二氧化碳、甲烷、一氧化二氮、氢氟碳化物、全氟碳化物、六氟化硫和三氟化氮。

3. 额度分配

排放额度通常有两种分配方式，即免费分配和拍卖分配，而美国现有气候变化法案多二者并用。《2009 年美国清洁能源与安全法案》规定，在碳排放上限和交易制度启动的最初几年，将拍卖大约 20% 的额度，继而将这一比例逐步提高，到 2030 年达到约 70%。《2010 年美国电力法案》也规定，起始阶段将一部分排放额度用于拍卖，然后逐步向拍卖全部额度过渡。

4. 成本控制

美国政府还伴随气候政策出台了相应的成本控制机制，以降低成本的不确定性，其主要手段是通过价格上下限制度和排放额度的储备制度，增强短期价格的稳定性。

《2010 年美国电力法案》制定了碳排放额度价格的上下限机制。为应对碳价格的意外上涨，该法案储备了大量排放额度，以备投入市场；而针对排放额度价格可能出现的急剧下跌情况，法案规定了最低价格，一旦排放额度价格低于此价格，则撤回停止拍卖，并补充至市场稳定储备中。

5. 抵偿制度

《2009 年美国清洁能源与安全法案》将通过抵偿制度来实现的减排量上

限设置为 20 亿吨，其中国内减排和国际减排各占二分之一。若国内抵偿减排供应不足，则可提高国际减排至 15 亿吨，但总量不变。《2010 年美国电力法案》的规定与上述基本类似，但其列举了“合格抵偿类型”，以使抵偿制度的运用更加明确。

6. 市场监管

为确保碳市场的公平竞争，美国气候变化法案对市场监管做出了详细规定。《2009 年美国清洁能源与安全法案》要求联邦能源监管委员会对排放额度和抵偿排放量的现金市场进行监管，授权商品期货交易委员会对各种衍生品进行监管，并禁止衍生品的场外交易。《2010 年美国电力法案》则授权商品期货交易委员会制约碳市场中的操纵或欺诈行为。该法案规定，仅纳入碳排放上限的排放源才有资格参与每季度进行的额度拍卖，且其在每次拍卖中可购买的额度也受到限制。该法案同样禁止衍生品的场外交易。

（二）低碳技术

对于低碳或零碳排放技术研发私人投资激励不足的问题，《2010 年美国电力法案》规定了为期 15 年的过渡期，以支持各州的可再生能源和能源效率计划。法案规定，排放额度拍卖所得的一部分用于支付能源研发、帮助制造商提高能源效率和投资于清洁技术。

（三）贸易条款

气候变化法案的实施，一方面可能造成美国各产业生产商或消费者所面临的价格提升，导致美国生产商在与不承担此成本的外国生产商竞争时处于劣势，另一方面国内的监管成本可能导致美国的生产转移至不受规制的外国企业。为避免上述情况发生，美国气候变化法案采取了一系列措施以保持其产业竞争力。

《2009 年美国清洁能源与安全法案》就针对能源密集、贸易密集型产业做出了两项规定：碳排放额度退款计划和边境调节措施。前者旨在补偿制造产业因遵守碳排放上限与交易制度而产生的成本；后者则规定对没有可比减排政策的国家的进口商品采取单边边境调节措施，即自 2020 年起，若进口商品与国内产品存在竞争关系，则进口商需通过碳市场购买排放额度，实际上相当于对进口商品施加了关税。

（四）美国气候变化立法存在的问题

综观美国气候变化立法，其进程受两大关系的影响：州政府与地方政府之间的监管协调，及民主党与共和党之间的纠纷协调。

1. 联邦政府与州政府的监管协调

受国会中党派之争及利益集团博弈等因素影响，联邦政府在气候变化问题上一度行动迟缓，政策力度不足。相比之下，有些州积极主动担当先行者角色，应对气候变化，控制温室气体排放，启动了地方自主性的碳交易立法路径，形成多个州际碳排放交易体系。此外，各州纷纷设立全州范围内温室气体减排目标，并采用不同行动方案推进目标实现。

表 7–1　州际减排措施

措施	主要内容
区域温室气体倡议	2009 年 1 月 1 日正式开始实施，到 2018 年截止的限额与交易网络，目标是通过东北部各州的共同努力实现到 2018 年二氧化碳减排 10%。
总量控制和交易方案	继 2005 年签订“区域温室气体协议”后，东北部 10 个州于 2009 年 1 月开始实施总量控制和交易方案。
交通和气候倡议	由美国东北部和中部 11 个州于 2010 年协议形成，目的是扩展安全可靠的交通选择，降低交通成本，减少交通部门造成的温室气体排放，改善空气质量和公众健康。
西部地区气候倡议	2007 年 2 月，5 个西部州州长签署建立以应对气候变化的倡议书。
中西部地区能源安全和气候工作纲要	由 12 个中西部州州长于 2007 年 11 月签署，其目标是改善能源效率，促进实现低碳交通、可再生电力生产等。
中西部温室气体减排协议	提出区域长期减排目标，并开展多部门总量控制和交易体系。于 2010 年 5 月形成最终的实施建议和规则。

联邦政府与州政府气候立法进程的差异，难免会引发纠纷，加利福尼亚州与美国联邦环境保护署（EPA）就加州汽车温室气体排放立法所产生的纠纷即其中一例。

2004 年，加州空气资源局批准发布新法规，规定自 2009 年开始，车辆需满足新的温室气体排放要求，并在原有受控车辆污染物的基础上增加了 4 种温室气体：二氧化碳、甲烷、一氧化二氮和氢氟烃。然而，美国《清洁空气法》明文规定，在汽车排放方面，由美国联邦政府制定所有技术法规，各州政府无权制定独特法规，除非该州有特殊理由并事先向 EPA 申请并获得批准。加州政府向联邦政府所提出的自行制定车辆温室气体排放法规的申请，于2007年被EPA驳回，理由是温室气体是全国乃至世界性的环境问题，并非单单给加州造成特别或严重的危害，故加州政府没有充分理由自行制定这方面技术法规。这一决定一经公布，社会上便起了轩然大波，质疑EPA是否受到了美国汽车工业方面的政治压力。加州空气资源局对此决议表示不服，并于2009年请求EPA重审此决议，而EPA听取公众意见，最终允许加州通过和执行新机动车排放标准。

为避免类似纠纷，美国近年的气候立法对联邦的统一监管制度和现有各州监管制度的关系做出了规定。《2009年美国清洁能源与安全法案》规定，除碳排放上限与交易制度外，各州可制定更为严格的气候规定，而各州碳交易制度将在2012~2017年间暂停以便联邦的碳交易制度启动。《2010年美国电力法案》也规定各州将不被允许独自操作碳排放限额交易计划，但已在执行减排政策、处于先锋地位的州将得到收入损失补偿。

2. 川普新政

共和党与民主党素来对减排问题意见不一，川普上台以后，联邦层面的立法进程趋于停滞，在国际上川普宣布退出《巴黎协定》，收到了来自国际社会的普遍批评。但原有的气候立法和州一级的气候市场还在按照原有框架继续运行。美国随时都有回到全球气候谈判轨道的可能性。

二、欧盟

（一）欧盟碳交易市场的实践

欧盟碳排放交易体系（EU-ETS）于2005年1月1日正式启动，这是目前全球最大最成功的碳交易体系，EU-ETS这一体系现今已经覆盖包括28个欧盟成员国在内的31个成员国。欧盟碳交易量在整个世界碳交易市场中占主导地位：2010年，欧盟碳交易量占世界总量的84%；截至2014年底，这一数字约为75%。同时，交易额自体系成立以来也呈现快速上升的趋势。[①]

① 欧盟委员会：http：//ec.europa.eu/clima/policies/ets/index_en.htm，2016年1月20日。

欧盟碳排放交易体系是用以应对全球变暖的基石性的政策，也是其减少工业温室气体排放的核心手段。① 这一体系是世界上第一个多国参与的排放交易体系，也是欧盟为了实现《京都议定书》确立的二氧化碳减少排放的目标，而于 2005 年建立的气候政策体系。它将《京都议定书》下的减排目标分配给各成员国，参与 EU-ETS 的各国，必须符合欧盟温室气体排放交易指令的规定，并履行京都减量承诺，以减量分担协议作为目标，执行温室气体排放量核配规划工作。各成员国根据国家计划将排放配额分配给各企业，各企业通过技术升级、改造等手段，达到减少二氧化碳排放的要求后，可将用不完的排放权卖给其他未完成减少排放目标的企业，以此减少温室气体排放。整体体系所覆盖范围包括 12000 多座电站、工厂及其他工业设施，几乎占欧盟二氧化碳排放总量的一半。这也是全球最大的碳排放总量控制与交易体系。

为获取经验，保证实施过程的可控性，欧盟排放交易体系的探索与实施是循序渐进的。

第一阶段是试验阶段，从 2005 年 1 月 1 日至 2007 年 12 月 31 日。此阶段主要目的并不在于实现温室气体的大幅减排，而是获得运行总量交易的经验，为后续阶段正式履行《京都议定书》奠定基础。

第二阶段是从 2008 年 1 月 1 日至 2012 年 12 月 31 日，时间跨度与《京都议定书》首次承诺时间保持一致。欧盟借助所设计的排放交易体系，正式履行对《京都议定书》的承诺。

第三阶段是从 2013 年至 2020 年。在此阶段内，排放总量每年以 1.74% 的速度下降，以确保 2020 年温室气体排放比 1990 年低 20% 以上。②

目前，欧盟正推进其在第三阶段的承诺。同时，也制定了到 2030 年达到比 1990 年排放水平下降 40% 的远期目标。

（二）欧盟相关法律法规的颁布

为了进一步在政府层面上推动碳排放交易系统，目前欧盟层面上已经形成了系统规范绿色公共采购的相关法规及其作为二级立法的制度、条

① 中华人民共和国商务部：http：//www.mofcom.gov.cn/article/i/dxfw/jlyd/201502/20150200888593.shtml，2015 年 2 月 4 日 .

② 杨志，陈波：《碳交易市场走势与欧盟碳金融全球化战略研究》《经济纵横》，2011 年第 1 期 .

例、指令、通告和案例判决，目的在于引入绿色环保理念以及确保实现可持续公共采购的目标。概括起来，目前欧盟层面涉及绿色采购的重要法规及其制度条例如下：[①]

2001 年 7 月，欧盟委员会颁布了《公共采购领域中考虑环保因素与适用欧盟法律的解释性通告》；

2004 年，欧盟颁布了《关于协调水、能源、运输和邮政服务业公共采购程序的指令》（2004/17/EC）、《关于协调公共工程合同、公共供应合同和公共服务合同评标程序的指令》（2004/18/EC）、《欧盟能源之星条例》等制度条例；

2006 年 4 月，欧盟制定了《能源最终使用效率和能源服务指令》；

2008 年 1 月，欧盟制定了《节能产品“能源之星”标志规定》；

2009 年 4 月，欧盟颁布了《公共机构采购符合环保与能效标准清洁、高效机动车辆的指令》；

2010 年，欧洲修改完善了《能源效率和能源相关产品“标签制度”指令》。

三、中国

中国对气候环境问题以及碳排放问题的重视由来已久。1992 年 6 月，中国在参加在巴西里约热内卢召开的联合国环境与发展会议期间签署了《联合国气候变化框架公约》（United Nations Framework Convention on Climate Change），这成了中国积极参与全球性环境治理、应对温室气体排放带来的不良影响所迈出的第一步。而在 1998 年，中国成为首批签署《京都议定书》（Kyoto Protocol）的 84 个国家中的一员，并在 2002 年 8 月核准生效。值得注意的是，《京都议定书》对发达国家和发展中国家有着不同的要求，对包括中国在内的发展中国家并没有规定具体的减排义务。但是中国主动承担起了应对气候变化的职责，制定并颁布了法规或政策，实施了适应气候变化方面的战略规划，做出了 2020 年单位国内生产总值二氧化碳排放比

---

① 李布：《欧盟碳排放交易体系的特征、绩效与启示》《重庆理工大学学报：社会科学》，2010 年第 3 期.

2005 年下降 40%～45% 的减排承诺，为全球共同应对气候变化问题贡献出自己的一分力量。

2009 年哥本哈根世界气候大会在丹麦哥本哈根召开。虽然会议的结果并不尽如人意，但是在会议中中国积极参与，并努力发挥着建设性的作用，也为后来巴黎气候大会的成功打下了基础。2015 年巴黎气候大会召开，会议通过了具有里程碑意义的《巴黎协定》。而中国成了推动协议达成的促成者，以及发达国家与发展中国家之间的协调者。中国是第一批向联合国提交“国家自主贡献”文件的国家之一，提出了排放 2030 年达到峰值的目标，并且愿意给予其他发展中国家经济支持以应对气候问题。

总的来说，虽然并没有协议的强制规定，但从《联合国气候变化框架公约》以来，中国一直积极主动地承担着应对气候变化、减少温室气体对环境影响的责任，树立了一个有责任感和使命感、有危机意识的大国形象。而到了《巴黎协定》签订之时，中国已经开始从气候治理的参与者逐渐向引领者转变。中国正以一个更为积极的态度应对碳排放和气候问题，并且帮助其他国家共同应对。可以看出这不仅仅是为了中国自身，更是为了全人类的福祉，为了维护我们赖以生存的整个环境。

虽然中国早年间便重视应对气候变化，采取措施减弱碳排放所带来的影响，但是不可否认的是，目前中国的碳交易市场仍处于起步阶段。我国目前还只有清洁发展机制（CDM）一种交易机制，即发达国家向我国投资碳减排项目，该项目的减排额返还投资国，从而通过碳减排项目的投资来抵消该国承担的减排额度。尽管我国是 CDM 市场的最大卖家，成交量约占世界总量的 60%，但相比欧盟而言，我国碳金融仍处于起步阶段。[①] 这种探索性也体现在“立法”层面。在碳交易市场领域，目前并没有普遍试用的全国性立法，而是多表现为议程、方案、规划、意见、决定、通知等政策性规定。本文将从“全国人大和国务院通过的纲要和方案”和“国家发展改革委员会颁布的具体规章和政策”两个方面进行介绍。

首先，中国政府一直非常重视气候变化问题的应对与处理。自《联合国气候变化框架公约》签署以来，全国人大和国务院通过了一系列的规划

---

① 张盈，匡建超.《中外碳交易市场发展现状分析》《中外能源》，2014 年第 19 期.

与方案来保障应对气候变化和碳排放的体系的建立与运行。

1.《中国应对气候变化国家方案》（2007）

2007年，国务院发布了《中国应对气候变化国家方案》。这一历时五年时间、由十七个政府部分参与制定的方案向世界宣告了中国应对气候变化问题的决心。该方案是中国首部应对气候变化的政策性文件，更为可贵的是这也是世界上第一部发展中国家制定的国家方案。在这一方案中，明确提出了中国应对气候变化的具体目标。其内容可以概括为“一个结合”和“两个推进”。“一个结合”就是要把应对气候变化和实施可持续发展战略，加快建立资源节约型社会、环境友好型社会和国家创新型社会紧密结合起来。“两个推进”就是要一手抓减缓温室气体排放，一手抓提高适应气候变化的能力。减缓主要就是控制增量，尽可能少排放一些。适应就是对已经引起的气候变化要提高适应能力，防灾减灾，把它的负面影响控制在最小的范围内。①

2.《“十二五”规划纲要》（2011）

继承了《中国应对气候变化国家方案》的主要思想，《“十二五”规划纲要》把积极应对全球气候变化推到了一个更加突出的地位。纲要的第二十一章明确提出了此后五年间中国处理气候变化问题的目标、任务以及政策。该纲要在降低二氧化碳排放和能耗水平的约束性指标、控制温室气体排放的产业发展路径和行政管理手段以及应对气候变化的国际合作等方面做出了具体的规定。该方案还提出了“逐步建立碳排放交易市场”的要求。这是中国首次正式提出相关概念。

从以上两个文件中不难看出，《中国应对气候变化国家方案》和《“十二五”规划纲要》为中国治理气候变化问题定下了基调与方向。虽然这两个文件并没有具体涉及碳交易市场的问题，但是无疑为中国碳交易市场的形成创造了条件、打下了基础。

3.《“十二五”控制温室气体排放工作方案》（2011）

为了保障《“十二五”规划纲要》中提出的控制温室气体排放的目标能够顺利达成，保证应对气候变化的措施得到有效落实，国务院于2011

① 孙英兰.《国家方案应对气候变化》《瞭望》，2007年第24期.

年发布了《“十二五”控制温室气体排放工作方案》。该方案再次强调了《“十二五”规划纲要》所设定的减排目标，并提出明确各级工作责任，将控制温室气体排放的“各项工作任务分解落实到基层”。值得一提的是，该方案提出了“探索建立碳排放交易市场”的要求并给予了具体的说明。建立自愿减排交易机制，制定温室气体自愿减排交易管理办法，确立自愿减排交易机制的基本管理框架、交易流程和监管办法；开展碳排放权交易试点，制定相应法规和管理办法，研究提出温室气体排放权分配方案，逐步形成区域碳排放权交易体系；加强碳排放交易支撑体系建设，制定我国碳排放交易市场建设总体方案；研究制定减排量核算方法，制定相关工作规范和认证规则等等。①

《“十二五”控制温室气体排放工作方案》“确立了中国温室气体排放交易机制的基本类型，即基于项目的自愿减排交易机制和基于碳排放权配额的强制性履约机制”，② 为碳排放交易体系的建立提供了政策上的支持与参考。

全国人大和国务院通过的纲要和方案起到的是统领全局的作用，真正落到实处则需要国家发改委的参与。国家发展与改革委员会直接负责着应对气候变化等具体工作，并依照人大和国务院通过的法律以及方案制定相关的具体的规章和政策。

4.《国家应对气候变化规划（2014–2020）》(2014)

发改委 2014 年 9 月印发的《国家应对气候变化规划（2014–2020）》是中国首个国家应对气候变化专项规划。该规划全面探讨了 2014 年至 2020 年“中国应对气候变化工作的指导思想、目标要求、政策导向、重点任务及保障措施”。③ 其中专门提到了“建立碳交易制度”和“建立碳排放认证制度”。该规划要求推动自愿减排交易活动，深化碳排放权交易试点，加快建立全国碳排放交易市场，并学习其他国家的碳排放市场情况，探索与其开展合作的可能性。

---

① 国务院办公厅：http：//www.gov.cn/zwgk/2012-01/13/content_2043645.htm，2012 年 1 月 13 日 .

② 丁金彪，钟青编 .《碳市场蓝皮书：中国碳市场报告（2014）》，社会科学文化出版社 2014 年版，第 25 页 .

③ 国家发展改革委员会 .《国家应对气候变化规划（2014–2020 年）》，2014 年 .

《国家应对气候变化规划（2014–2020）》再次强调了建立全国碳排放交易市场对于应对气候变化的重要意义。它加快了碳交易市场形成的步伐，也为后来有关碳交易市场的具体政策埋下了伏笔。

5.《碳排放权交易管理暂行办法》(2014)

2014年12月，发改委公布了《碳排放权交易管理暂行办法》。这部管理办法立足于《"十二五"控制温室气体排放工作方案》，力图为建立碳排放全国交易市场提出思路、指明方向。该办法主要是框架性文件，涉及了配额管理、排放交易、核查与配额清缴、监督管理等多个方面。

在配额管理方面，该办法规定，由国务院碳交易主管部门统一制定国家配额分配方案，来确定各个省、自治区、直辖市的配额数量。但各省、自治区、直辖市可以因地制宜，制定本行政区的分配方法和标准。这既确保了中央的统一规划，又保证了地方的灵活性。另外《碳排放权交易管理暂行办法》还指出，国务院碳交易主管部门将确定排放权交易机构，并且制定国家标准、公布企业温室气体排放核算与报告指南。这说明未来中国的碳市场交易平台和评估标准将得到统一。

《碳排放权交易管理暂行办法》的实行将逐渐改变目前的7个试点市场各自为政的局面，将有力地规范碳交易市场的运行，推动统一的全国碳交易市场的形成与发展。

6.《全国碳排放权交易管理条例（草案）》(2015待审议通过)

2015年由发改委起草的《全国碳排放权交易管理条例》草案已经制定完成，目前仍待审议通过。由于全国碳排放交易市场将于不久后正式建成，尽快出台一部合理完善的规章制度以保障其发展也成了当务之急。

《全国碳排放权交易管理条例》正是为了应对这个问题。该条例将涉及排放配额总量、分配制度、交易登记注册系统、市场监管和调节机制等。它的出台将从法律层面为全国碳排放交易市场提供保障，有助于各方碳排放权交易制度的实施、碳排放配额的分配。[①] 相信该条例的出台和实施将有助于中国碳排放交易市场这一新生产物朝着正确而健康的方向发展。

① 中国新能源网：http：//www.china-nengyuan.com/news/81611.html，2015年8月17日.

四、其他国家

（一）巴西

作为21世纪新兴国家的主要代表，巴西近年来取得了高速的经济发展，目前位列世界第七大经济体。同时，受益于得天独厚的地理位置，巴西拥有丰富的自然资源，其森林覆盖率更是高达57%。不过随着全球气候变化的加剧，巴西的自然环境也面临着日益严峻的挑战。据2013年《巴西气候变化论坛全国评估报告》预测，随着全国平均气温的不断抬高，在未来的几十年内，北部亚马逊流域的极端干旱天气将频繁发生，致使世界上最大的热带雨林退化为大草原，而南部和东南部地区的降雨将明显增多，洪涝的威胁也随之增大。到2100年左右，亚马逊地区的降雨量可能降至现在的45%，平均气温则上升6摄氏度。如果不能有效遏制乱砍滥伐现象，"地球之肺"的森林面积将会急剧减少，最终有可能出现多个地点"草原化"现象。这份报告汇总了近百名科研人员长达7年的研究成果，并被提交给巴西气候变化论坛，该论坛于2013年在圣保罗召开。报告中还指出，气候变化将给巴西的农业、电力、水利等领域造成严重后果。为此，巴西政府必须出台相应的法律和政策，改变当地传统的生产和生活方式，以帮助减缓和适应气候变化。

1. 减排与碳交易

2011年，里约热内卢市颁布了《气候变化法》，规定各部门与企业须在2012年底前将二氧化碳排放量在2005年的基础上削减8%，2016年和2020年的二氧化碳排放量分别在2005年的基础上削减16%和20%。该法令为里约市的减排治理工作制定了阶段性的目标。2012年，里约热内卢还与世界银行合作推出一项节能战略计划，这是里约市实现上述低碳目标的进一步落实。计划中提出将建立一套新的碳交易制度，使得当地政府可以将本市的减排成果转换为经济收益，再将得到的收入投资于更多的可持续发展项目。①

事实上，早在21世纪初，巴西政府就意识到减排的重要性，并且付出

① 新华网：http：//news.xinhuanet.com/world/2012-05/18/c_111984633.htm，2012年5月21日

巨大努力。就全国水平而言，二氧化碳排放量在 2004 年达到峰值（26 亿吨），此后便出现了明显的下降。其中，2005 年下降到 21.92 亿吨，2009 年则下降到 17.75 亿吨。2012 年，巴西政府设立了数字化的森林资源交易平台 BVRio，允许林场主将自己多余的森林砍伐“配额”交易给其他林户，同时也可以出售与其林木资源相对应的碳交易份额，并通过财政补贴来保证原始森林的自然面貌。[①] 为了规范碳汇交易市场的运转，巴西政府也出台了配套的法规政策，并对其实施严密的监管。

2. 新能源开发

1973 年，过分依赖能源进口的巴西在第一次石油危机中遭遇沉痛打击。为避免悲剧重演，降低国家能源的对外依赖程度，巴西政府根据自身的资源水平，于 1975 年推出了轰动一时的“国家酒精计划”。所谓酒精计划，是指重点发展以乙醇和生物柴油为代表的生物能源技术，充分利用巴西的土地资源和气候条件，大量种植木薯、甘蔗等作物，并从中提取足够的酒精，从而实现以生物燃料作为化石燃料的替代品。巴西政府利用财政补贴、额度分配、强制采购等各种方式推广生物燃料的生产和使用，例如规定人口在 1500 人以上的城镇必须安装乙醇加油泵，并且以立法的形式规定生物燃料在汽油中的比例等。历经数十年的努力，巴西目前跃升为全球第二大乙醇生产国，仅次于美国。具体而言，2013 年巴西的乙醇产量为 237 亿公升，2014 年达到 277 亿公升；2013 年巴西甘蔗种植面积为 850 万公顷，2014 年增加到 880 万公顷。[②] 大力研发生物燃料是巴西的一项基本国策，政府通过制定能源、农业、经济等一系列法律来推动落实。近年来，除开发乙醇燃料外，巴西政府还鼓励开发生物柴油技术，利用大豆、玉米等可以大规模生产的农作物制造新型生物能源。生物燃料的发展有效缓解了巴西对石油进口的依赖程度，在各国纷纷开始研发新能源的今天，生物能源作为一种新型清洁能源让巴西站上了世界的前列。

此外，巴西政府也对发展太阳能、风能等其他新能源方面提供财政补助和税收优惠。特别是在发展风能方面，巴西东北部地区是世界上利用风能条件最好的地区之一，其风能发电率远高于世界平均水平。

---

① 人民网：http：//env.people.com.cn/n/2012/1226/c1010–20023223.html，2012 年 12 月 26 日 .

② 新浪网：http：//finance.sina.com.cn/money/future/20131224/100317732350.shtml，2013 年 12 月 24 日 .

3. 森林资源保护

亚马逊森林地处巴西北部，是全世界最大的热带森林。在过去的若干年内，工业的无序扩张和无节制的乱砍滥伐致使森林面积急剧下降，并由此产生大量的温室气体，约占全国排放总量的 70%。为保护生态环境，巴西政府通过立法渠道制定了相关法律，包括《亚马逊地区保护法》《气候变化与环境法》《巴西 21 世纪议程》等；此外还与国际组织合作实施自然生态保护计划，累计投入上千亿美元，对亚马逊流域进行专项的生态治理。2006 年初，巴西政府大力推行森林监督和管理条例，并制定出具体的调控目标，即 2020 年巴西将在减少 80% 森林砍伐的同时实现新增植树面积翻倍，将温室气体排放量控制在 22 亿吨。据巴西《圣保罗页报》报道，2012 年巴西温室气体的排放量为 20 年来最低值，约 14.8 亿吨。而排放量下降的主要原因是亚马逊森林资源砍伐量的下降。在 1990 年到 2012 年期间，巴西温室气体的排放量上升了 7%，而全世界的温室气体排放量上升了 37%，说明巴西政府保护森林资源的政策措施取得了良好效果。

（二）印度

印度是全球人口第二大国，也是碳排放量仅次于中国的发展中国家。由于处于热带和亚热带地区，随着气候变化的加剧，全球变暖对印度自然资源和人民生活的负面影响日益突显。受困于贫乏的石油资源，印度的能源结构仍以煤炭为主，因为当地的煤炭储量十分丰富。自 20 世纪 90 年代以来，经济发展迫使印度进一步扩张对能源的需求，从而加剧了对煤炭的依赖，并一度达到能源消费的一半以上。为应对日益严峻的气候变化，印度则必须减少对煤炭、石油和天然气等化石能源的依赖程度，选择一条低碳的发展道路。

在国际气候谈判中，印度的态度可谓是发展中国家的典型，即强调经济建设在国家发展中的地位，而一切有关减排的活动都应获得相应的补偿。在哥本哈根谈判中，印度承诺至 2020 年实现碳排放在 2005 年基础上降低 25%。与其他国家消极面对气候合作的态度不同，印度政府在国内大力提倡低碳经济，通过提高生产技术、削减温室气体排放的方式满足国内可持续发展的需求。2008 年 6 月，印度颁布《气候变化国家行动计划》，为发展低碳经济制定全面规划，同时表明了对环境治理的态度和决心。行动计划的内容非常宽泛，其重点强调要实施八大全国性计划：绿色印度计划、可持续生活环境计划、气候变化战略研究计划、农业可持续发展计划、提高能源效率计划、太阳能计划、水资源计划和喜马拉雅生态保护计划。

印度发展低碳经济的侧重点十分明确。首先，在整合原有法律的基础上颁布新的《电力法》，实行“可再生能源证书”制度，依照能源效率标准建立国家级（可再生能源匮乏地区除外）碳汇交易市场，以促进相关企业节约能源。其次，政府强调对生态脆弱地区的重点保护，将喜马拉雅山区自然资源的保护纳入国家应对气候变化战略。最后，政府在低碳经济的监管程序上角色明确，政府只进行综合审批与提供利率或财政补贴，具体项目的监控主要由银行进行。①

印度低碳经济实践的另一个显著特点是司法机构的参与。为维护公众权益，高等法院可直接对污染企业提起诉讼。另外，只要发展低碳经济涉及公共利益，地方法院有权审查项目的合同并对相关纠纷进行裁判。②

（三）韩国

为实现“低碳绿色增长”的发展战略，建设绿色经济强国，韩国政府在立法上积极推动，目前已形成了一套完备的法律监督体系，涵盖农业、能源、制造等相关领域，并且创造性地推出一系列促进绿色发展的政策。

2008 年 8 月，韩国政府发布《国家能源基本计划》。该计划指出：到 2030 年底，国家要降低能源消费中煤炭和石油的比重，从目前的 83% 下降到 61%；大力开发风能、太阳能、地热能等新能源和可再生能源，把其比重从提升至 11%。同时注重提高能源的循环率和自主率，计划到 2012 年，能源循环率提高到 16.9%，而 1995 年时仅为 5.5%；能源自主率要由 2007 年的 3% 提高到 14%。③

2008 年 9 月，韩国政府发布《绿色能源发展战略》。首次将可再生能源提升至国家战略地位，同时在减少碳排放、提高能源效率方面提出了可实现的目标，其目的是缩小与西方发达国家之间绿色产业的差距，为新兴的能源产业从研发到出口提供全程的支持。

---

① 于欢.《印度出台可再生能源交易制度》《中国能源报》，2010 年 1 月 28 日.

② 郭冬梅.《印度低碳经济对策及对中国的启示》《东南亚纵横》，2010 年第 4 期.

③ 赵刚.《韩国推出“绿色新政”确立低碳增长战略》《中国科技财富》，2009 年第 17 期.

2009年7月，韩国政府发布了《绿色增长国家战略及五年计划》。提出应通过发展绿色产业最终实现韩国的能源独立，并积极应对全球变暖的挑战，计划到2020年将韩国发展成国际公认的“绿色大国”。此外，政府还发布了《新增长动力规划及发展战略》和《绿色能源技术开发战略路线图》，这几个战略文件共同构筑了韩国绿色增长模式的框架。

2009年1月，政府决定制订《绿色增长基本法》，并于2010年4月正式颁布了这条法律。该法律综合吸纳《能源基本法》《气候变化对策基本法》和《可持续发展基本法》的核心框架。其主要内容如下：到2020年底，温室气体排放量减少至“温室气体排放预计量”的30%；构筑绿色低碳增长基本框架，今后将全面依法实施绿色低碳增长计划；制定绿色低碳增长国家战略、气候变化、能源、绿色能源产业等项目及具体的实施计划；实行能源和气候变化目标管理制、设定温室气体中长期的减排目标、构筑温室气体综合信息管理体制以及建立低碳交通体系等有关内容。[①]

由上可以看出，韩国政府从制定绿色低碳增长战略到该战略的全面展开实施，采取了立法、政策与规划高度同步并进的方式，这样可以更好地为该战略的顺利实施予以保障。

参考文献

[1] 冯静茹.《论欧美碳交易立法路径的选择及其对我国的启示》《河北法学》，2013年第5期.

[2] 李海东.《从边缘到中心：美国气候变化政策的演变》《美国研究》，2009年第2期.

[3] 高翔，牛晨.《美国气候变化立法进展及启示》《美国研究》，2010年第3期.

[4] 卢璐，邓红兵.《美国温室气体减排努力现状及近期动向》《环境与可持续发展》，2012年第3期.

[5] 苏苗罕.《美国气候变化立法进展及其对我国的启示》《南京工业大学学报》，2010年第4期.

[6] 徐东.《气候变化视域下欧美碳交易立法路径比较探究及对我国的启示》《中国石油大学胜利学院学报》，2015年第2期.

[7] 郑玲丽《低碳经济下碳交易法律体系的构建》《华东政法大学学报》，2011年第1期.

[8] 杨志，陈波.《碳交易市场走势与欧盟碳金融全球化战略研究》《经济纵横》，2011

① 宋彪.《“韩国绿色增长基本法”述评》《国际商报》，2010年2月3日.

年第 1 期 .
[9] 陈奕琼 .《欧盟碳交易市场实践给我国带来的启示》《现代商业》，2015 年第 15 期 .
[10] 刘华，李亚 .《欧盟碳交易机制的实践》《银行家》，2007 年第 9 期 .
[11] 高莹，郭琨 .《全球碳交易市场格局及其价格特征——以欧洲气候交易体系为例》《国际金融研究》，2012 年第 12 期 .
[12] 李布 .《欧盟碳排放交易体系的特征,、绩效与启示》《重庆理工大学学报：社会科学》，2010 年第 3 期 .
[13] 张盈，匡建超 .《中外碳交易市场发展现状分析》《中外能源》，2014 年第 19 期 .
[14] 孙英兰 .《国家方案应对气候变化》《瞭望》，2007 年第 24 期 .
[15] 丁金彪，钟青编 .《碳市场蓝皮书：中国碳市场报告（2014）》，社会科学文化出版社 2014 年版 .
[16] 王彬辉 .《我国碳排放权交易的发展及其立法跟进》《时代法学》，2015 年第 13 期 .
[17] 郭冬梅 .《印度低碳经济对策及对中国的启示》《东南亚纵横》，2010 年第 4 期 .
[18] 于欢 .《印度出台可再生能源交易制度》《中国能源报》，2010 年 1 月 28 日 .
[19] 宋彪 .《“韩国绿色增长基本法”述评》《国际商报》，2010 年 2 月 3 日 .
[20] 赵刚 .《韩国推出“绿色新政”确立低碳增长战略》《中国科技财富》，2009 年第 17 期 .

第八章　二十国集团二氧化碳排放影响因素的研究

——基于 1992–2015 年面板数据整体和分组实证分析

连增　侯琳　谢丹[①]

【摘要】本文采用二十国集团 1992–2015 年的面板数据，参照 STIRPAT 模型和 EKC 模型，进行静态和动态面板研究，深刻分析各解释变量与二氧化碳排放之间的关系，并验证面板数据是否与环境库兹涅兹曲线相符合。实证结果显示：（1）二十国集团总体数据中的二氧化碳排放与经济增长符合 KEC 模型的倒 U 型关系，且人均 GDP 尚未达到拐点水平；（2）静态模型中，城镇化和人均 GDP 分别是发展中国家和发达国家二氧化碳排放最主要的影响因素；（3）动态模型中，前一期的二氧化碳排放量对当期有显著的累积效应，前一期的二氧化碳排放量越高，则当期的随之更高；城镇化和老龄化对二氧化碳排放存在不显著的影响，而人均 GDP、人口规模、碳强度、开放度对二氧化碳排放有显著的影响。

【关键词】二氧化碳排放；G20；STIRPAT 模型；EKC 模型

一、研究背景

随着人类社会的进步与发展，人类赖以生存的自然环境也在遭遇着严重的破坏。近年来世界上关于全球变暖的各种消息层出不穷，极端气候频发，海平面上升使得全球变暖成为日益严峻的全球性环境问题。全球变暖原因在于温室气体的排放，而二氧化碳作为能产生温室效应的气体之一，

① 基金项目：北京外国语大学基本科研业务费用专项资金资助 .

在整个温室气体排放中占比 55%，因而成为导致全球变暖的最大元凶。欧盟在《全球二氧化碳排放趋势 2016 年报告》指出，2015 年全球前六大排放国和地区分别是：中国（占全球总排放量的 29%），美国（占全球总排放量的 14%），欧盟 28 国（占全球总排放量的 10%），印度（占全球总排放量的 7%），俄罗斯联邦（占全球总排放量的 5%）和日本（占全球总排放量的 3.5%）。毫无疑问，无论是发达国家还是金砖国家，都是世界上主要的 CO_2 排放制造者，其在温室气体减排方面，负有不可推卸的国际责任，同时也面临着强烈的国际社会压力，这些国家的减排效果将影响着全球变暖的趋势。成立于 1999 年的 G20 国家集团，其人均国内生产总值总量占全球经济的 90%，贸易交易额占全球的 80%，人口则将近世界总人口的 2/3，囊括了世界上最发达的国家以及新兴市场经济体，将前述的国家和地区纳入在内。因此二十国集团如何有效控制二氧化碳等温室气体的排放问题是一项长期而艰巨的任务，同时也关系到整个人类的发展问题，任何一国也不能独善其身。

1. 国际背景

诞生于 1992 年 6 月的《联合国气候变化框架公约》（United Nations Framework Convention on Climate Change，简称 UNFCCC），是世界上第一个为了减少 CO_2 等温室气体排放，应对全球气候变暖挑战的国际公约，也是各国为解决气候变化问题所进行的一次国际合作尝试，为日后各国共同制定减排政策奠定基础。公约实行“共同而有区别”的原则，发达国家无论是从历史上还是当前，都“贡献”了大量的温室气体，公约要求其采取措施减少温室气体的排放，并给予发展中国家资金支持。而发展中国家的义务只是提供温室气体源与温室气体汇的国家清单，制订并执行含有关于温室气体源与汇方面措施的方案，不承担有法律约束力的减排义务。1997 年的气候大会上有 149 个国家和地区通过了《京都议定书》，要求主要发达工业国家从 2008 年到 2012 年的温室气体排放量要比 1990 年平均减少 5.2%，要求发达国家和发展中国家分别在协议通过的第 8 年和第 15 年，即在 2005 年与 2012 年，开始履行各自的减排义务。这种“区别”对待，成为美国在 2001 年退出《京都议定书》的一大借口，加拿大也在 2011 年德班气候大会后，宣布退出《京都议定书》。虽然温室气体的大量排放导致了全球变暖成为全球共识，但是这些国家认为议定书的减排要求损害了其国家利益，例如时任美国总统小布什认为减少温室气体排放意味着减少生产和消费，进而会使美国经济下行，同时他也认为，这种有区别的减排原则对发达国家，尤其像美国这样的需要承担巨大减排责任的，是不公平的，而发展中国家则可以避免这种义务。2009 年的哥本哈根气候大会被称为“拯救人类的最后一次机会”，192 个国家的代表商讨《京都议定书》一期承诺到期的后续安排。随后的几次气候大会均以失败告终，气候大会成为政治筹码，都不愿意在经济发展与减排问题上妥协以及发达国家和发展中国家阵营存在分歧，因此全球减排任重而道远。

2. 国内背景

中国作为全球经济发展的奇迹，2010 年中国 GDP 超过日本，跃居成为世界第二大经济体，国际影响力不断提高。中国经济腾飞主要归因于快速城镇化和工业化发展，且以高投入、高能耗为代价，这种粗放型经济发展方式导致我国二氧化碳的排放也在急剧增长，例如，我国二氧化碳的排放量从 1992 年 25 万吨增长到 2015 年 106 万吨，年增长率达到 6.2%，并且我国在 2006 年就已超过美国，二氧化碳排放量世界第一，2015 年中国的碳排放占全球总排放量的约 30%。中国是世界人口第一大国，巨大的人口规模和人口基数，对碳排放量增加的贡献度不容小觑。

中国作为一个负责任的大国，积极参加国际气候大会并推进气候问题治理。这不仅体现主动承担国际责任的大国风范，更是生态文明社会建设的内涵之一。2015 年 6 月，中国公布了“国家自主贡献文件”，清楚写明了中国未来 20 年低碳发展规划和目标。这是中国对全世界所作出的承诺。有数据显示，2015 年我国每单位 GDP 排放的二氧化碳量比五年前降了约五分之一，超过“十二五”目标减排水平 3%，比十年前降了约 40%，为实现中长期的减排目标打下基础。当前我们正处于“十三五”规划前期，在经济发展和提高人民生活水平同时也要注意环境保护和治理，不能走“先污染、后治理”的老路，促进经济社会和自然的和谐发展。

二、研究方法

1. 环境库兹涅茨曲线（EKC 模型）

本文借鉴 EKC 模型，试图研究 CO_2 排放与人均 GDP 的关系，来揭示经济水平对环境的作用，预期回归结果是倒“U”型的，即在经济水平不断提高人均收入不断增加时，CO_2 排放是先增加，当人均收入到达某个点时，CO_2 排放逐渐减少，这个点就是拐点。

在之前的研究中，EKC 模型主要有水平式和 log 式。在借鉴并结合前人的方法并考虑数据特殊性后，我们将方程设置为带 log 式并且加入了人均 GDP 的二次方。本文中 EKC 模型表达式为：

$$\ln I= \beta 0+\alpha 1*\ln A+ \alpha 2*(\ln A)2+\mu \qquad (1)$$

其中，I 为环境指标，A 为收入水平（主要是经济因素如：人均 GDP），μ 为误差项且服从正态分布。首先对 CO_2 排放和人均 GDP 估计系数的符号做出以下假设：

（1）若 α1>0，α2<0，倒 U 型，即 CO_2 排放随着人均 GDP 先增后减，拐点处逆转；

（2）若 α1<0，α2>0，U 型，即 CO_2 排放随着人均 GDP 先减后增，拐点处逆转；

若实证结果符合假设（1），EKC 模型呈倒 U 型，拐点为：

$$A=\exp(-\frac{\alpha 1}{2\alpha 2})\ .$$

2. STIRPAT 模型

Paul R. Ehrlich 和 John Holdren 在 20 世纪 70 年代初提出，用 Impact(I) = Population（P）* Affluence（A）* Technology（T）这个式子来衡量经济增长和人类活动给环境带来的影响，其中 I 为环境受到的影响，P 为人口数量，A 是经济发展水平（用人均收入代表），T 为技术因素。该方程将环境影响因素分解成人口、经济发展水平和技术这三种变量的共同作用。但是 IPAT 模型由于没有考虑其他间接影响因素而被批评。Dietz 与 Rosa（1994）提出了 STIRPAT（Stochastic Impacts by Regression on Population, Affluence and Technology）模型，试图解决初始模型的弊端。该模型为：

$$I_i = \beta_0 * P^{\beta_{1i}} * A^{\alpha_i} * T^{\beta_{2i}} * \mu_i \quad (2)$$

其中 β_0，β_1，β_2，α 为需要估计的参数，μ 为随机误差项。当系数 $\beta_0 = \beta_1 = \beta_2 = \alpha = 1$ 时，IPAT 模型等价于 STIRPAT 模型。通过对（4）式两边同时取对数，得到：

$$\ln I_{it} = \beta_{0i} + \beta_1 * \ln P_{it} + \alpha * \ln A_{it} + \beta_2 * \ln T_{it} + \eta_t + \delta_{it} \quad (3)$$

其中 $\mu_{it} = \eta_t + \delta_{it}$，i 代表国别，i=l，2...20；t 表示时间因素；β_{0i} 是截距项，表示各国的独特性；η_t 表示时间非观测效应；δ_{it} 表示随机扰动项。本文也添加了三个其他的 CO_2 排放的影响因素，Age，Urb 和 Open：

$$\ln I_{it} = \beta_0 + \beta_1 * \ln P_{it} + \alpha_1 * \ln A_{it} + \alpha_2 * (\ln A_{it})^2 + \beta_2 * \ln T_{it} + \beta_3 * \ln Age_{it} + \beta_4 * \ln Urb_{it} + \beta_5 * \ln Open_{it} + \eta_t + \delta_{it} \quad (4)$$

其中（lnAit）2 代表经济发展水平取对数后的平方，Age 为各国或地区大于等于 65 周岁的人口比例，Urb 表示各国或地区城镇化水平，Open 表示货物进出口额占 GDP 的比重。我们知道许多经济变量其变化本身具有一定的惯性，上一期的数值对下一期会造成影响，这种路径依赖使得需要研究 CO_2 排放的滞后性问题。因此对（3–4）式引入因变量的滞后项：

$$\ln I_{it} = \theta * \ln I_{i,t-1} + \beta_0 + \beta_1 * \ln P_{it} + \alpha_1 * \ln A_{it} + \alpha_2 * (\ln A_{it})^2 + \beta_2 * \ln T_{it} + \beta_3 * \ln Age_{it} + \beta_4 * \ln Urb_{it} + \beta_5 * \ln Open_{it} + \mu_{it} \quad (5)$$

其中 $\ln I_{i,t-1}$ 是 $\ln I_{it}$ 的一阶滞后项。θ 的大小反映了是上一期 CO_2 排放对当期的作用程度，预期 θ 大于零。

3. 变量数据的选取

回归分析时，各自变量和因变量的衡量方法为：

（1）I 用 CO_2 排放来衡量，单位：万吨。

（2）人口数量 P 用 20 个国家每年的人口总数来衡量，单位：万人。预期系数 β_1 大于零。

（3）经济发展水平 A 选取人均 GDP 来代表，单位：美元。根据之前的 ECK 模型，预期 $\alpha_1>0$，$\alpha_2<0$。

（4）技术因素 T 用碳强度来表示，即每 1000 美元 GDP 的碳排放量，单位：千克 / 千美元。碳强度越低，能源利用效率越高，表明技术水平越高，同等条件下 CO_2 排放量会低，所以该变量系数预期大于零。

（5）Age，即 65 周岁（含）以上的人口占比。统计数据显示，近几十年来，全球老龄化趋势增强，无论是老牌的发达国家还是新兴经济体都在面临着不断严峻的老龄化问题。老龄化直接或间接地对 CO_2 减排产生积极影响，假设系数小于零。

（6）Urb，城镇化水平。城镇化水平不断提高，促进了生产量和消费水平上升，这会使 CO_2 排放增多；然而城镇化率的提高也能在一定程度上减轻环境压力，城镇化发展能够提高能源使用效率和环境污染治理能力的提高反过来缓解对环境的破坏。综合这两种影响，假设回归系数大于零。

（7）Open，地区开放度。国际贸易是经济发展的三驾马车之一，进而成为 CO_2 排放增加不可忽视原因之一。我们用货物进出口总额与 GDP 的比值用作开放度的代理变量。预期系数的符号为正。

各变量的含义和测度指标如表 8-1 所示。

表 8-1　各变量定义和衡量方法

因变量	定义	衡量方法
I	环境影响	二氧化碳年排放量（万吨）
自变量	定义	衡量方法
P	人口规模	人口总数（万人）
A	经济发展水平	人均 GDP（美元）
T	技术水平	碳强度（千克 / 千美元）
Age	老龄化比重	65 周岁及以上的人口比率（%）
Urb	城镇化水平	城镇人口占总人口比重（%）
Open	地区开放度	货物进出口总额与 GDP 的比值（%）

4. 数据来源说明

本论文所研究的样本数据为 1992~2015 年二十国集团面板数据，[①] 虽然英国在 2016 年 6 月 23 日公投脱欧，但是本文数据样本时间段选取截至 2015 年，故英国仍然包括在欧盟内。各国和欧盟的人均 GDP、人口数量，老龄化比重、城镇化水平、地区开放度的数据来源于世界银行世界发展指标数据库（WDI），[②] 环境影响即二氧化碳年排放量和技术水平测度数据来源于欧盟委员会全球大气排放研究数据库（Emission Database for Global

① 样本数据选取的时间段是根据数据可获得性选取的，同时考虑到俄罗斯联邦从苏联解体后的特殊时间。

② http：//data.worldbank.org.

Atmosphere Research of European Commission）。[①]

三、二十国集团面板数据的实证研究

1. 数据的统计性描述

表 8-2　面板数据的统计性描述

变量	单位	样本数	平均值	标准误	最小值	最大值
CO_2 排放总量（I）	万吨	478[②]	128583.16	183948.34	11609.07	10711103.68
人口规模（P）	万人	478	22531427.17	34557264.9	1739852.3	137122000
人均 GDP（A）	美元	478	18906.71	15848.90	307.41	67652.68
碳强度（T）	千克 / 千美元	478	378.73	194.39	131.30	1167.87
老龄化比重（Age）	%	478	10.85	5.56	2.76	26.34
城镇化（Urb）	%	478	71.16	16.09	25.98	93.50
开放度（Open）	%	478	41.58	16.08	11.85	89.78

数据来源：人均 GDP、人口数量，老龄化比重、城镇化水平、地区开放度的数据来源于世界银行世界发展指标数据库（WDI），二氧化碳年排放量和技术水平测度数据来源于欧盟委员会全球大气排放研究数据库（Emission Database for Global Atmosphere Research of European Commission）

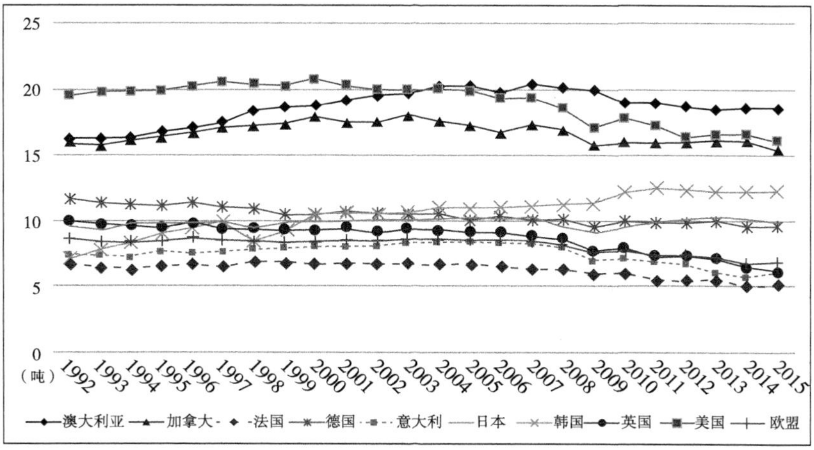

图 8-1　1992 年至 2015 年二十国集团发达国家组各国人均二氧化碳排放量

① http：//edgar.jrc.ec.europa.eu/overview.php?v=CO_2ts1990-2015&sort=asc1.

② 原本 20 个国家 24 年的时间跨度样本数据应该为 480 个，但由于俄罗斯 1992，1993 年的开放度数据缺失，故实际样本数据为 478 个。

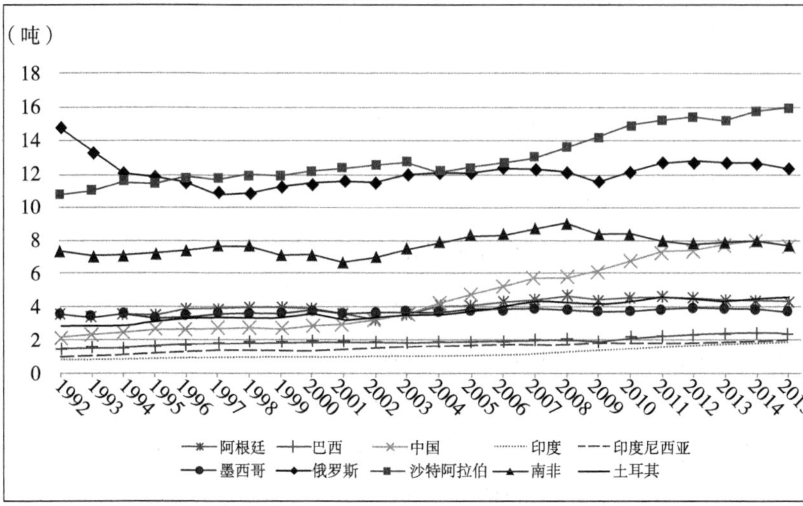

图 8–2 1992 年至 2015 年二十国集团发展中国家组各国人均二氧化碳排放量

图 8–1 和图 8–2 分别显示了 1992 年至 2015 年二十国集团内部发达国家组和发展中国家组[①] 人均二氧化碳排放量，图 8–1 和图 8–2 的对比显示，24 年间发展中国家组人均 CO_2 排放是呈递增趋势，其中人均增速最高的是中国，增速约为 5.5%，而发达国家组除日本和澳大利亚外，其余国家或地区均呈下降趋势，其中降幅最大的是英国，年平均降幅约为 2%。从整体来看，发达国家组的人均 CO_2 排放要高于发展中国家组。从 1992 年至 2015 年这 24 年里，美国和印度分别为人均二氧化碳排放最高和最低的国家，前者约为后者的 16 倍。但印度的人均 CO_2 排放正以年平均 4% 的增幅增加，美国则以年平均 0.8% 的降幅在降低 CO_2 排放。两者的排放倍数由 1992 年的 24 倍降为 2015 年的 8.6 倍。中国在 21 世纪第一个十年的二氧化碳排放增幅最快随后略有缓和。沙特阿拉伯作为石油输出国组织成员，其石油生产带来了大量的二氧化碳排放，其排放值在发展中国家组居于高位。俄罗斯也因其能源生产与输出而且工业类型较单一偏重工业，二氧化碳排放值仅次于沙特阿拉伯。

① 发达国家和发展中国家的分组标准是依据国际货币基金组织（IMF）的世界经济展望报告中 29 个发达经济体分类，分别为美国、英国、德国、法国、荷兰、比利时、意大利、西班牙、奥地利、芬兰、希腊、葡萄牙、爱尔兰、卢森堡、日本、加拿大、韩国、澳大利亚、中国台湾、瑞典、瑞士、中国香港、丹麦、挪威、以色列、新加坡、新西兰、塞浦路斯、冰岛。

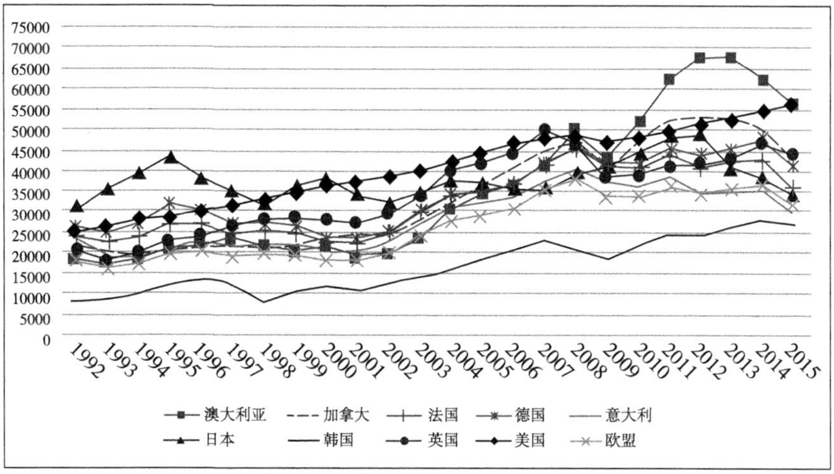

图 8-3 1992 年至 2015 年二十国集团发达国家组各国人均 GDP

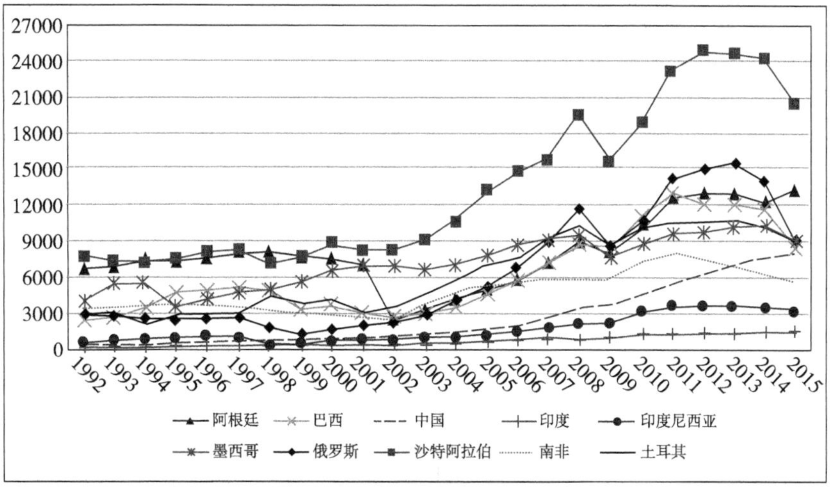

图 8-4 1992 年至 2015 年二十国集团发展中国家组各国人均 GDP

数据来源：图 1-2 中人均二氧化碳排放量数据来源于欧盟委员会全球大气排放研究数据库（Emission Database for Global Atmosphere Research of European Commission），图 3-4 中人均 GDP 数据来源于世界银行世界发展指标数据库（WDI）

以上四幅图中，当国家分组后，人均 GDP 与人均 CO_2 排放的趋势大体上一致，表明人均 CO_2 排放与人均 GDP 之间有某种联系，我们可以推断 CO_2 排放总量与人均 GDP 之间也会存在某种关联，例如库兹涅兹曲线。但与此同时，像沙特阿拉伯和俄罗斯等国的情况，虽然人均 GDP 下降了，但

是人均 CO_2 排放却没有下降，因此也需要将别的变量纳入考虑，结合回归结果，来制定相应的减排措施。

面板数据在实证检验之前应该做单位根检验，以避免有伪回归这种情况。首先进行单位根检验，使用 LLC 检验方法，得出结论为，lnI，lnT，lnAge 数据不平稳，lnP，lnA，lnUrb，lnOpen，均为零阶单整，服从 I~（0）。分别对 lnI，lnT，lnAge 进行一阶差分，然后对差分后的 lnI1，lnT1，lnAge1 三个变量再次进行单位根检验，其结果均为不存在单位根，所以 lnI，lnT，lnAge 服从 I~（1）。

表 8-3 单位根检验结果

变量	检验方式	LLC 检验结果	是否平稳
lnI	水平值	0.09	否
	一阶差分值	0.0000	是
lnP	水平值	0.0001	是
lnA	水平值	0.0053	是
（lnA）2	水平值	0.0341	是
lnT	水平值	0.9938	否
	一阶差分值	0.0000	是
lnAge	水平值	0.6086	否
	一阶差分值	0.0196	是
lnUrb	水平值	0.0000	是
lnOpen	水平值	0.0000	是

故变量不是同阶单整，无法进行协整分析。可能的原因是预测二氧化碳排放与各因素之间的关系需要一个更长的时间段，而本文数据时间跨度只有 24 年，未能覆盖到其长期均衡的时间区间，但是不能轻易否认变量间不具有长期均衡关系。我们常常同时关心几个经济变量的预测，将这些变量放在一起，做一个系统的预测，以使得预测相互自洽，利用向量自回归（Vetor Autoregression，VAR）和格兰杰因果（Granger Cause）检验。由于 Granger 因果检验仅适用于平稳序列，将 lnI，lnT，lnAge 一阶差分形式（分别为 dlnI1，dlnT1，dlnAge1）和 lnP，lnA，lnUrb，lnOpen 作为变量，检验结果显示在以 dlnI1 为解释变量的方程中，检验 lnA 系数联合显著性，其卡

方统计量是 5.3193，p 值 0.07，在 10% 水平上拒绝“lnA 不是 dlnI1 的格兰杰原因”的原假设，故可认为 lnA 是 dlnI1 的格兰杰原因。类似地，强烈拒绝“lnP、dlnAge1 不是 dlnI1 的格兰杰原因”原假设，lnOpen 在 10% 水平上可认为是 dlnI1 的格兰杰原因，强烈拒绝“dlnT1、dlnAge1、lnP、lnA、lnUrb 和 lnOpen 都不是 dlnI1 的格兰杰原因”的原假设。同时结果也显示 dlnI1 也是 lnA、lnP、dlnT1 的格兰杰原因。显然，Granger 检验并未给出唯一的变量作用次序。由交叉相关图结果则看出 dlnI1 与提前两年的 lnOpen 最相关，dlnI1 与提前四年的 dlnT1 最相关，dlnI1 与提前一年的 lnA 最相关，dlnI1 与滞后七年的 lnP、lnUrb、dlnAge1 最相关。其提示的变量次序为：dlnT1 → lnOpen → lnA → dlnI1；lnP、lnUrb、dlnAge1 → dlnI1。从现实来看，这可以理解为科技的进步导致国际贸易的增加，进一步提高人均 GDP，引起了二氧化碳排放的增加。然而人口规模、城镇化和老龄化比重的增加对于二氧化碳排放增加的影响是比较深远的，发生在过去的变化会给当期及未来带来影响。

本文是长面板数据，故需要思考扰动项可能有异方差和自相关。对于组间异方差，利用 Wald 检验。无论在命令“xtreg，fe”或”xtgls”之后，Wald 检验均强烈拒绝原假设，认为存在组间异方差。利用 xtserial 命令来考察组内自相关，结果显示强烈拒绝“不存在一阶组内自相关”的原假设。由于面板数据针对的是二十个国家，而且国家之间有着经济、政治等各种联系，需要考察截面相关性即不同国家间同期相关性。xtcsd（cross-sectional dependence）的三种检验结果 p 值均小于 0.01，强烈拒绝“无组间同期相关”的原假设，所以组间同期相关。

2. 二十国集团的静态面板模型回归

表 8-4 是对方程（3-4）的估计结果。模型 1、模型 2、模型 3 分别采用混合最小二法（POLS）、随机效应法（RE）和固定效应法（FE）估计了静态方程（3-4）。

表 8-4 方程（3-4）在不同模型下的回归结果

变量	模型 1	模型 2	模型 3
	混合回归	固定效应	随机效应
lnA	0.157 （0.157）	0.813*** （0.062）	0.831*** （0.061）

续表

变量	模型 1	模型 2	模型 3
（lnA）2	0.022* （0.008）	-0.032*** （0.004）	-0.033*** （0.003）
lnP	0.991*** （0.014）	0.789*** （0.060）	0.855*** （0.035）
lnT	0.974*** （0.023）	0.711*** （0.035）	0.730*** （0.035）
lnAge	-0.144 （0.029）	0.043 （0.042）	0.074 （0.040）
lnUrb	0.402*** （0.093）	0.665*** （0.088）	0.60*** （0.083）
lnOpen	0.231*** （0.026）	0.154*** （0.020）	0.141*** （0.019）
_cons	-16.166*** （0.622）	-14.012*** （0.878）	-15.008*** （0.598）
R-squared	0.9517	0.9212	0.9147
样本数	478	478	478
EKC 曲线	U 型	倒 U 型	倒 U 型
拐点	0.028	328773	293875

注：小括号内为标准误；* 表示 5% 显著水平；** 表示 1% 显著水平；*** 表示 0.1% 显著水平。

从模型 1 混合回归来看，人均 GDP 二次方估计系数符号不同于预期，人均 GDP 的一次项、人口数、碳强度、老龄化比重、城镇化和开放度的回归系数符号均和预期相一致，除人均 GDP 的一次项与老龄化比重外，其余几项均显著。模型 2 中固定效应得出的 F 统计量为 658.46，因此拒绝原假设，表明存在个体固定效应，固定效应优于混合 OLS。在变截距模型中，是选择固定效应模型还是随机效应模型豪斯曼检验的 p 值为 0.2029，不显著，因此选择随机效应模型。随机效应回归中，只有老龄化比重的系数符号与预期不一致且不显著，其余影响因素的回归系数均在 0.1% 水平上显著。且正负性与预期相同，人均 GDP 二次方的回归系数小于零，即为倒 U 型，算得拐点值 293875，而根据二十国集团整体实际情况，所有国家无论单个发达国家还是整体平均水平仍未到达此拐点，由此可知二十国集团正处在对称轴左侧，二十国集团整体 CO_2 排放符合 EKC 倒 U 型假设。人口规模扩大、城镇化水平提升以及贸易开放度提高都会增加 CO_2 排放。且它们每提高 1%，二十国集团 CO_2 排放将会分别增加 0.855%，0.6% 和 0.141%。碳强度每下降 1%，CO_2 排放将减少 0.73%。这些结果都符合经济理论的预期。至于为什么老龄化比重的估计系数不显著，结合初始数据，在所研究的 24 年里，每个发展中国家的 65 岁及以上人口数比例相对于发达国家来说变化幅度不大，而且有些国家的数据是在某区间有增有减，而不是单纯地直线增减。与此同时，二十国集团内部发达国家的二氧化碳排放趋于平缓而发展中国家的排放趋势除了中国、印度、俄罗斯的增幅较大，其余国家也相对平稳，所以这个变量的估计结果不显著。

无论是经济因素还是人口因素或者社会发展因素，其变化本身均具有一定的惯性，需要考察上一期 CO_2 排放对本期是否有影响。因此方程（3–5）中添加了 CO_2 排放的滞后一期，但是产生了内生性问题。表 8–5 列出了 POLS 和 RE 的计量结果，即模型 4 和 5，模型 4 中人均 GDP—、二次项、城镇化和开放度的估计系数不显著，模型 5 中城镇化也不显著，系数正负性和假设不同，然而因变量一阶滞后项估计值大于零且显著，所以加入这一项是有必要的。接着，借助差分 GMM（Difference GMM，DGMM）和系统 GMM（System GMM，SGMM）来处理内生性与数据异质性问题。GMM 模型中加入一阶差分项来解决个体的非观测效应。随着时间变化的因素所发生的影响，例如能源价格变化、节能减排技术变化以及排放政策等，通过加入时间虚拟变量捕捉这些变化的影响。差分 GMM 和系统 GMM 估计一致性要求一阶差分扰动项不会存在二阶的序列相关，但是一阶序列肯定是存在自相关的。利用 xtbond2 程序对方程（3–5）进行估计，结果显示 AR(1) 的 p 值为 0.000，AR（2）的 p 值为 0.212，因此该模型不能拒绝 H0：没有二阶序列相关，但强烈拒绝 H0：没有一阶序列相关。因此 DGMM 和 SGMM 估计量是一致的。同时 Hansen 检验的结果为 Prob > chi2 = 1.000，不能拒绝 H0：所选工具变量是有效的，所以 DGMM 和 SGMM 估计具备有效性。

差分 GMM（DGMM）如模型 6 所示。该模型老龄化比重估计系数的正负性虽然与假设一致，但不显著，而别的解释变量估计系数正负性不仅符合假设，且显著，这说明使用 DGMM 方法比静态的 POLS 和 RE 模型要更有效。SGMM 因可以结合差分以及水平方程的数据信息，其使用的工具变量会有更好的有效性，一般来说回归结果有效性比 DGMM 更强。而且 Blundell 等在 1998 年指出，当因变量一阶滞后项的估计系数越接近 1，一阶差分 DGMM 有限样本特性较差，需要对水平方程即方程（3–5）施加额外的约束而采用系统 GMM（SGMM）来进行有效的估计，工具变量则选用变量一阶差分的滞后项。

表 8–5　方程（3–5）在不同模型下的回归结果

变量	模型 4	模型 5	模型 6	模型 7
	混合回归	随机效应	差分 GMM	系统 GMM
$lnI_{i,\ t-1}$	0.963*** （0.007）	0.926*** （0.012）	0.619*** （0.022）	0.717*** （0.021）
lnA	0.033 （0.026）	0.098** （0.029）	0.236*** （0.048）	0.207*** （0.031）
（lnA）2	–0.001 （0.001）	–0.004* （0.002）	–0.007** （0.003）	–0.004* （0.002）
lnP	0. 039*** （0.008）	0.069*** （0.012）	0.224 *** （0.036）	0.156*** （0.042）
lnT	0.069*** （0.008）	0.124*** （0.025）	0. 373*** （0.023）	0.312*** （0.035）
lnAge	–0.028*** （0.005）	–0.018* （0.008）	–0.042 （0.022）	–0.035 （0.021）
lnUrb	–0.007 （0.016）	–0.018 （0.025）	0.379*** （0.060）	0.112** （0.044）
lnOpen	0.008（0.005）	0.02*** （0.005）	0.101*** （0.010）	0.136*** （0.013）
t	–0.00006 （0.00003）	–0.00009 （0.00005）	–0.002* （0.016）	–0.0001 （0.156）
_cons	–0.760*** （0.159）	–1.510*** （0.260）	–4.978*** （0.573）	
R–squared	0.9987	0.9986		
样本数	460	460	440	440
EKC 曲线	倒 U 型	倒 U 型	倒 U 型	倒 U 型
拐点	14650719	208981	20939395	1.73*1012
AR（1）				–8.80 （0.000）
AR（2）				1.25 （0.212）
Sargan test				534.73 （0.000）
Hansen test				0.00 （1.000）

注：回归系数小括号内为标准误；AR、Sargan 和 Hansen 检验括号内为 p 值。

* 表示 5% 显著水平；** 表示 1% 显著水平；*** 表示 0.1% 显著水平。

3. 二十国集团的动态模型回归

表 8–6 展示的是以取了自然对数后的 CO_2 排放作为因变量的估计结果。模型 8 根据只加入了 CO_2 排放滞后一期的 EKC 二次方程来进行回归，模型 9 到 12 逐步加入各影响因素：人口规模、老龄化比重、城镇化比例、碳强度和开放度。表 8–6 中，AR（1）和 AR（2）的计量数据说明，一阶序列相关，二阶序列不相关，故 SGMM 得出一致估计量。

模型 8 的估计系数正负性符合假设，并且十分显著。lnIi，t –1 的估计系数大于零，上一期 CO_2 排放和本期 CO_2 排放呈正向关系，证明了 CO_2 排放是一个连续、累积的过程。六个模型中的（lnA）2 系数均为负，符合预期，但是在模型 13 中，其系数不显著。表 8–5 中也可见拐点值呈上升趋势。根据二十国的实际情况，平均来看，其人均 GDP 为 18907 美元，仍处在拐点左侧，倒 U 型曲线的第一阶段，表明二十国集团 CO_2 排放和经济发展的关系与 EKC 倒 U 型相一致，也意味着二十国集团 CO_2 排放在拐点到来之前会随着人均 GDP 的上涨而增加。人口规模的估计系数随着加入的解释变量的增加，显著性不断增强，且系数大于零，符合预期假设，说明人口数量越多，CO_2 排放越多。人口规模扩大，紧接着会增加能源需求，人口的大量增加也会破坏自然环境，CO_2 排放也更多。老龄化比重估计系数有正有负，但均不显著，需要更多的数据来检验。随着解释变量的增加，老龄化比重的系数变为负数，符合假设但不显著。说明在模型 11 和模型 12 中，存在内生性问题，残差项和解释变量存在相关性，存在遗漏变量问题，且老龄化比重与城镇化和贸易开放度存在一定的关联，且各自对 CO_2 排放也有影响。lnIi，t–1 的系数 0.725，是一个小于 1 的正数，且在 1% 水平显著，这与现实相一致，说明 CO_2 减排需要促进技术升级，在当期做出成效，这样对下一期的排放削减带来正向影响。人均 GDP 与人口规模每增加 1%，CO_2 排放将分别增加 0.2% 和 0.152%，碳强度每下增加 1%，CO_2 排放将增加 0.303%，城镇化和老龄化比重的估计结果尽管不显著，但其影响是不容忽视的。城镇化和老龄化比重每提高 1%，CO_2 排放将分别增加 0.106% 与降低 0.036%。地区开放度变量在动态模型中显著与 CO_2 排放正相关，说明国际贸易与 CO_2 减排是负向关系，向底线赛跑效应超过了贸易的环境收益效应。

表 8-6 动态面板数据的 SGMM 回归结果

变量	模型 8	模型 9	模型 10	模型 11	模型 12	模型 13
	系统 GMM1	系统 GMM2	系统 GMM3	系统 GMM4	系统 GMM5	系统 GMM6
$lnI_{i,t-1}$	0.904*** （0.016）	0.894*** （0.018）	0.804*** （0.019）	0.797*** （0.020）	0.806*** （0.022）	0.725*** （0.021）
lnA	0.20*** （0.034）	0.202*** （0.034）	0.248*** （0.030）	0.249*** （0.030）	0.254*** （0.046）	0.200*** （0.031）
（lnA）2	-0.009*** （0.002）	-0.009*** （0.002）	-0.011*** （0.002）	-0.011*** （0.002）	-0.011*** （0.033）	-0.003 （0.002）
lnP		0.064 （0.045）	0.092* （0.019）	0.108* （0.044）	0.100* （0.046）	0.152*** （0.043）
lnT			0.294*** （0.038）	0.301*** （0.038）	0.297*** （0.038）	0.303*** （0.035）
lnAge				0.007 （0.022）	0.008 （0.022）	-0.036 （0.021）
lnUrb					-0.034 （0.046）	0.106* （0.044）
lnOpen						0.124*** （0.013）
样本数	440	440	440	440	440	439
EKC	倒 U 型	倒 U 型	倒 U 型	倒 U 型	倒 U 型	倒 U 型
拐点	66910	74774	78647	82305	103306	e33
AR（1）	-8.77*** （0.000）	-8.78*** （0.000）	-8.49*** （0.000）	-8.47*** （0.000）	-8.49*** （0.000）	-8.82 （0.000）
AR（2）	1.03 （0.303）	1.00 （0.316）	0.9 （0.368）	0.89 （0.373）	0.88 （0.377）	1.25 （0.218）
Sargan	451.75 （0.000）	466.10 （0.001）	546.49 （0.000）	553.81 （0.000）	551.83 （0.000）	531.15 （0.000）

注：回归系数小括号内为标准误；AR、Sargan 检验括号内为 p 值。

* 表示 5% 显著水平；** 表示 1% 显著水平；*** 表示 0.1% 显著水平。

四、结论与建议

1. 主要结论

基于 EKC 和 STIRPAT 模型，利用 1992~2015 年二十国集团的数据来研

究二十国集团 CO_2 排放的各项影响因素，并检验其数据是否符合 EKC 的各个假设。研究结果表明：

（1）1992 年至 2015 年，二十国集团的 CO_2 排放均呈现增长趋势，但不同的国家群组之间的增长情况却存在差异，发达国家二氧化碳排放总量整体上呈微弱下降趋势，而发展中国家组整体上则呈现上升趋势。

（2）静态回归的计量结果表明，二十国集团的 CO_2 排放与 EKC 假设一致，即 CO_2 排放与人均收入呈倒 U 型，且尚未过拐点。在二十国集团整体面板数据估计中，人口因素对 CO_2 排放影响最大，人口每增加 1%，CO_2 排放会增加约0.855%，其次是人均GDP，每上升1%，CO_2排放将上升0.83%。

（3）动态回归的数据表明，前期的 CO_2 排放对当期 CO_2 排放有正向的累积效应。在二十国总体数据回归中，CO_2 排放一阶滞后项的系数 0.1% 水平上显著，为 0.725，系数大于零说明前期 CO_2 排放越大会导致当期 CO_2 排放更多。城镇化和老龄化对 CO_2 排放存在不显著影响，意味着它们对二十国集团的 CO_2 排放没有起到最关键作用，作用比较显著的是人均 GDP、人口规模、碳强度和开放度，其中人均 GDP 对增加 CO_2 排放起到最主要作用（系数为 0.2），而碳强度对减排作用最强（系数为 0.303）。动态回归中，二十国集团 CO_2 排放符合 EKC 模型，CO_2 排放与经济发展呈倒 U 型关系，且未过拐点。由于二十国集团整体人均 GDP 未过倒 U 型环境库兹涅兹曲线的拐点，也就是说二十国集团整体上还不具备控制污染排放和实施严格环境管制的内在动力和能力。

2. 提出建议

（1）提高技术水平，优化能源消费结构

二十国集团作为世界经济发展的引擎，其经济仍会继续发展，尤其是发展中国家的第三产业不断壮大，产业升级不断推进，快速城镇化，使得这些国家对能源和资源需求大大增加。城镇化是各国发展中所必经的，发达国家早已开始且城镇化进程已经稳定，而发展中国家正在进行的城镇化，却又时常与环境规律相违背，单纯选择降低 CO_2 排放而使城镇化停滞，也不是明智之举，毕竟发展中国家的第一要务还是发展。所以开发利用新能源、节能减排，调整和优化能源结构十分重要。政府应该积极鼓励新能源的推广和使用，使用清洁能源来替代煤炭、石油等高污染高排放的。发展中国家在承接发达国家产业转移时，应当主动学习先进的节能技术，不要单纯为了招商引资而放弃环境保护，发达国家应给予发展中国家技术和资金支持，不要为了一国私利而将高污染的产业外移，污染问题是全球问题，任何一国不能独善其身。实证结果显示人均 GDP 和 CO_2 排放是双向格兰杰因果关系，技术水平到 CO_2 排放为单项格兰杰因果关系，这表明二十国集团的 CO_2 减排遭遇到了“鱼和熊掌不可兼得”的问题，要想不影响经济发展同时又可以节能减排，似乎无法做到，因此必须提高技术水平，优化能源消费结构。

（2）控制人口数量，提升居民绿色消费意识

人口数量是对 CO_2 排放“贡献”最大的变量，很多环境问题的出现从源头上来说都是由人口问题引起。人口快速增加给资源、环境、社会造成许多不好的影响。例如，更多的人口需要更多的食物来养活，必然要求增加农业生产，而农业活动是二氧化碳排放大户，不断增加的人口也增加对能源的使用，城镇化也是人口增加的一个必然结果之一，而国际贸易也正是为了满足国内人口对国外产品的不断增加的需求而产生。所有这些人类活动活动都对 CO_2 排放产生重要影响，所以控制人口数量十分必要。在人口规模得到有效控制的同时，人口质量也要提高，主要是绿色消费意识。人口规模对环境的影响是一种长期而漫长的过程，公民的环保意识对于降低碳排放却能产生快速反应。从更多地使用公共交通、减少使用高能耗电器、多植树造林、到资源的回收利用等，每一件小事都是很轻而易举就能办到的，比推行环保政策要容易执行。

（3）制定严格有效的法律法规，促进生态文明建设

若考虑到环保政策差异化因素，不同国家的 EKC 的倒 U 型曲线则会所差异，作为外部强有力的政策干扰，严格有效的环境法规，可以促进经济向绿色化发展，由此改变 EKC 的形态特征，甚至可能会让拐点提前到来。制定严格的环保政策，就是将低碳发展绿色发展写到法律中来，以强制手段对市场上的经济主体进行强制性约束，给予环境保护强有力的后盾，保证环保政策的实施，对违反违规人员或企业予以惩戒。在具体的规定制定时，要细化条款，具备可行性。例如，可以建立限排制度。根据不同企业类型来划定排放标准，未达标者，首先予以行政处罚，屡教不改且影响恶

劣的，强制关闭营业。也可以建立产品 CO_2 排放标准体系，符合标准的产品予以在市场出售，反之则禁售，并责令厂商整改，技术升级；也可以考虑制定碳税，针对现阶段二氧化碳排放情况，面向所有集团内的国家同类产品制定相关税收政策，用来补贴减排所需要的资金。

（4）不同国家应区别和明确减排责任

发展中国家整个能源结构以及产业结构相较于发达国家是比较落后的，这意味着更高的能耗和更大的减排空间，平均而言，发展中国家比发达国家拥有更低的单位 CO_2 排放削减成本，因为污染物边际的减排成本曲线一般都是单调递增的。发展中国家应当转变发展方式，推行产业升级，对能耗大的产业积极淘汰，进行产业结构的升级和多元化发展，这样带来的环境收益大于淘汰成本，发展中国家应该积极调整产业结构。发达国家在计算二氧化碳排放上不仅应该关注自己领土范围内生产型排放，也应该将消费型和转移的碳排放纳入计算，从而引起发达国家内部的居民对碳排放问题的重视，来升级消费模式。发达国家应当利用在技术上的领先地位，大力采用低碳生产，运用科技来提振经济发展，从而使拐点提前到来，进入第二阶段，人均收入越高，CO_2 排放越低，帮助缓解全球减排问题，主动承担减排责任。

（5）加强国际合作，国家自主减排贡献

环境的容量是有限的，保护环境是每一个地球人的责任，每个国家不能只追求自身的发展，就以“减少温室气体会阻碍经济发展”为借口来逃避二氧化碳减排责任，而是要制定针对性政策，积极有效地行动起来，开展国际合作。作为全球最引人瞩目的国际经济合作论坛，二十国集团更应该积极合作，摒弃以往自上而下“摊牌式”的强制减排，代之以自下而上的“国家自主贡献”。“国家自主减排贡献”这种方式使得各国拥有更多的自主选择权，可以灵活地根据自己的国情调整减排目标，采取减排措施，这样做可以减少谈判阻力，国家间尤其是具备影响力的国家合作意愿会更强烈，国际协议执行起来也更容易。而且大国间的多变或双边协议，例如中国和美国、欧盟、巴西、印度等分别签署的气候变化双边声明，有助于解决众多分歧，求得共同行动，便于实现全球共同努力减排的目标。与此同时，国家间的减排合作也有利于公众对气候科学的认知进一步深入，便于环保理念的推广。

参考文献

[1] 胡剑波，任亚运，丁子格 . 气候变化下国际贸易中的谈壁垒及应对策略，经济问题探索 . 2015 年第 10 期，第 137–141 页 .

[2] 李锴，齐绍洲 . 贸易开放、经济增长与中国二氧化碳排放 . 经济研究，2011 年第 11 期，第 60–71 页 .

[3] 王芳，周兴 . 人口结构、城镇化与碳排放——基于跨国面板数据的实证研究 . 中国人口科学 . 2012 年第 2 期，第 47–56 页。

[4] Carson, R. T., Jeon, Y., & McCubbin, D. R. The Relationship between Air Pollution Emissions and Income: US Data. Environment and Development Economics, 1997, 2（4）: 433–450.

[5] Friedl, B., & Getzner, M. Determinants of CO_2 Emissions in a Small Open Economy. Ecological Economics, 2003, 45（1）: 133–148.

[6] Glaeser, E. L. & Kahn, M. E. The Greenness of Cities: Carbon Dioxide Emissions and Urban Development. Urban Economics, 2010, 67（3）: 404–418.

[7] Grossman, G. & Krueger, A. B. Economic Growth and the Environment. Quarterly Journal of Economics, 1995, 112（2）: 353–377.

[8] Hassan, K. & Salim, R. Population Ageing, Income Growth and CO_2 Emission: Empirical Evidence from High Income OECD Countries. Journal of Economic Studies, 2015, 42（1）: 54–67.

[9] Kamrul, H. & Ruhul, S. Population Ageing, Income Growth and CO_2 Emission. Economic Studies, 2015, 42（1）: 54–67.

[10] Kuznets, S. Economic Growth and Income Inequality. American Economic Review, 1955, 45（1）: 1–28.

[11] Lindner, S., Liu, Z., Guan, D., Geng, Y., & Li, X. CO_2 Emissions from China's Power Sector at Provincial Level: Consumption versus Production Perspective. Renewable and Sustainable Energy Reviews, 2013, 19: 164–172.

[12] Moomaw, W. R. & Unruh, G. C. Are Environmental Kuznets Curves Misleading Us? The Case of CO_2 Emissions. Environment and Development Economics, 1997, 2（4）: 451–463.

[13] O'Neill, B. C., MacKellar, F. L. & Lutz, W. 2001. Population and Climate Change. Cambridge: Cambridge University Press.

[14] Shi, A. The Impact of Population Pressure on Global Carbon Dioxide Emissions, 1975–1996: Evidence from Pooled Cross-Country Data. Ecological Economics, 2003, 44（1）: 29–42.

[15] Soytas, U., Sari, R. & Ewing, B. T. Energy Consumption, Income, and Carbon Emissions in the United States. Ecological Economics, 2006, 62（3）: 482–489.

第九章　2008-2018年美国清洁能源的利用与投资

董宜坤　赵艳博①

【摘要】2017年美国在全球清洁能源投资中占据第二位，清洁能源的利用与投资在美国潜力巨大。美国各级政府针对清洁能源的发展颁布的政策法规，如奥巴马政府实行的《气候行动计划》和特朗普政府颁布的“能源独立与经济增长行政令”以及各级政府为支持清洁能源实施的可再生能源投资组合标准、净电量计价政策、州总量管制交易项目等，使得清洁能源在美国有着相对积极的能源政策支持。另外美国清洁能源技术利用蓬勃发展的市场机制以及金融工具创新，成就了美国清洁能源发展的“美国特色”。

【关键词】美国；清洁能源政策；清洁能源技术与投资

在过去十年间，美国清洁能源领域创新创业出现爆发式增长，推动能源领域向一个更清洁的方向转型。风力发电以及公用事业级光伏发电增长了40倍。十年间，美国清洁能源经济性与安全性不断得到提升，为数百万美国人创造了就业岗位。清洁能源的迅猛发展离不开一个活跃的资本市场。2017年，美国对风电、太阳能、水电以及地热能的投资达到569亿美元，②是世界第二大清洁能源投资市场。强大的技术创新实力，持续优化的成本结构以及广泛的商业与社会推动，成就了清洁能源发展的“美国特色”。

2017年国际能源署发布的“新政策情景”（New Policies Scenario）指出

---

① 董宜坤，北京外国语大学英语学院教师；赵艳博，北京外国语大学英语学院在读研究生。

② http：//www.climateactionprogramme.org/news/investment-in-clean-energy-hit-333-billion-last-year.

天然气、可再生能源和能源效率（energy efficiency）是满足不断增长的能源需求的关键。

在美国，虽然液化天然气的出口前景、气价的走低以及碳约束问题都是影响天然气未来发展的不确定因素。但美国能源署 2018 年的预测显示，到 2050 年，天然气产量约占美国能源总产量的 39%，页岩气和致密油的产量占美国天然气总量的比例将继续增长。可再生能源领域，从 2017 年至 2050 年，美国能源总量增长约为 31%，增长主要来源于可再生能源，而非水电，天然气和原油。从 2020 年到 2050 年，公用事业级的风力发电装机预计将增长 20 吉瓦，公用事业规模的太阳能光伏发电装机预计将增长 127 吉瓦。可再生能源发电预计到 2050 年将增加 139%，达到 1650 亿千瓦时，风能和太阳能发电量增加 900 亿千瓦时，占可再生能源发电增长量的近 94%。

美国清洁能源利用的巨大潜力是由三个因素决定的：第一，联邦与州政府均致力于碳排放污染的限制。第二，清洁能源的技术进步带来巨大的投资机会。第三，金融工具和外资为清洁能源市场引入新的资本。美国各级政府对清洁低碳未来的着力打造，金融工具的不断创新以适应低碳经济的发展模式，使清洁能源成为兼具安全性与经济性的理想能源形式。

一、联邦政府减排措施

美国联邦政府对清洁能源的态度的重要观察点是其减排政策的发展。过去十年间，奥巴马政府与特朗普政府对清洁能源的政策立场存在明显的差异。

清洁能源发展是奥巴马政府能源政策的核心。其任期内，联邦政府制定了积极的碳污染治理政策，带动了清洁能源的发展。

奥巴马的《气候行动计划》提出了联邦减排计划，积极应对“温室效应”引发诸如海平面升高，干旱以及极端降水等极端天气。《气候行动计划》由环境保护署牵头，协调其他行政部门降低碳排放污染。环境保护署依据《清洁空气法案》监管对公众健康有害的污染物排放。2009 年时任环保署署长的Lisa Jackson发布了一个环境危害报告，[①]公布了对公众健康有害的各种温室气体，包括二氧化碳，甲烷，一氧化二氮以及氟利昂，并指出环保署有义务采取措施降低国内温室气体排放。

然而交通运输行业以及发电行业的污染物排放标准直到 2016 年 8 月才推出。美国环保局和运输部国家公路交通管理局一起制定了 2027 年中型和重型车辆碳排放的标准，该标准将提高燃油效率，减少碳污染对气候变化的影响，同时加强能源安全并促进制造创新。

环保署的碳污染标准针对各成员州设定了具体执行计划，但在具体规则上给予各州自主裁量权，制定符合各州具体情况的执行方案。因此，各州有动力因地制宜地制定能源组合方案。对可再生能源、节能减排以及需求响应的投资都是在能源需求旺盛时期，让消费者自主去减少能源消耗的激励手段，是即能创造经济机会，又能减少排放的一举两得的最有效办法。

特朗普政府自 2017 年上台之后，就对奥巴马任期执行的减排举措进行了重大的调整。特朗普政府认为减排措施与“美国优先”的国策相悖。发展清洁能源不符合经济效益逻辑。在国际上，退出巴黎协定。在国内，大幅削减环保署的预算，并缩小环保署的职能范围，限于“保护干净的空气和水，保护自然栖息地，保护自然保护区”。

截至 2018 年 2 月，特朗普政府并未提出任何新的温室气体排放控制方案。但有两项举措值得关注。

第一，2017 年 3 月 28 日，特朗普签署的“能源独立与经济增长”行政令。该举措旨在促进国内能源的清洁和安全发展，指示联邦机构审查潜在造成国内能源开发利用负担的所有法规，命令，指导文件，政策，并修改或撤销阻碍能源独立进展的监管壁垒。该项行政令指派美国环境保护署采取重要举措减轻国内能源开发利用不必要负担。美国环境保护署署长普鲁伊特表示“环保局把美国利益放在第一位，特朗普总统创造就业的愿景有利于营造清洁健康的环境，促进能源独立”。[②]此外，该行政令取消了奥巴马执政期间的与气候变化有关的行政命令和政策。对于可能会对燃煤电力

---

① Environmental Protection Agency, “Endangerment and Cause or Contribute Findings for Greenhouse Gases under Section 202（a）of the Clean Air Act”

② https：//www.epa.gov/newsreleases/epa-review-clean-power-plan-under-president-trumps-executive-order.

公司，煤矿工人和石油天然气公司造成不必要的、昂贵负担的法规，该项法令要求环境保护局应着重审查并在必要时修改或废止这些法规。虽然此行政令对推动能源清洁发展的宗旨没有改变，但其本质是化石能源优先发展的战略，清洁能源让步传统化石能源开发生产。

第二，2017 年 10 月 10 日，特朗普政府废除了奥巴马政府推出的《清洁电力计划》。该计划是奥巴马政府气候政策的支柱。目标是到通过鼓励可再生能源的应用，到 2030 年将温室气体排放量在 2005 年基础上减少 32%。特朗普政府质疑温室气体排放控制对经济增效的巨大作用，认为该计划违背经济规律，本质是一种监管障碍，无助于传统能源能效的优化。

温室气体排放控制以及清洁能源的开发利用是美国两党的共同目标，但具体政策方向分歧也是显而易见的。首先是化石能源与清洁能源开发的优先性的确定；其次是减排与清洁能源对实现国家能源独立与安全的重要性的理解。奥巴马联邦政府对发电厂碳污染的限制以及提高燃料经济标准，为清洁能源投资者投资制造业、汽车业以及能源行业，协助业界达到新环境治理标准提供了机会。特朗普政府成立不久，其温室气体排放监管标准推出的时间和内容都存在很大的不确定性。

但本研究对特朗普任期内的减排以及清洁能源利用的前景持积极态度。原因有二，第一，特朗普任内，出台相关减排标准，虽然重点极可能在于提高传统能源行业能效。但随着可再生能源价格大幅下降，天然气供应的充足，可再生能源利用性价比逐渐提高，中长期，对传统能源的利用会产生挤出效应；第二，美国多个州，如加州、纽约州，在减排问题上积极性高于联邦政府。美国的环境治理传统遵循的是“环境联邦主义”。由于美国一直没有气候变化立法，美国各州被视为减排政策实验室，各州的气候变化立法要明显领先于联邦政府。这些州推广了多种减排措施可作为研究美国清洁能源利用的观察点。

二、州政府减排措施

美国各州政府采用一系列政策限制温室气体的排放，应对环境变化，培育对清洁能源的需求。主要政策手段有以下三种：

1. 可再生能源投资组合标准

可再生能源配额制（RPS）是指用法律的形式强制性规定在某个特定日期之前可再生能源发电必须达到的市场份额，是政府为培育可再生能源市场、使可再生能源发电量达到最低保障水平而采用的强制性手段。这些政策要求或鼓励特定辖区内的电力生产商从指定的可再生资源中提供一定的最低电力份额。到目前为止，共有 29 个州以及哥伦比亚特区颁布实施了《可再生能源组合标准》。该标准要求相当比例的发电来自可再生能源。

各州的《可再生能源组合标准》大多是 2003 年之后出台的，在近些年不断进行修改和完善。比如，马里兰 2004 年推出州组合标准。法案的推出，提高了两州投资组合标准，鼓励纳入一定的可再生能源技术。马里兰州可再生能源组合标准一级能源包括太阳能，风能，生物质能，地热能，燃料电池，海洋等；水力发电属于标准二级。马里兰州的可再生能源投资组合标准要求到 2018 年水力发电占比达到 2.5%，2022 年可再生能源比例达到 25%，其中太阳能占比达到 2.5%。

加州 2003 年推出其可再生能源组合标准，它的目标是 2020 年可再生能源资源达到 33%，2050 年达到 50%。[①] 除此之外，加州还要求其三大电力公司—太平洋电气，南加州爱迪生以及圣地亚哥电气到 2020 年储能容量达到 1325 兆瓦。这在美国国内是一重要举措，不仅能帮助管理平衡可再生能源发电的不稳定性，而且很大程度上促进了对储能技术的投资。

2. 净电量结算政策

净电量结算是一种电价结算政策。消费者通过在屋顶加装太阳能装置或者其他技术自我供电。电力公司以一定的价格从安装了可再生能源发电技术的用户买回多余的电力，或者从消费者总账单上扣除用可再生能源发电数量。目前这一政策在 44 个州和哥伦比亚特区执行。

净电量结算标准因州而异。佛蒙特州的电业公司对客户实行先到先得的政策，所有的净电量系统的累计发电能力达到公司高峰用电需求的 15%。明尼苏达州在这方面没有限制，但对于运行容量低于 40 千瓦的用户，是可以按净电量结算的。用户可以选择月付或者年付电费，各州情况

① https：//www.eia.gov/state/print.php?sid=CA.

不同。

当对可再生能源投资组合和净电量结算政策执行联邦生产税或者投资税退税时，可再生能源技术成本进一步降低，更多的投资流入可再生能源项目，促使可再生能源利用性价比逐渐提高。太阳能电路板成本在 2008 年到 2012 年间下降了 80%，而风能的成本下降了 43%。风力涡轮发电机 70% 制造工序在美国境内完成。平均每 4 分钟就有一个新的太阳能项目启动。按照这个速度，2016 年美国每 1 分 20 秒就能组装一个太阳能系统。2018 年，大多数房主按照每瓦 2.71 至 3.57 美元安装太阳能，太阳能电池板的平均总成本为 18840 美元，税收抵免后太阳能电池板的成本下降到 11380 美元至 14990 美元不等。

各州都在通过净电量结算政策推动发展零碳能源。同时，风能与太阳能技术成本的下降让这些政策对居民用户更有吸引力。净电量结算等经济刺激手段让消费者的能源使用成本降低，从而进一步推动了市场对太阳能和风能的投资。

3. 州总量管制交易项目

除了清洁能源的目标和各种鼓励手段，有些州推动碳交易市场的发展来刺激清洁能源的需求。“区域温室气体减排倡议”（RGGI）就是美国首个市场导向的总量管制交易项目，以期降低发电厂温室气体的排放。2008 年最初有 10 个州联合建立了一个碳交易体系，容许碳配额拍卖收益投资于如节能与可再生能源一类的战略性能源项目。这一项目为发电厂提供节能或减排技术的企业带来了数百万美元的投资。

RGGI 市场曾一度因国内经济衰退的影响，导致其交易相当低迷。2010 年整年碳价曾一直在每吨 2 美元左右的低价。减排量设计初衷是用来增加稀缺性和成本，促进电厂减排。但如此低的价格外加上近年来燃料转换以及天气温和等因素，减排量富足，所以该机制对提高企业的减排积极性效果微乎其微，也说明 RGGI 对排放限额设置太高，企业的排放量远低于其规定的最低标准。针对市场的低迷，2013 年 2 月 17 日 RGGI 提出一项改善机制的提议，大幅削减排放配额总量，使得其二级市场配额价格大幅上涨。

2014 年 3 月温室气体排放完成第 23 轮配额拍卖，这是自 1 月份对电厂实施的更低的排放配额以来的首次拍卖。拍卖配额 2350 万吨，价格稳定在

4 美元。自此拍卖价格一路走高，保持在 5 美元及以上。2015 年 12 月第 30 轮拍卖，拍卖价格高达 7.5 美元，拍卖配额 1537 万吨，2017 年 11 月配额价格已升至 14.67 美元，[①] 与 2015 年价格相比，已经翻倍。

加州是用市场机制控制温室气体排放成绩最突出的一个州。早在 2006 年就通过了《全球变暖解决方案法》(Global Warming Solutions Act)，是世界上第一个州级温室气体减排法案。2015 年 9 月通过新的清洁能源与减排法案，目标到 2030 年碳排放量要比 1990 年减少 40%；加州 50% 的能源消耗来自可再生能源，西海岸各州建筑的能源效率较现在提高 2 倍。

为了实现这个目标，主要举措有两个方面。第一，2013 年开始实施的碳排放"限额与交易"计划，以市场为基础，奖励减少污染的企业，目标是实现。2013 年 1 月启动之后，碳配额拍卖就达到 5 亿多美元，拍卖收益呈逐年递增的态势。2012 年 9 月加州州长 Jerry Brown 签署了两个法案，规定如何分配碳配额拍卖所得。法案没有界定拍卖收入投资的具体项目，但对减排交易收入如何投资本地项目给出了指导性框架。第一条法令要求拍卖收入应该用于环保项目，以改善空气质量为重点。第二条法令要求至少 25% 的收入要用于支持弱势群体的项目上。

第二，建立跨州跨国碳交易市场，用市场机制协同实现减排目标。2013 年，加州与俄勒冈州、华盛顿州、加拿大不列颠哥伦比亚省以及中国签署谅解备忘录，为应对气候变化建立双边合作。2014 年 1 月，加拿大魁北克省政府与加州空气资源委员会签署了相关碳市场关联协议，与加州的碳排放总量控制交易系统正式链接，成为北美地区最大的碳市场。加拿大安大略省也于 2018 年 1 月正式加入这个限额交易市场，致力于减少温室气体排放。自此，该碳交易市场成为世界第二大碳排放限额交易市场。[②]

过去几年间可再生能源的快速发展说明，美国各州的政策，特别是可再生能源投资组合标准、净电量结算政策以及州总量管制交易项目，有效地鼓励了私营部门资本对可再生能源项目的参与。但可再生能源项目的发展任重道远，要实现美国能源产业的多元化，建设低碳未来，需要更多

---

① https：//www.eia.gov/todayinenergy/detail.php?id=34792.

② https：//www.theglobeandmail.com/report-on-business/industry-news/energy-and-resources/ontario-signs-agreement-to-join-quebec-california-carbon-market-in-2018/article36368063/.

的、可持续性的投资去实现。

三、清洁能源技术的转化应用

可再生能源比化石燃料具备成本优势。科罗拉多州的 Xcel 公司选择公共事业级的太阳能与风能项目主要就是出于价格的考量。MidAmerican Energy Company 2013 年 12 月向西门子公司订购了世界上最大的陆上风力涡轮，就是看好新增的风电农场对爱荷华州经济的积极影响。2014 年 1 月，明尼苏达州的一个行政法官裁定光伏发电是 Xcel Energy2017 年所需的 150 兆瓦电力成本最低的方案。

在过去十年间，清洁能源技术的成本持续下降，特别是风电与太阳能发电成本不断下降。投资者可以用更少的资金为相同装机容量的发电项目提供融资。此外，2017 年特朗普上任后，松绑电厂的排放规定，也未明显影响清洁能源投资的增长态势。2017 年全球清洁能源投资总额 3335 亿美元，美国境内清洁能源总投资额为 569 亿美元，占全球总额的 17.1%。位居世界第二，投资增幅较前年提高 1%。

清洁能源技术进一步降低了使用成本也为大规模应用提供了条件，美国能源部为提高能源利用效率，对能源研究、开发和示范的投资从 2008 年的 3.79 亿美元增加到 2016 年的 7.39 亿美元。风电，地热发电以及水电将一直扮演重要角色，但光伏发电的低廉成本以及民用普及性使其更易成为政府，投资者，企业以及家庭用户采纳的方式。

光伏电池板的成本在 2008 年到 2012 年间下降了 80%，而风电的成本仅降低了 43%。在美国如 Bestbuy，Homedepot 这些大型零售店都可以买到光伏电池板。2013 年，宜家宣布要在其英国的各店出售光伏电池板。

此外，如沃尔玛 Costco 这些大型零售企业也在店里安装了光伏发电装备。谷歌 2014 年签下 407 兆瓦风电项目为其爱荷华数据中心供电。苹果也积极转向可再生能源，其园区以及数据中心用电 94% 来自可再生能源发电。这些大型零售企业都意识到投资可再生能源将降低他们的能源使用成本并可以把资源分配到其他经营环节。

新房屋建设也在采用清洁能源技术。房地产企业 Shea Homes 与太阳能企业 SolarCity 在 2012 年在亚利桑那、加利福尼亚以及佛罗里达等州合作建设销售了 1000 多户光伏节能住宅。得克萨斯州的达拉斯福特华斯的两个社区的新建房屋将预置太阳能电池板。在对光伏发电需求逐渐增长的现在，太阳能电池板将成为诸多建造企业建房的标配。尽管光伏发电要进入低收入家庭仍需时日，但太阳能发电已经在美国的中产阶级家庭中逐渐普及。美国进步中心（Center for American Progress）对亚利桑那州、加州、新泽西州、马里兰州、马萨诸塞州以及纽约州太阳能技术在当地家庭中的安装情况进行调查后发现，除了马里兰州，屋顶太阳能电池板已经在家庭收入 4 万到 9 万美元的美国中等收入家庭中快速普及。奥巴马总统在 2015 年国情咨文中就提到，美国目前“每三个周上线的太阳能项目总量等于 2008 年全年上线的总量。”

太阳能租赁项目是太阳能技术在中产阶级家庭普及的重要推手。租赁服务让家庭从如 Sunrun、SolarCity 这些光伏系统提供商处租借光伏组件。目前美国 14 个州实行光伏租赁项目，加州、亚利桑那州以及科罗拉多三个州 70% 的住宅都提供光伏系统租赁服务。

“光伏贷”（Solarloan）是最近两年新出现的新型金融产品，为需要购买屋顶太阳能系统的住户提供一种融资方案。这种新兴起的融资模式为光伏系统的推广普及将起到积极推动作用。住宅光伏系统成为太阳能光伏发电增长最快的市场。据美国太阳能产业协会（Solar Energy Industries Association）报告显示，2015 年住宅光伏系统新增 2 吉瓦，比 2014 年增长了 66%。

太阳能投资税收抵免于 2017 年到期，太阳能光伏装机在 2017 年有所下降，2017 年美国太阳能发电比 2016 年减少了 4.6 千兆瓦，根据 2017 年美国太阳能市场报告回顾，2017 年安装了 10.6 千兆瓦太阳能装机，与 2016 年 15.2 千兆瓦装机规模相比，减少了 30%。太阳能电池和模块的关税将持续四年，到 2020 年达到 15%。2018 年 1 月，特朗普签署了一项行政命令，该命令要求对进口太阳能电池板和组件征收 30% 的税。GTM Research 的研究显示，朗普政府的关税和税收改革以及太阳能投资税收抵免的淘汰，将增加为美国房主和公用事业安装太阳能电池板的成本。[①]

可再生能源日益成为价廉节能的能源形式，受到美国家庭、产业以及商业用户的欢迎。太阳能与风能产业强大的制造、安装以及调试运营能力让美国在全球同行处于领先位置。

四、清洁能源的金融工具

清洁能源项目的融资成本很高，美国清洁能源投资市场的发展离不开金融工具的创新。通过捆绑资产或债务来降低资金成本。具体形式包括资产证券化，光伏电站资产证券化（YieldCo）以及房地产投资信托（REIT）。通过长期、低风险的收购合同捆绑一些类似的资产或者把资产证券化，从而形成一种新的资产种类。这些金融工具把流动性不强的金融资产转化成可交易的商品，发行小额股份。从而降低了清洁能源领域的投资门槛，并在私有基金与公共资本市场之外开拓新的资金来源。

这些金融工具为投资者带来可观的回报以及多元化投资组合，所以很受美国投资者欢迎。

证券化让企业把光伏租赁协议或者电力购买协议中规定的现金流，经过一定的结构安排打包成组合，转化成标准化可交易的证券对投资者发行。最典型的案例就是 SolarCity。光伏系统租赁公司 SolarCity 把 5000 户住宅以及商用光伏租赁协议打包转化成证券交易，成功募集 5442 万美元，成为全球首例光伏资产证券化产品。SolarCity 把本次销售的收益投资到其他资产中，充分体现了证券化对筹资的有效性。截至 2016 年 3 月，SolarCity 完成了分布式太阳能购电协议和租赁资产共 6 次证券化交易。

创新的融资模式的助力让 SolarCity 的分布式市场份额从 2012 年的 12% 增长到 2017 年上半年的 32%，市场份额排名为美国第一。

（一）光伏电站资产证券化

光伏电站资产证券化是能源公司通过捆绑有固定长期购电协议的现有发电站资产和发电项目，形成子公司在证交所上市，获得较为廉价的股权

---

① http：//instituteforenergyresearch.org/analysis/u-s-solar-installations-2017/.

融资。在美国清洁能源领域很受追捧。

美国电力企业 NRG2013 年启动了 NRG Yield，出售 1.3 千兆瓦的发电资产组合，成为美国首个兼容太阳能与风能的 YieldCo。自此，YieldCo 完成了在新能源领域的首秀。美国太阳能服务商 SunEdison2014 年启动首个纯光伏 YieldCo，成功募集 2.5 亿美金。SunEdison 以较低的成本为个人以及机构投资者提供稳定可靠的现金流，YieldCo 内部收益率预计为每年 6% 甚至更高，所以同时为公司带来更高的收益。

2015 年，SunEdison 的亏损以及 10 多家美国太阳能服务商搁置其 YieldCo 计划，让最近几年广受追捧的可再生能源开发商常见的低成本募资方式 YieldCo 模式受到很大质疑。然而，2018 年，可再生能源开发商开始将 YieldCo 股权出售给主要业务是能源基础设施的公司和基金，这显示 YieldCo 模式有重获认同的迹象。①

（二）固定资产信托项目

与 YieldCo 相似，固定资产信托项目把资产捆绑，转化成小份额股份卖给投资者，但 REITs 目前只见于地产与化石能源产业。REITs 不用交纳企业所得税，因此有助于降低融资成本。不过，大多清洁能源项目不具备受信托项目设计所支持的“不动产”资质。但美国联邦税务局通常是以个案为基础审批清洁能源信托项目。最具代表性的清洁能源不动产信托产品是 Hannon Armstrong 可持续基础设施资本（Hannon Armstrong Sustainable Infrastructure Capital），这家公司创立于 2013 年。2014 年 5 月联邦税务局新出台的法规草案进一步界定了固定资产信托项目支持的资产标准，但是否能大幅促进符合信托项目要求的清洁能源设施尚不明朗。②因为目前 Hannon Armstrong 仍是专注于清洁能源的唯一的信托公司，投资了 170 余个清洁能源项目，资产规模达到 1200 万美元。

（三）节能绩效合同

美国的清洁能源投资增长的另一个形式是节能绩效合同（energy savings performance contracts）。节能绩效合同是公共机构与能源服务商合资，支

---

① https：//www.greentechmedia.com/articles/read/one-week-three-yieldco-deals.

② 根据法规要求，信托项目支持的资产仅限于光伏系统的固定组件，所以公共事业级的太阳能项目资产不符合要求。

持政府机构通过节省的能源来融资能效升级，这样可以避免前期成本实现能源的节约。清洁能源领域的节能绩效合同并不是新事物，但现在越来越多地在联邦政府层面得到使用。2011 年奥巴马总统曾要求联邦政府各机构在 2013 年前向节能绩效合同投入 20 亿美元。联邦机构构建了价值 23 亿美元的项目，重点升级联邦政府行政楼内的节能性能。奥巴马在 2013 年把这一节能增效行动延长至 2016 年。2012 年到 2017 年，联邦能源管理项目（federal energy management program，FEMP）对节能绩效合同（energy savings performance contracts，ESPC）的投资超过了 40 亿美元，用于能源和水资源以及基础设施领域。

截至 2017 年 5 月，共签订 340 个节能绩效合同。这将为联邦政府在未来的 18 年节省 80 亿美元用于新设备维护、可再生能源以及基础设施升级。

清洁能源领域出现的多种金融工具降低了融资成本，降低了投资风险，让投资者能得到稳定的回报。随着这些金融工具被充分开发利用，融资成本将进一步降低，会让清洁能源技术的应用更具经济性，也将进一步刺激清洁能源领域的投资热情。

参考文献

[1]（Climate Action）. "Investment in clean energy hit $333 billion last year" .17 January, 2018.http：//www.climateactionprogramme.org/news/investment-in-clean-energy-hit-333-billion-last-year.

[2]（Environmental Protection Agency，EPA）. "Endangerment and Cause or Contribute Findings for Greenhouse Gases under Section 202（a）of the Clean Air Act" .

[3]（Environmental Protection Agency，EPA）"EPA to Review the Clean Power Plan Under PresidentTrump' sExecutiveOrder" .28March，2017. https：//www.epa.gov/newsreleases/epa-review-clean-power-plan-under-president-trumps-executive-order.

[4]（Energy Information Administration，EIA）California State Energy Profile .19 October, 2017.https：//www.eia.gov/state/print.php?sid=CA.

[5]（Energy Information Administration，EIA）California plans to reduce greenhouse gas emissions 40% by 2030. 2 February，2018.https：//www.eia.gov/todayinenergy/detail.php?id=34792.

[6] Allison Jones. "Ontario signs agreement to join Quebec-California carbon market in 2018" . GlobalandMail.22September，2017. https：//www.theglobeandmail.com/report-on-

business/industry–news/energy–and–resources/ontario–signs–agreement–to–join–quebec–california–carbon–market–in–2018/article36368063/.

[7] Konrad, Tom. "One Week, Three YieldCo Deals. Are More Buyouts on the Horizon?" Greentechmedia.13Februar, 2018. https: //www.greentechmedia.com/articles/read/one–week–three–yieldco–deals.

[8] http: //instituteforenergyresearch.org/analysis/u–s–solar–installations–2017/.

第十章 二十国集团主要国家气候与环境科技发展研究

张世龙 崔淑炜 王隆浩

【摘要】环境气候相关科技在国际范围内迅猛发展，在日益受到政府、社会、市场等多方面重视的同时，也承接了更高的要求与期望，二十国集团在气候与环境科技领域中正呈现出相互交织又各具特色的发展趋势。本文依次就全球气候与环境科技发展趋势、各主要国家气候与环境科技发展情况、全球气候与环境科技转移及资金流动状况、中国在该领域的发展及未来前途做简要梳理与总结，在国内外先行研究的基础上总览领域动态，探讨未来方向。

【关键词】气候与环境；科技；二十国集团；经济

一、引言

气候变化问题已日益成为制约人类文明发展的重要阻碍，温室效应带来的全球平均气温和海温升高，大范围积雪和冰融化，将对人类的生产生活产生重大影响。如何遏止气候变化对我们自身带来的负面影响，已经成为国际合作中的首要议题之一。通过绵延多年的气候谈判，国际达成了包括《京都议定书》《巴黎协定》等一系列成果，全球目前正在框架下，通过行政监督、技术促进等多种手段，不断推动经济转型以实现可持续发展。而在这一系列手段中，环境科技显然占有重要地位，其直接推动了环保产业的产生和发展，在为环境保护课题提供了理论支持与技术保障的基础上，更是使环保从政府行为扩展至市场行为、社会行为。可以预见的是，未来全球应对气候变化的进程中，环境科技将进一步发挥主体效用。

另一方面，G20 作为全球范围内极具代表性的非正式对话机制，其在经济政治、节能环保等诸多领域都发挥了重要的作用，集团 GDP 占全球总量的 85%，贸易总额则占到 8 成以上，与此相应，集团碳排放量也占到了全球的 80% 左右。①这要求二十国集团在全球经济向低碳经济转型进程中发挥领导作用。本文将在二十国集团的框架下，比较讨论主要国家气候与环境科技发展现状及未来趋势。

二、全球气候与环境科技发展的趋势

1. 全球气候变化趋势及特点

未来中长期全球气候变化可能延续呈现整体变暖、局部降温的趋势。全球平均气温升高、冰面融化的进程在短时间内仍是不可逆的，从全球平均海平面上升的观测中可以看出气候系统变暖明显，已观测到的积雪和海冰面积减少也与变暖相一致，而对气候的预估结果同时显示，全球变暖并不是意味着每个地区都普遍升温，不排除某些区域会出现降温。

先行研究显示，②全球气候变化呈现出以下四大特点：全球变暖与温室效应正向相关且相互作用；区域气候更加复杂，极端气候此起彼伏；气候变化具有空间与时间上不平衡的特点；气候变化可能呈现稳定性与突变性并存的特点。不难看出，未来气候变化趋势严峻性与复杂性并存，这对国际社会的妥善应对提出了更高的要求，如何从环境科技层面入手，于防治与修复等多个角度求全人类福祉，是今后一个时期气候问题应对中的重要课题。

2. 全球环境科技发展趋势

在上述全球环境科技的发展背景下，环境科技及下游环保产业在国际范围内展现出迅猛的发展势头。各国环境科技发展既要为传统污染物减排与环境质量改善提供技术支撑，又面临着国际绿色技术快速发展的挑战，同时还肩负着优化经济增长模式的重任，在这样的供需竞争局面下，全球环境科技发展日益受到政府、社会、市场等多个层面的重视，研发资源在

① 从棕色到绿色——二十国集团向低碳经济的转型，气候透明组织，2017.

② 程春华 . 未来中长期全球气候变化趋势：影响及应对 . 和平与发展 2012 年第 4 期，2012.8.

投向传统污染物排放控制领域的同时，还同步进出于温室气体减排、生态工业、生态农业和绿色人居等新兴领域。以循环经济、低碳社会为发展导向的环境政策，正进一步引导环境科技在各细分领域内大踏步发展。

参考先行研究，这些细分领域可以包括生态修复、水污染控制、大气污染控制、土壤污染控制、环境健康与风险控制、海洋环境污染、环保产业、全球环境履约、循环经济等九个子领域，[①] 全球环境科技正迅速完成对以上子领域的覆盖，主要国家间的技术竞争也同样在其中如火如荼。可以预见的是，在未来一段时间内，环境科技将始终紧随基础科技发展与全球经济发展的步伐，在不断夯实既有关注领域技术基底的同时，开拓和摸索出更多有益于环境保护事业的新技术乃至新学科，有效遏制气候变化的脚步，实现生态文明的同步发展。

梳理全球环境科技发展的现状与趋势，我们可以称之为机遇与挑战并存。一方面环境科技的发展还处于上升阶段，随着气候变化趋势日益显著，在诸多子领域内均存在有技术空白，而良性的环境政策对环保产业则是提供了莫大的基础性支持，资源正不断向环保领域倾斜。

以污染物去除为目标的末端治理模式正转变为清洁生产、循环经济引领的资源化、能源化模式。这表现为生活、工业和农业废弃物作或作为不同产业链条中的原料加以利用，或通过先进的生物、物理、化学、材料等技术转化为有用产品；在填补能源需求缺口的问题上，将目光更多地投向清洁能源，以明确的时间表代替口头承诺以宣示“去传统能源”的决心；在关乎民众生活方方面面，“新能源”“低碳”的冠词正成为市场的崭新增长点。

生态健康与人类健康在重要性上逐步呈现对等态势。从生物、生态、化学、工程等多维视角，全面揭示污染物对生态系统中敏感生物和生物群落的作用机制，正进一步奠定保障生态健康的科学基础。而未来的环境污染控制和治理将越来越多地依靠自然与生态学手段，生物操纵、人工湿地等将在应用实践中取得新的原理和技术突破。与此同时，随着认识和测试水平的不断提升，污染导致的健康风险逐渐被揭示，在研究环境污染对人

① 袁立科，韩秋明，谢飞，尹志欣．我国环境领域技术处于怎样的水平———来自环境领域技术竞争调查的经验证据．科技进步与对策第 33 卷第 24 期，2016 年 12 月．

类健康影响的层面，将呈现出更多、更复杂的科技需求，环境毒理作为健康评估的重要手段，正得到快速发展和广泛利用。

在“互联网 +”、大数据等新技术支撑下，“智能家居”式的生态监测和治理正逐渐成为可能。依托互联网技术的飞速发展，未来的环保事业将摆脱现有环境讯息碎片化、局地化、滞后化的困境，污染预警与风险评估将更具时效性，而污染治理将愈加有的放矢，对症下药。

而另一方面，环境科技作为产业乃至国家层面的技术支撑，很大程度上受到国际环境政策风向变化的影响，而传统工业联盟、能源巨头、下游各类企业在环境科技落地方面，不可避免地要就成本与收益做相应核算，由此产生的壁垒、角力将直接影响环境科技的进一步发展。

2017 年，特朗普政府宣布退出《巴黎协定》并取消“清洁电力计划”，这一举措即为美国新能源技术发展蒙上了一层厚重的阴影，进而影响到全球对于新能源产业的信心。目光转向国内，同年环保部组织完成了上一年度各省、自治区、直辖市和八家中央企业主要污染物总量减排核查工作，并对《“十二五”主要污染物总量减排目标责任书》年度落实情况进行了检查。经核实，仍有部分地方和企业在总量减排工作中存在突出问题，对脱硫设施不正常运行、监测数据弄虚作假的河北钢铁集团等 15 家企业挂牌督办，责令限期整改。

由此可见，在未来一段时间内，环境科技将继续生存于政策风口的变幻之中，而克服成本约束实现落地，进而实现产学研一体化发展，更将是其今后所要面临的直接挑战。

三、各主要国家气候与环境科技发展情况及特点

面对全球气候变化形势的复杂多样，各主要国家在发展环境科技的道路上采取了各具特色的应对态度与措施，以下将分别对欧盟、美国、中国和澳大利亚的气候与环境科技发展情况及特点进行梳理。

1. 欧盟

联合国相关统计机构显示，从 2006 年至 2015 年期间，全球的年平均近地表温度一直高于前工业时代的平均水平，而在这期间，欧洲大陆的地

表温度上升幅度达到了 1.5℃。从 2003 年开始，欧盟地区已经经历了多次夏季热浪和冬季冰雹等极端天气，导致死亡率迅速上升，经济发展极度受损，农业随之减产。近年来受全球气候变暖的影响，欧洲北部地区大部分地区供暖的能源需求不断减少，但是南部地区制冷的能源需求持续上升。面对气候变化带来的诸多不利影响，欧盟率先进行了环境科技的基础研发与技术开发工作，早于其他发达国家形成了自己的减排目标与气候政策，比如“欧盟环境科技行动计划”“欧盟研究与技术开发框架计划”和“国家提高能源效率行动计划”等，从事气候变化方面的科技创新与研发活动。欧盟在气候与环境科技研发方面的投入资金数额比重巨大，欧盟委员会还设立了各种基金，丰富筹资渠道和投资种类，大力促进环境科技创新与发展。2016 年环境科技行动计划的报告显示，欧盟在生物、节水、风能、材料等领域取得了重大的环保科技进步，建立了 30 多项气候与环境科技研发平台。从 2004 年开始，欧盟在环境科技领域的投资至少已经达到了 14 亿欧元。

在二十国集团发布的 2017 年各成员国向低碳经济模式转化的年度报告中显示，欧盟的 GDP 总数占全球总份额的 16%，人均温室气体排放量略低于二十国集团的平均水平。在巴黎协定成立之后，欧盟继续致力于实现巴黎气候大会提出的减排目标，递交了批准书并承诺将实现从 1990 年到 2030 年间减排总量至少达到 40% 的计划。基于 2016 年初始数据测算，欧盟在 2016 年的温室气体排放量低于 1990 年的总量，统计显示的数据是 23% 左右，这其中包括国际航空领域，但是不包括土地使用变化和森林覆盖。欧盟实现减排目标很大程度上要归功于其对于环境科技的重视，同时，欧盟还非常重视新技术的转化和吸收，通过建立排放交易机制、发放能效标签和绿色证书等方式，鼓励高耗能企业使用低碳减排技术，间接促进科技研发应用于实际。例如，英国大力推广高效的低碳技术，德国出台气候保护高技术战略等。

为应对气候变化所带来的影响，欧盟已经制定出详细的科技研发路线图，投入大量资金将其付诸实践，并与经济发展相结合，走在了世界各国的前列。但是，由于欧洲地形地势和资源特点的影响，欧盟依然面临着诸如冰川融化、能源利用等严峻影响到气候与环境的挑战，在二十国集团

2017年的低碳经济转型年度报告中，指出欧盟的人均温室气体排放量和人均能源使用量依然相对较高，并且相关领域的专家认为欧盟的气候政策执行表现一般，欧盟内部的一些成员国对于实现各自的减排目标的态度愈加消极懈怠。近几年，欧盟颁布的一些气候环境政策力度不足以把上升的全球气温控制在2℃或1.5℃以下。美国在宣布退出巴黎协定后，欧盟可以借助其相对领先和成熟的环境科技，与二十国集团的其他成员进行合作，在应对气候变化与环境问题上实现进一步的突破与进步。

2. 美国

美国是世界上的发达国家之一，碳排放量也位居世界前列，在二十国集团中是人均温室气体排放量和人均能源使用量最高的国家，其应对气候变化的举措备受关注。尽管美国在布什任职期间退出《京都议定书》，不愿意承担温室气体减排的义务，但是实际上也较早的关注了气候变化问题，非常重视相关的科技研究。2002年，美国设立了“气候变化科学计划”和“气候变化技术计划”，旨在提升气候变化的预测水平，为相关研究的开展提供科学依据，并且研究应对气候变化的有关技术，尤其是清洁能源技术和碳吸收技术。奥巴马上任之后，开始大力发展清洁能源产业，加大了应对气候变化的力度，当时一个显著特点是政府鼓励民间资本投向气候变化相关的研发，如组建公私合营企业探索清洁煤技术的商业化模式。自2017年特朗普政府上任以来，美国消极地履行实现全球减排目标上的义务，宣布退出《巴黎协定》，并在美国的国家政策上出台了一系列有利于传统重工业发展而不利于环境科技研发的措施，比如特朗普政府大幅度减少在气候与环境科技研发上的资金预算，撤销奥巴马政府时期的气候变化政策，推动煤炭行业和油漆开采业就业等。

虽然美国在气候变化问题上逐渐持有怀疑和消极的态度，但是在环境科技领域美国依然存在世界最大的单一市场，走在气候与环境科技产品研发和服务的前沿。截至2015年，全球环境科技商品和服务市场的资金高达1.05万亿美元，其中美国占据着三分之一的份额，环境科技企业的出口价值总额达到了478亿美元；2016年，美国的环境科技产品交易收入接近3300亿美元，创造了大约160万个就业岗位。

美国商务部发布的2017年美国环境科技市场报告中，环境科技的应用领域主要分为三大类：水、大气和土壤。2017 年美国的环境技术研发在这三个领域取得了显著的进步，比如，在水资源领域，美国的智能水科技由于受到水价、水资源利用率、水资源保护与流失的影响，在 2017 年应运而生。智能水技术是一个包括自动监测和计量的系统，其“智能”组件包括一套自动化监控技术，这些技术被连接到人机结合的控制网络中。目前，美国的环境科技市场发展面临的主要挑战在于资源稀缺和相应的资源利用效率的要求。环境资源是生产工业产品过程中不可分割的一部分，其价值的创造又需要科技的更新换代。但是特朗普政府在应对气候变化问题上的预算减少可能会成为环境科技未来发展的阻力。

3. 中国

从国际上看，发达国家在气候与环境科技领域具有明显的优势，几乎 90% 以上应对气候变化的技术都掌握在发达国家手里。近年来，中国加大了气候变化技术的科研，公布了《中国应对气候变化专项行动》，重点研究节能和提高能效技术、可再生能源和新能源技术、先进核能技术、二氧化碳捕集与封存技术、生物固碳技术和固碳工程技术、农业和土地利用方式控制温室气体排放技术等，并发布《应对气候变化国家方案》，提出加强技术研发和制度创新，建立有利于减缓温室气体排放的能源技术发展和创新体系。通过努力，中国的技术水平已经有了很大的提升，绿色能源技术方面已经领跑全球，在清洁能源技术的许多方面，如风力发电、太阳能、电动汽车和燃料电池等都超过了美国。

在 2017 年度中国应对气候变化的政策与行动报告中，政府继续强化科技支撑，加快低碳技术研发应用，科技部、环境保护部和中国气象局联合制定并发布《应对气候变化领域“十三五”科技创新专项规划》，以上均可以看出中国政府对于气候与环境科技创新发展十分重视，国家积极出台地各项政策助推了中国的环境科技市场的发展，增加了对环境科技产品与服务的需求，因此使中国一跃成了增长速度最快的新兴市场，环境科技产品与服务的总体价值大约是 607 亿美元，在 2015 年的环境科技市场报告中位居首位。

虽然中国的气候与环境科技取得累累硕果，但是却依然存在着一些重要的问题和挑战。环境科技市场的知识产权体系不健全，这不仅会影响部门及企业的环境技术革新的动力，还会影响到外国在中国或者中国在外国的环境科技投资与市场经营。中国权威机构对于环境科技创新成品的复杂流程也间接阻碍到环境科技的长足有效发展，引入新颖的技术工艺往往需要相关企业单位通过建立示范项目来证明创新出的环境科技产品或服务的有效性，在此之后才能够逐步推广应用。另一方面，在温室气体减排成为环境科技必须面对和全力解决的重大任务的同时，环境污染对人类健康的影响机制和风险控制也成了环境科技需要着手解决的重大难题之一。随着认识和测试水平的不断提升，环境污染导致的健康风险被逐渐揭示，这也向科技提出了更多、更复杂的要求。虽然已经确定了少量化学物质的毒性，但是绝大部分进入环境以及过程衍生物的毒性并不清楚，环境污染对人类健康的制度过程和作用机制更是知之甚少，这就更需要中国政府有关部门以及企业加大环境监测与治理科技的研发力度，加快创新步伐，同时在“互联网 +”、大数据等新技术支撑下构建多元的环境信息传输网络等环境数据融合和处理系统，更加准确和高效地进行污染预警、质量监报和风险管理。

4. 澳大利亚

据二十国集团的各成员国低碳经济转型报告显示，澳大利亚的煤炭等化石燃料使用量在二十国集团中排名第五位，而且政府正在继续补贴化石燃料的开采和消耗，但是对可再生能源的投资却位居前列。2016 年，澳大利亚在可再生能源领域的投资创造出新纪录。这表明澳大利亚对于实现节能减排的目标态度积极，但是能源结构以及技术支持依然需要进一步地改善与提升。清洁能源技术创新对于澳大利亚保持经济平稳增长的同时又实现在巴黎协定中的承诺的碳减排目标至关重要，也是实现能源结构转化的关键因素。这些环境科技包括像可再生能源的存储、能源利用率、电力机车、太阳能、碳捕获与存储等低排放技术和最近新出现的高效能、低排放的热能科技等。澳大利亚在 2017 年 6 月 2 日出台了一项 CSIRO 低排放技术路线图，旨在为澳大利亚所需要的中长期环境科技创新提供指导意见。该路线图中指出，清洁能源科技创新是澳大利亚增强竞争力的主要来源，在实现碳减排目标的道路上加强环境科技创新必定会在全球低碳技术竞争中占有一席之地。

除了以上提到的路线图，澳大利亚政府还出台了《国家创新与科技议程》，以来指导未来的环境科技研发和分配。澳大利亚还是 MISSION INNOVATION 的创始国之一，这是一项吸引环境科技研发公共投资的全球项目，旨在全球共同合作实现 2020 年环境科技研发的目标。澳大利亚参与创建与运营此项目有助于国内的环境科技研究人员与国际接轨，获得全球投资，提升科技创新的效率与热情。

四、全球气候与环境科技的转移情况与资金流动状况

各国环境科技的发展与优劣可以提供分析现实情况的基础，而要更加完整地了解最近几年世界范围环境科技的发展情况，一个全面、全球性的观察尤为重要，本章将以科技为切入，以具体的资金投入、流动情况作为支撑，尝试概括当今全球环境科技的状况。

1. 环境科技发展与转移

环境科技的发展有大大小小无数个方面，但究其根本，无非取决于人类基础设施的能源来源与排放方式革新。因此，完成低排放，适应气候变化的科技进步将需要对我们的基础设施系统进行前所未有的转变。

人类科技发展至今，大多数现有能源和交通基础设施的设计和建造都是基于廉价和丰富的化石燃料，这促进如今许多地区的经济增长，但也同时产生了大量的温室气体排放。大约 60% 的温室气体排放量都来自现有的基础设施（NCE，2016；IPCC，2014）。为了使全球年平均增温保持在 2 摄氏度以下，巴黎协定规定，在 2050 年前，需要达到温室气体人为活动排放与自然吸收量的平和，以便在 21 世纪下半叶实现温室气体净排放为零。在很多情况下，考虑到一些难以脱碳的行业难以消除，将投资尤其是基础设施发展转向低排放乃至零排放的方案至关重要。

这一点对 G20 国家来说更为明显，除了产生 80% 以上的能源相关二氧化碳排放（IEA，2016a），G20 国家的基础设施投资也占全球的三分之二左右。2016 年至 2030 年期间这个比值更将增加至 75%（Pardee Center）。G20 国家的选择对于缓解全球气候的作用不言自明。向低碳排放过渡所需的基础设施也是实现联合国可持续发展目标的内在条件之一。

表 10-1　各国在环境科技方面的策略与科技创新

领域	策略	基础设施需求		对应技术发展
交通	降低汽车碳排放量	客运	电动汽车与氢能源汽车的相关设施	电动汽车
			智能交通系统	更加先进的生物石油与生物动力技术
			智能电网	氢能源飞机
	向更加高效的交通工具转型		步行、骑行设施	
			公共快速交通系统（轻轨、地铁、快速公交等）	
	尽可能减少高碳排放工具的使用	货运	辐射型铁路网	货运载具电动化
				农产品运输的生物能源、氢能源技术
能源	能源产业脱碳	能源电力生产	可再生能源（风力、光伏、热能、水力）	海浪能、地热能相关技术
			智能电网	能源贮存（地热循环、天然气、电池技术）
			二氧化碳运输储存相关设施	碳捕获与储存（CCS）大规模应用
	终端电子化	建筑设施	增强储存能力	零耗能建筑
	能源效率		增建高效率设施	钢铁与水泥替代物
			热力供应	
土地利用	碳固存	负排放	二氧化碳运输与储藏设施	碳捕获与储存设施
				直接空气捕获与储存
				生物大规模碳捕获与储存设施
	减少食物生产中碳排放			生物炭
				海洋碳库
		农业	退化土地还耕	提高产量研究
				农业技术革新

2. 能源产业科技发展与转移

能源生产和使用过程中所产生的温室气体约占所有人为温室气体排放量的三分之二，主要是化石燃料燃烧产生的二氧化碳（IEA，2017）。创建低排放路径需要基础设施的根本变化，不仅要减少能源供应中产生的碳密集程度，还要减少能源密集型活动并减少交通，建筑和工业中的能源消耗。其中主要的科技需求正如上表所示。能源生产转型的关键是电力生产的脱碳化，包括淘汰低效的煤炭发电厂和煤炭来源、可再生能源的广泛部署、进一步发展核电，以及新晋的二氧化碳负排放技术（NET），如生物能源与碳捕获和储存（BECCS）。以欧盟为首的G20国家也正在寻求这方面科技发展的未来方向，并通过其他成员国向世界呼吁能源产业变革将带来的巨大进步，而发展中国家也尽其所能地接受着这些技术，努力在相关方面有所转型（IEA，2017）。同时，在需求侧方面，减少运输和建筑中的能源使用将是关键。

2013年，G20国家的建筑行业能源碳排放占总二氧化碳排放量的9%。这说明最近以来建筑能效的提高并不足以抵消人口增长，能源密集型设备和建筑供暖和制冷所带来的能源需求大幅增长（IEA，2016c）。尽管现在我们已经有足够的技术来减少建筑在建造与使用中产生的碳排放，但在发展中和新兴经济体中，随着城市扩张，建筑部门仍集中于以拆旧盖新而非对已有建筑进行升级改造。因此，对其而言，在初期的建设中整合能效原则比对现有建筑的改造研究更加重要。与此相反，在发达经济体的国家中，75%~90%的建筑将存留使用到21世纪中期。这些建筑大部分不是按照当今能源效率法规的标准建造的，也不受最新节能技术的影响；因此，对这些建筑的改造是发达国家环境科技的一个重要方面（IEA，2017）。这两个截然不同的发展方向恰恰也能相互补足：由欧美日等发达国家将其对建筑方面的环保尖端科技通过外包或者授权交移如今正改天换地般实施建设的新兴经济体，同时这些国家将最新的建设实践经验与教训带给发达国家，让其能更快捷方便地完成对保有建筑的升级改造。

3. 交通系统科技发展

交通运输产生的全球二氧化碳排放量约占全球的23%，是全球增长最快的资源。如果不采取进一步的政策行动，到2050年运输的二氧化碳排放量可能会翻一番（OECD/ITF，2017）。减少交通排放不仅对低碳转型至关重要，更可以减少空气污染和交通拥堵。必要的策略将取决于每个国家的情况，例如每个城市如何根据当前车辆保有量以及现有交通设施更好地统筹安排控制碳排放，以及如何利用未来的城市规划来减少对个人车辆的需求（OECD，2015a）。目前各国主要采取的措施有三个方面：避免不必要的车辆出行，并减少对机动交通运输总量的需求；推动向低排放甚至零运输方式转变；并提高燃料和车辆技术的碳强度和能源效率，而最近取得了重大进展，特别是以最近市场上的电池和燃料电池能源汽车的飞速发展带动的节能减排运动。

4. 土地利用科技发展

如今，农业林业与土地使用已占据着全球人为温室气体排放的25%，其中主要是森林砍伐（占总排放量的9%~10%）和农业（10%~12%，主要是甲烷和二氧化氮排放）(政府间气候变化专门委员会，2014)。在一些国家比例更高，例如：印度尼西亚48%、巴西46%、阿根廷31%和澳大利亚27%的温室气体排放均来自农业与林业（FAO）。

创新是低排放，改善气候环境的土地利用战略的核心。尽管甲烷（CH_4）和一氧化二氮（N_2O）的农业排放量是公认的难以减少，但技术创新提供了新的可能。这包括提高作物和牲畜的生产力（例如开发适应当地危害并抑制氮氧化物生成的作物品种）、更有效的肥料使用方法、更科学土壤管理以及减少反刍动物、稻田和粪肥管理产生的甲烷排放的技术（Delgado等，2015年）。各个国家，尤其是畜牧种植业规模较大的国家，都在寻求新的方法，相互学习与借鉴。

5. 全球资金流动情况

无论是观察目前环境科技的转移情况，还是寻找未来全球环保技术的发展方向，资金的流动都是一个关键的指标。

首先，关注全球气候与环境的相关资金流动，必须关注两个指标，一个是每个地区与国家的总金额，而另一个则是其资金投入在减缓性与适应性措施的不同比重。总金额的重要性自不必说，这是决定一个国家、一个地区能在多大程度上解决温室效应等环境问题的关键，而第二个指标的概念也是展示其资金使用情况的风向标。这两个概念是自1992年《联合国气候变化框架公约》提出后正式确立起来的，区别在于减缓性措施是国家或地区主动减少其温室气体排放，继而减缓阻止温室效应发生的行为，而适应性措施则是为了减少温室效应对自己生产生活所造成影响而采取的方法。长远来看，对全球的温室效应解决而言，减缓性措施比适应性措施更具效用，但对于一个经济体而言，保证不受环境变化从而更好更快地发展，也就是适应性措施的使用，也是为了保证未来能更好地投资环保科技、发展环保技术的前提条件。所以，关注当前环境科技资金的流动也需要我们能够区分这两者，仔细分析。

整体来看，世界范围内，在2014至2015年间，亚洲获得了近一半（46%或195亿美元）的气候相关发展投资。这些投资中有三分之二着重于减缓。虽然欧洲在总比重中所占的份额很小（12%），但它在仅着重减缓（74%）的活动中份额最高。对非洲的投资总计为110亿美元（26%），其中约有一半（51%）只关注缓解性措施，而只有三分之一（35%）仅针对适应性措施。在大洋洲，适应的重点是最大的，50%的承诺只侧重于适应，9%适用于适应和减缓。这也能清楚地反映出最近几年各国在环保方面所做努力的侧重，解释了以及之前提到的减缓与适应比重不同的原因：发达国家有更多的精力来直接应对解决温室效应等环境问题，尽管其发展速度放缓，而发展中国家虽然发展更快，可投入资金更多，却需要拿出更多的资金来维持其经济社会发展所需的环境，而不是着手解决温室效应。

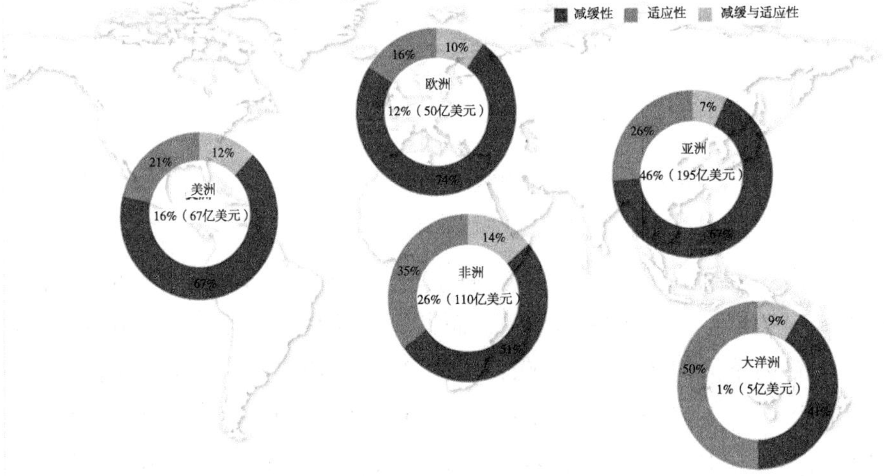

图10-1 2010-2015年五大洲气候相关资金流动情况①

注：图例自左至右分别为：减缓性、适应性、减缓与适应性

① Climate-Related Development Finance 2016.OECD.

从主要板块来看，在2014至2015年间，能源产业投资量（135亿美元）与占比幅度（29%）最大，紧接着是交通、农业、林业、渔业。在能源与交通产业之中，减缓性措施是气候相关发展投资的重中之重，而在其他产业中，适应性措施比重更大，这也充分说明了当前各国所面临的问题与挑战：在未来，当能源与交通产业这两个主要问题被解决，世界应当如何在剩余的产业中继续环境科技的发展。

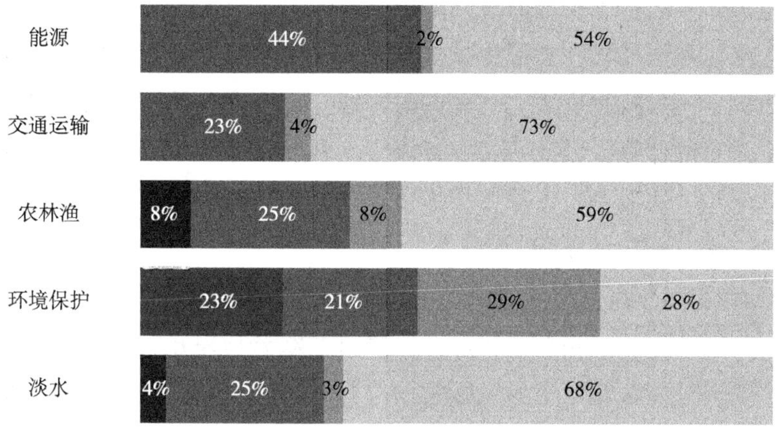

图 10-2　2014~2015 年全球相关行业资金流入情况 ①

注；图例自左至右分别为：减缓性、适应性、减缓与适应性、气候无关投入

表 10-2　气候与环境相关的资金自来源到项目实施之间对比

<table>
<tr><th>资金来源</th><th>资金管理方</th><th>资金工具</th><th>项目发起方</th><th>项目</th></tr>
<tr><td>碳税和配额拍卖</td><td>政府</td><td>Grants</td><td rowspan="6">政府、企业和家庭（发达国家和发展中国家）</td><td rowspan="3">适应</td></tr>
<tr><td>总税收</td><td rowspan="2">国家
双边与多边财政金融机构</td><td>项目债务</td></tr>
<tr><td>CDM 收费</td><td>项目层面的公平竞争</td></tr>
<tr><td>资本市场基金</td><td>商业金融机构</td><td>资产负债表融资</td><td rowspan="3">减缓</td></tr>
<tr><td>企业现金流</td><td>机构投资者</td><td rowspan="2">信用增级、风险管理</td></tr>
<tr><td>家庭收入</td><td>家庭</td></tr>
</table>

气候资金的构成目前没有广泛认可的定义，但与减缓和适应气候变化有关的资金流向已有估测。其运作机制类似于现代保险业，我们以二者共

① Climate-Related Development Finance 2016.OECD.

通的资金来源——家庭收入为例，家庭收入通过基金、项目融资等多种方式进入到管理方手中，再通过项目资金（Grants），公平竞争招标等方式进行管理，由政府、企业发起项目以达到适应性或减缓性措施的实现。这与保险公司拿到客户资金，合适管理投资，再以发包招标等形式开展项目的方式相似。

不同的资金管理方由于管理资金的方式不同，遇到的挑战也各有不同。过去十年，基础设施的民间融资方式发生了重大转变。可再生能源项目通过项目融资结构获得了更加多样化的资金来源，吸引了例如养老基金和项目债券等股权投资者。与此同时，银行也面临着种种挑战，如不良贷款和更严格的监管，因此有必要开放资金补充来源，如机构投资和资本市场。低碳转型还需要付出艰苦的努力去克服其他障碍，以调动民间资本投资于低排放、适应型的基础设施。

资金流动的另一个主要来源是双边、多边开发银行的承诺与实际投资，其中以非洲开发银行、亚洲开发银行、欧洲复兴开发银行、欧洲投资银行、美洲开发银行、世界银行集团等为主。开发银行（国家开发银行及多边开发银行）和发展金融机构为民间参与者和公共参与者搭建起了重要桥梁，协助各国踏上可持续的低碳发展路径。国家开发银行在 G20 国家中广泛存在，其中几家已着手为低排放、气候适应型的基础设施提供融资。

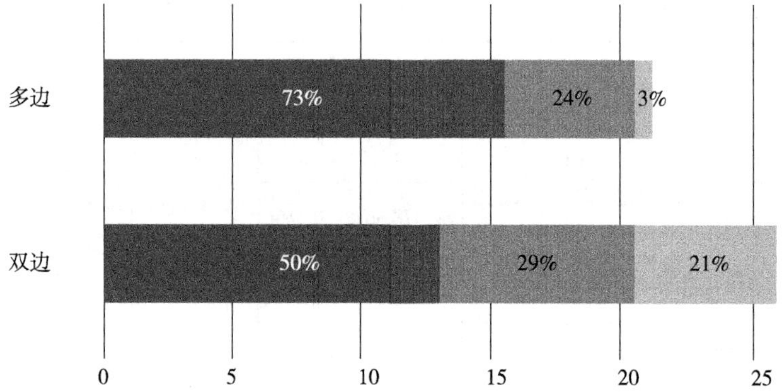

图 10-3　2014~2015 年双边、多边合作气候相关融资情况

注：图例自左至右分别为：减缓性、适应性、减缓与适应性　单位：10 亿美元

仔细考察双边与多边合作发展的情况，以 2014~2015 年的数据为参考。

多边机构承诺的气候相关资金融资为 211 亿美元，而双边为 259 亿美元。大多数多边气候相关议案（73% 或 154 亿美元）只针对减缓性措施，而对于双边提供商来说该措施仅为一半（50% 或 129 亿美元）。同样，针对适应与缓解兼顾的措施，二者差距也很明显，这也说明了双边合作中，承诺投资方更看重受投资方发展与解决问题同时进行的目标更为突出，而多边合作更加注重解决气候问题。

总的来看，全球气候环境科技的发展仍有很长的路要走，主要的能源与运输行业虽然目前是各个国家与企业大力注重的方向，但相关的核心技术距离完全商业化还有很长的路要走。在解决了这两大温室气体排放主要来源之后，人类还要面对农林渔等其他行业更难完成的低碳排放革新。而资金的流动与科技的发展相辅相成，各大洲的减缓性与适应性措施投资比重与其发展的状况一一相应，而在资金流入的主要五个行业也能看出现今投资急切解决的问题还是在高排行业，而没有太多地考虑到未来更加长远的发展。资金融资主要两个来源：民间融资与双边多边机构，民间融资的灵活性使其很有可能在未来越发重要，双边多边机构的目标不同也导致了其投资策略的侧重不一。

五、中国在该领域的发展以及未来的前途

1. 中国在环境科技领域的发展现状

2013 年，为更好地把握我国环境科技发展现状与现实需求，认清当前技术发展水平，探索未来研发方向，国家科技部启动了针对环境科技发展水平的评测工程，按照“领域—子领域—关键技术”逻辑，对我国环境科技领域进行了系统梳理，由前文所叙述的九个子领域中进一步遴选出 125 项关键技术，主要从“我国技术发展趋势、科技总体水平、不同发展阶段竞争状况、制约我国科技发展原因”四个层面设定指标，进而以“技术差距、技术水平、技术阶段”为维度设立坐标体系，客观分析和评价了我国环境科技的发展水平。

藉由系统性的调查分析，我国环境科技发展水平在上述三个维度中表现为以下特点：

技术差距层面，我国环境领域与国际领先水平技术差距整体呈缩小趋势；

技术水平层面，我国环境科技形成领先、并行、跟踪的基本格局，超过 4 成技术处于跟踪状态，总体与国际领先水平相差 9.4 年；

技术阶段层面，我国环境领域基础研究能力正得到提升，但向领先优势技术转化的能力较弱，技术竞争处于相对劣势。

总体而言，自科学发展观提出以来，我国在环境科技领域倾注了相当程度的资源与精力，在诸多子领域取得了长足的发展与进步，建立相对完善的环境科技体系，为我国的环保事业、环保产业提供了有力的支撑。但需客观认识到的是，当前环境科技的发展日新月异，要想追赶甚至超越发达国家的前沿科技水平，掌握核心技术，仍有很长的路要走。在短时间内要抹平近 10 年的技术发展差距，需要科研工作者、产业从业者，乃至整个国家与社会的不懈努力。

2. 中国环境科技核心成果

根据《2015 年中国节能环保市场调查研究报告》的结果显示，我国在包括水污染防治、大气污染防治等多个技术方面，已经取得了突破性进展。①

水污染防治：目前我国膜材料开发、膜生物反应器研制和工程化应用等关键环节研发取得了创新性成果。膜技术、高效节能曝气技术、生物膜法污水处理工艺，物化—生化法脱氮除磷工艺得到了广泛应用。臭氧氧化技术及大型臭氧发生器、好氧生物流化床成套装置、好氧膜生物反应器成套装置、溶气供氧生物膜与活性污泥法复合成套装置、曝气生物滤池，以及污泥床、膨胀床复合厌氧成套装置等新设备、新装备得到了推广应用。FMBR 膜生物技术、厌氧生物滤池和厌氧膨胀床等技术已达到国际先进水平。潜水污水泵、新型曝气设备、污泥处理处置等专用设备的质量也有所提高。

大气污染防治：电除尘器、袋式除尘器和电袋复合除尘器是目前我国主要的工业除尘设备。近年来，电除尘新技术不断涌现，低温电除尘、湿

① 中国环保产业发展现状及趋势，http：//www.xianlue.com/info/2016-09/13725.html，2016. 9.

式电除尘、移动电极式电除尘、机电多复式双区电除尘、SO_3 烟气调质、粉尘凝聚、三相电源、高频电源、高频脉冲电源及控制等电除尘新技术得到广泛推广应用。袋式除尘器的应用已覆盖到各工业领域，成为我国大气污染控制，特别是 PM2.5 排放控制的主流除尘设备。袋式除尘单机最大设计处理风量提高到 250 万 m^3/h，出口浓度可达到 $10mg/m^3$ 以下，运行阻力降低到 800Pa~1200Pa，漏风率都能控制在 <2%，单位处理风量、钢耗量下降约 15%。由于我国 VOCs 治理市场需求巨大，治理技术得到了快速的发展。主流的治理技术，如吸附技术、焚烧技术、催化技术和生物治理技术得到了不断地拓展和完善，一些新的治理技术，如低温等离子体技术、光解技术、光催化技术等也在不断地完善。

固体废物处理处置：在危险废物处理处置方面，我国已经掌握了化学法、固化法、高温蒸煮、焚烧及安全填埋等有效的处理处置手段。含重金属、二恶英的焚烧飞灰水泥窑煅烧资源化技术具备推广前景。其他餐厨垃圾处理、废油资源化技术也取得了进展。

噪声与振动控制：目前我国噪声与振动控制行业的技术热点仍旧集中在铁路、公路交通与城市轨道交通领域的噪声与振动控制，电力行业发电厂与输变电系统的噪声与振动控制，冶金、建材、化工行业的噪声与振动控制，城市环境噪声在线监测与综合控制，建筑声学处理与噪声控制以及新型声学材料的研究开发等方面。

环境监测：环境监测技术总体上发展比较快、潜力很大，尤其在光谱类环境监测技术与仪器方面，与国外先进水平的差距在不断缩小。

土壤修复：土壤污染防治市场在“十二五”期间得到培育，政策环境初步具备，城市污染场地修复市场快速启动，成为新的投资热点。

3. 中国环境科技未来发展趋势

根据我国环保行业发展历程，可将其大致划分为三个阶段：环保 1.0 阶段，即伴随中国城市化工业化进程，以环保固定资产投资和基础设施建设为主；环保 2.0 阶段，则是 2013 年后，以“三个十条”为主的环境修复工作，强调监管治理相互配合；环保 3.0 阶段，也就是“党的十九大”以后，更倾向于将环保定义为一种绿色的发展方式，将绿色融入中国未来发展，同时将环保作为促进中国经济转型、推动产业升级的核心力量。

根据《"十三五"生态环境保护规划》，"十三五"期间，将以生态环境质量总体改善为核心，同时继续要求做好污染物总量控制，实现三大生态系统全要素指标管理。强调从源头控制，按效果付费，采取分区域、分行业区别化对待。

2017年度，中央财政节能环保支出预算达297.07亿元，比上年度实际支出继续上涨。另一方面数据显示，中国环保产业年均增长速度接近18%，环境服务业增长速度高达30%，且近六成的环境治理需求尚未被市场挖掘，未来环保行业必然将迎来愈发高涨的发展浪潮。

参考文献

［1］车均，梁荣海，崔丰元，张蕾．环境科技创新在绿色经济发展中的应用与实践研究［J］．环境科学与管理，2014，（39）：74-76.

［2］程春华．未来中长期全球气候变化趋势：影响及应对［J］．和平与发展，2012，（4）：63-72.

［3］董险峰．环境科技可持续发展的国际比较与中国对策［J］．北京大学学报（哲学社会科学版），2000，37（3）：28-33.

［4］环境经济．未来环境科技关注哪些重点？［N］．环境经济，2015年9月（1）.

［5］刘平．环境技术创新对产业生态管理的影响探讨［J］．中南林业科技大学学报（社会科学版），2015，9（3）：50-53.

［6］气候透明组织．从棕色到绿色——二十国集团向低碳经济的转型［R］．印度尼西亚雅加达：气候透明组织，2017.

［7］孙成永，康相永，马欣．我国适应气候变化科技发展的形势与任务［J］．中国软科学，2013，（10）：182-185.

［8］先略咨询．中国环保产业发展现状及趋势［EB/OL］．http：//www.xianlue.com/info/2016-09/13725.html.

［9］袁立科，韩秋明，谢飞，尹志欣．我国环境领域技术处于怎样的水平——来自环境领域技术竞争调查的经验证据［J］．科技进步与对策，2016，33（24）：50-58.

［10］DEE（2017），2017 Review of Climate Change Policies，Department of the Environment and Energy，Australian Government，https：//www.australia.gov.au/.

［11］Delgado，C.，et al.（2015），Restoring and protecting agricultural and forest landscapes andincreasingagriculturalproductivity，NewClimateEconomy，http：//newclimateeconomy.report/2015/wp-content/uploads/ sites/3/2015/12/NCE-restoring-protecting-ag-forest-landscapes-increase-ag.pdf.

[12] EN (2016–2017), Climate Action, Environment, Resource Efficiency and Raw Materials, European Commission Decision, https: //europa.eu/european–union/index_en.

[13] EN (2016), A European Strategy for Low–Emission Mobility, European Commission Fact Sheet, https: //europa.eu/european–union/index_en.

[14] ETAP (2006), The EU Environmental Technologies Action Plan Progress and Next Steps, DG Environment European Commission, https: //europa.eu/european–union/index_en.

[15] EEA Report (2016), Climate Change, Impacts and Vulnerability in Europe 2016, European Environment Agency, https: //europa.eu/european–union/index_en.

[16] EEA Report (2017), Climate Change, Impacts and Vulnerability in Europe 2016, European Environment Agency, https: //europa.eu/european–union/index_en.

[17] ETAP (2006), The EU Environmental Technologies Action Plan Progress and Next Steps, DG Environment European Commission, https: //europa.eu/european–union/index_en.

[18] FAO (n.d.), FAOSTAT, Statistics Division, Food and Agriculture Organization of the United Nations, Rome Italy (accessed December 2016), www.fao.org/faostat/en/.

[19] IEA (2017), Chapters 1 and 2 in Perspectives for the Energy Transition: Investment Needs for a Low–Carbon Energy System, International Energy Agency/OECD Publishing, Paris, www.energiewende2017.com/wp–content/uploads/2017/03/Perspectives–for–the–Energy–Transition_WEB.pdf.

[20] IEA (2016a), WorldEnergyOutlook2016, IEA/OECDPublishing, Paris, www.worldenergyoutlook.org/ publications/weo–2016/.

[21] IEA (2016b), World Energy Investment 2016, IEA/OECD Publishing, Paris, http: //dx.doi. org/10.1787/9789264262836–en.

[22] IEA (2016c), IEA Medium–Term Renewable Energy Market Report 2016: Market Analysis and Forecasts to 2021, IEA/ OECD Publishing, Paris, http: //dx.doi.org/10.1787/renewmar–2016–en.

[23] InternationalTrade Administration (2016), 2016TopMarketsReport Environmental Technologies. https: //www.commerce.gov/.

[24] International Trade Administration (2017), 2017TopMarketsReportEnvironmental Technologies. https: //www.commerce.gov/.

[25] IPCC (2014), Climate Change 2014: Mitigation of Climate Change. Contribution of Working Group III to the Fifth Assessment Report of the Intergovernmental Panel on Climate Change, Cambridge University Press, Cambridge and New York. http: //www.ipcc.ch/report/ar5/wg3/.

[26] NCE (2016), The Sustainable Infrastructure Imperative: Financing for Better

Growth and Development, NewClimateEconomy, WashingtonDCandLondon, http: //newclimateeconomy.report/2016/wp–content/uploads/sites/4/2014/08/NCE_2016Report.pdf.OECD（2016a）, The Economic Consequences ofOutdoorAir Pollution, OECD Publishing, Paris, http: //dx.doi. org/10.1787/9789264257474–en.

[27] OECD（2016b）, "ProducerandConsumerSupportEstimates", database, www.oecd.org/tad/agricultural– policies/producerandconsumersupportestimatesdatabase.htm（accessed on 10 April 2017）.

[28] OECD（2015a）, Aligning Policies for a Low–carbon Economy, OECD Publishing, Paris, http: //dx.doi. org/10.1787/9789264233294–en.

[29] OECD/ITF（2017）, ITFTransportOutlook2017, OECDPublishing, Paris, http: //dx.doi.org/10.1787/9789282108000–en.

[30] Pardee Center（n.d.）, "Access Ifs", International Futures Model, Pardee Center, University of Denver, Denver, http: //pardee.du.edu/access–ifs.

第三部分　学术视角

第十一章　对 G20 中亚洲五国货币汇率走势的观察和比较研究[①]

任康钰　张木泽

【摘要】本文选取 G20 集团中的中国、日本、韩国、印度和印度尼西亚五个亚洲国家，首先对近年来这五国货币的走势与波动进行整体观察；然后结合各国的经济状况与宏观经济政策，以及不同时期国际宏观环境等因素对其汇率走势进行基本面分析；再利用 VAR 模型研究宏观经济变量对各国汇率的影响，同时进行几国的比较研究。实证结果显示，通货膨胀的增加会导致韩元的升值与其他四种货币的贬值，而货币供给的增加会带来印度卢比和人民币名义汇率的升值，利率水平的提升会导致印度卢比的贬值与其他四种货币的贬值；另外，在一定时期内，通货膨胀变动对名义汇率的贡献在日元、韩元和印度卢比三者身上比较显著，而利率和货币供给量的变动对人民币与印度卢比名义汇率有较大影响。最后，总结全文并为中国在人民币的汇率改革进程中提供可参考的信息和建议。

【关键词】亚洲；汇率走势；宏观经济政策；脉冲响应；方差分解

一、引言

现代经济中，汇率不仅是货币间兑换的比率，也是开放经济下的一个核心变量。从国际角度来看，汇率的波动会引起资本的跨国流动，贸易均衡的变化，以及通胀和资产价格变动的跨国传导；从国别角度来看，汇率的变化会影响到一国国内的价格指数与利率水平，并且各国政府制定财政

① 本文获得北京外国语大学世界亚洲研究信息中心 2017 年课题项目资助。

货币政策也通常以维护该国货币汇率稳定为先决条件。自 70 年代初，布雷顿森林体系崩溃之后，世界很难再形成统一的国际货币体系，各国政府均在探索适应本国经济体制，可保持币值稳定的汇率政策机制。随着 2008 年全球金融危机的爆发，发达经济体已经难以单独引领全球经济增长，新兴经济体逐渐成为世界经济中不可忽视的角色。世界上呼吁各国协同应对金融危机、维护汇率稳定的声音逐渐加强。在此背景下，于 1999 成立的 20 国集团国际经济论坛（以下简称 G20）的影响力近年来日益显著，其在协调各国金融政策，推动国际金融体制的改革等方面发挥了实质作用。在 2010 年的 G20 首尔峰会中，汇率作为一个专门的议题被讨论提出，并达成诸如“提高汇率灵活性以反映经济基本面”和“避免竞争性货币贬值”等成果。2016 年杭州 G20 峰会公报中，重申了汇率的过度波动和无序调整会影响经济和金融稳定，承诺避免竞争性贬值和不以竞争性目的来盯住汇率，同时声明各国将就外汇市场密切讨论沟通，减少政策的不确定性，增加透明度。由此可见，汇率问题的妥善处理，不仅需要一国政府对本国经济有着清晰认识与精准把控，同时国别研究的经验分享和政策借鉴也不容忽视。

本文将研究对象设定为 G20 中的亚洲国家，原因在于 G20 国家均为世界上的重要国家，有较强话语权与影响力。同时，其中的亚洲国家多为新兴经济体，它们在经济增速的不断调整中容易出现汇率的剧烈波动，其汇率走势有较强研究价值。另外，亚洲多国近年来的经济发展和汇率政策各有不同，也有助于我们进行比较研究。通过对过往文献的梳理可以发现，学者们研究亚洲汇率的角度各不相同。朱孟楠和严佳佳（2007）将人民币与日元、菲律宾比索和马来西亚林吉特等六种货币进行互动性比较分析，同时认为现阶段我国应该在不放弃政府干预的前提下，考虑适度放宽汇率波动的区间。万志宏等（2009）针对 Ogawa 等（2005）推出的亚洲货币单位（AMU）指数，运用月度数据对双边汇率变动进行说明，试图揭示影响 AMU 汇率变动的主要经济因素，实证结果表明区域各主要经济体与货币篮子之间的汇率变动具有某些共同特征，汇率表现的时间惯性基本一致，且对美元汇率比较敏感。郭志芳和林季红（2013）利用 1997 年至 2010 年亚洲八国的数据，研究了日本对亚洲新兴经济体的 FDI 与汇率变动之间的关系，结果表明，东道国汇率波动加剧，日本对外直接投资增加，同时若东道国汇率预期升值，日本 FDI 下降。杨雪峰（2015）利用 2010 年至 2014 年的数据研究了人民币成为亚洲货币锚的可能性，并认为中期内人民币不会成为亚洲区域内的单一货币锚，即亚洲部分国家以美元和人民币混合构成的货币篮子为锚。刘伟江等（2016）发现人民币与印度卢比和新加坡元之间相关系数较高，而与日元和韩元间的相关系数则相对不稳定，2010 年 6 月新一轮汇改后，人民币与各亚洲主要经济体货币汇率间相关关系波动变大，但整体仍保持在较高水平。Henning（2012）研究了东亚国家隐含货币篮子的权重，结果发现美元在各国货币篮子中的权重正在不断下降，马来西亚、泰国、新加坡和菲律宾这样的东南亚经济体正在试探性地参与"人民币区"。Almukhtar 和 Hamid（2015）利用 1980 年至 2011 年的时间序列和面板数据得出的调查结果，显示外国债务存量的增加却减少了中国，印度，马来西亚，新加坡和韩国的实际汇率波动，但增加了印度尼西亚、菲律宾和泰国实际汇率波动的增加。我们分别进一步考察了几个重要因素对两组国家实际汇率波动的影响。Caporale（2017）利用 1993 年至 2015 年期间美国与韩国等七个亚洲国家的月度双边数据，研究了权益和债券投资组合流入对汇率波动的影响，发现除菲律宾以外，较低的汇率波动与亚洲国家和美国间的债券流动有关。

整体来看，过往涉及亚洲汇率的文献主要研究汇率与其他经济变量的相互作用，但很多都没有涉及对汇率自身走势的观察。同时，近年来的新现象还没有太多的研究，尤其是针对本文要选择的五种 G20 中的亚洲国家货币，即人民币、日元、韩元、印度卢比和印度尼西亚（以下简称印尼）卢比的比较研究。接下来，本文将首先对亚洲五国汇率走势与变化的总体状况进行观察，随后分析各国汇率走势的经济背景以及各国在汇率变化同时所采取的宏观经济政策，接着再利用 VAR 模型对影响汇率走势的几个经济因素展开实证分析。最后，我们总结全文并重点提出对人民币汇率的思考和建议。

二、目标国近年来汇率走势与波动的总体状况

我们先通过观察五种货币近年来的名义汇率①走势对它们的情况有一个

① 本文的名义汇率是指美元相对各币种的汇率，采用直接标价法，数据来源为万德数据库。

总体把握。由于五种名义汇率每日的绝对数值相差较大，我们在这里进行月度平均并以 2010 年 1 月为基期进行指数化处理[①]。

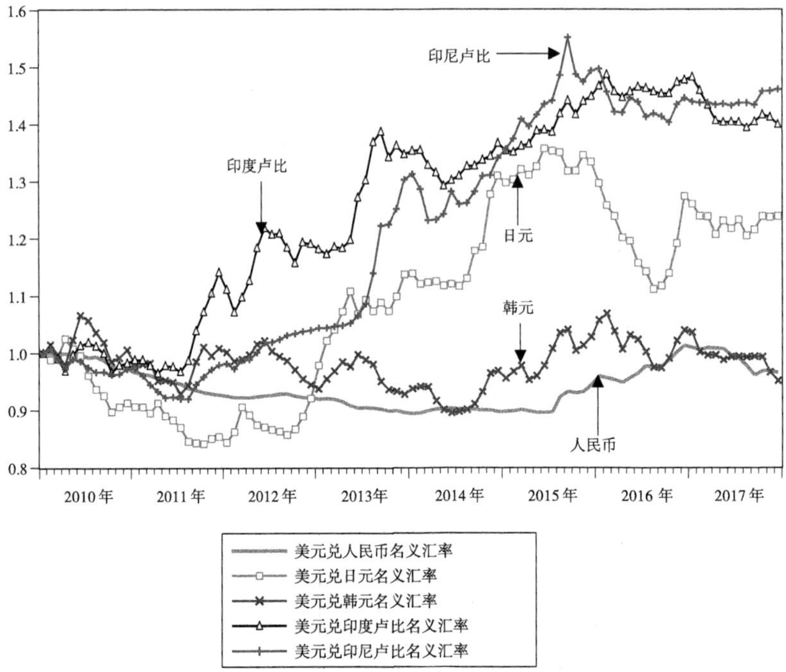

图 11-1　各国货币近年名义汇率走势[②]

通过图 11-1 可以发现，日元、印度卢比和印尼卢比的名义汇率在 2010 年至 2017 年中有较大幅度的变动。印度卢比与印尼卢比走势较为相近，在 2010 年和 2011 年两年中均整体相对美元升值，随后一年多中印度卢比的贬值速度快于印尼卢比，2013 年至 2015 年末二者整体相对美元贬值，2016 年和 2017 年两种货币相对美元稳中有升。日元在 2010 年至 2012 年区间大体相对美元升值，随后 3 年则整体相对美元贬值，2016 年出现了大幅升值的走势，2017 年则是较为平稳。而人民币与韩元二者相对美元的名义汇率变化不大，人民币在 2010 年至 2015 年年中整体相对美元升值，2015 年下半

① 以人民币为例，先自万德数据库取美元兑人民币即期汇率的月平均值，再将 2010 年 1 月至 2017 年 12 月共 96 个月均值分别除以 2010 年 1 月的月均值，即得首项为 1.0 的指数化序列。该数值越大，该币种相对美元越贬值。

② 名义汇率：指美元相对各种币的汇率，采用直接标价法，数据来源于万德数据库。

年起对美元贬值幅度明显，2017 年人民币整体相对美元升值。

接下来，我们再来看一下与贸易关系更为密切的名义有效汇率①以贸易比重为权数的有效汇率反映一国货币在国际贸易中的总体竞争力，当有效汇率升高时，该币种在世界整体范围内的竞争力上升，该国贸易差额降低。

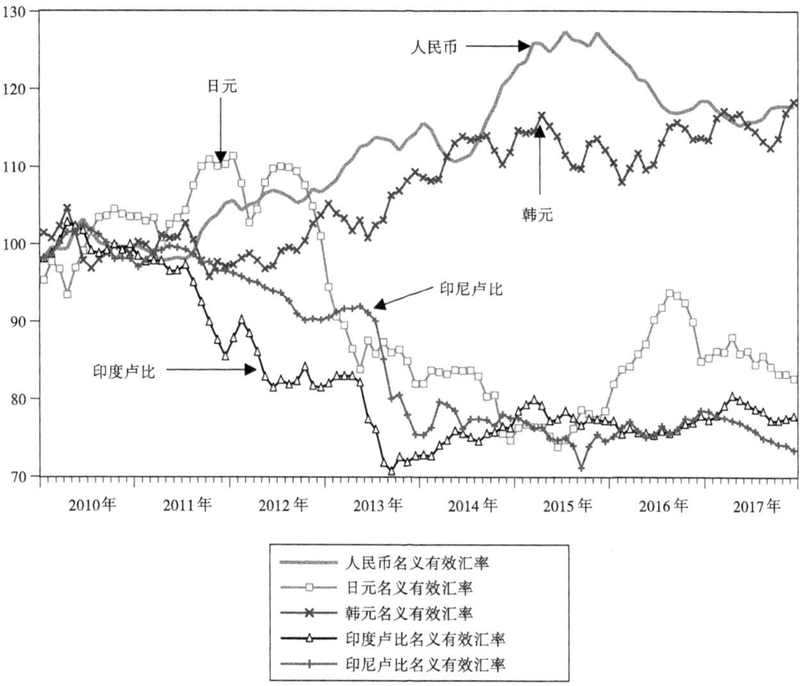

图 11-2　各国货币近年名义有效汇率走势

通过观察图 11-2 可以发现，人民币与韩元八年中的名义有效汇率相较 2010 年呈总体上升趋势，而日元、印度卢比和印尼卢比的名义有效汇率相较 2010 年则呈整体下降趋势。对于人民币来说，2010 年至 2015 年年中期间，不仅相对美元整体升值，相对世界其他主要货币也整体升值。对于日元、印度卢比和印尼卢比的名义有效汇率来说，2012 年和 2013 年和两年均出现了较大幅度的下滑，日元有效汇率曾在 2015 年和 2016 年期间有过明显上升过程，而印度卢比和印尼卢比则没有显著变化。

在观察了各国汇率的整体变化情况之后，我们再进一步探究一下它们

① 名义有效汇率数据来源为国际清算银行（BIS）测算的广义名义有效汇率，其货币篮子包含 61 种货币，以 2010 年 =100。某货币有效汇率数值越大代表该货币整体竞争力越强。

的波动幅度。本文先计算了五国货币的名义汇率和名义有效汇率的月均值增长率，再求出各国货币汇率月均值增长率的年平均值，以堆积柱形图方式呈现，见图 11–3 和 11–4。此处汇率增长率的计算公式为：增长率 =（当期汇率平均值 – 上期汇率平均值）/ 上期汇率平均值。

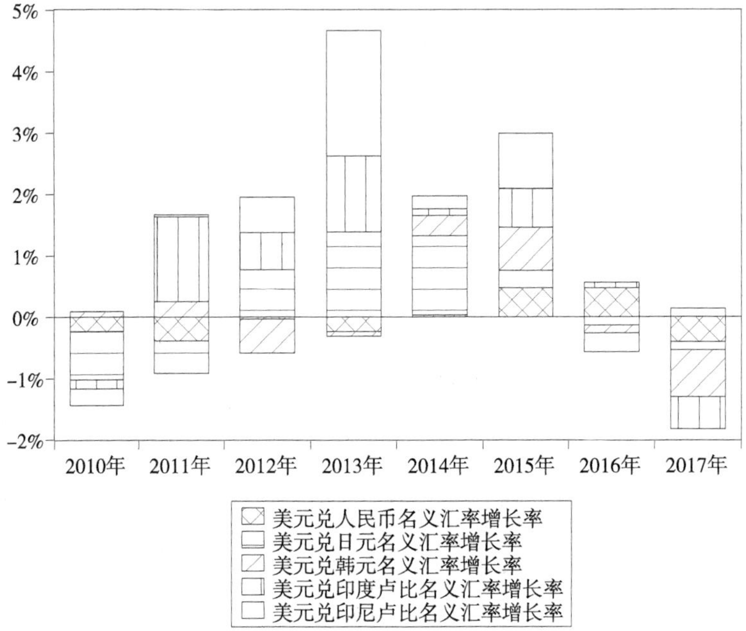

图 11–3　名义汇率年增长率

从名义汇率角度看，五种货币汇率的年增长率为正的次数共有 23 次，为负的次数共有 17 次，这说明在这八年中，当名义汇率历经调整时，五种货币多以相对美元贬值为主。同时，相对美元出现汇率年增长率为正的货币种类数经历了先增加、后减少的过程，这说明在这八年间的中间时间区段，美元的强势带来了五种货币普遍相对走弱，美联储退出量化宽松政策预期的不断升温考虑为主要因素。另外从堆积图的高度也可以看出，2012 年至 2015 年期间五种货币整体的贬值程度要大于 2010 年和 2017 年两年五种货币整体的升值程度。分币种来看，人民币的变化幅度相对其他几种货币更小，而印度卢比和印尼卢比的变化幅度相对较大，特别是 2013 年的印尼卢比相对美元出现了较强烈的贬值，印度卢比的大幅变动则集中在 2011 年和 2013 年。日元的大幅度波动集中在 2013 年和 2014 年两年，近两年变化幅度有缩小迹象。

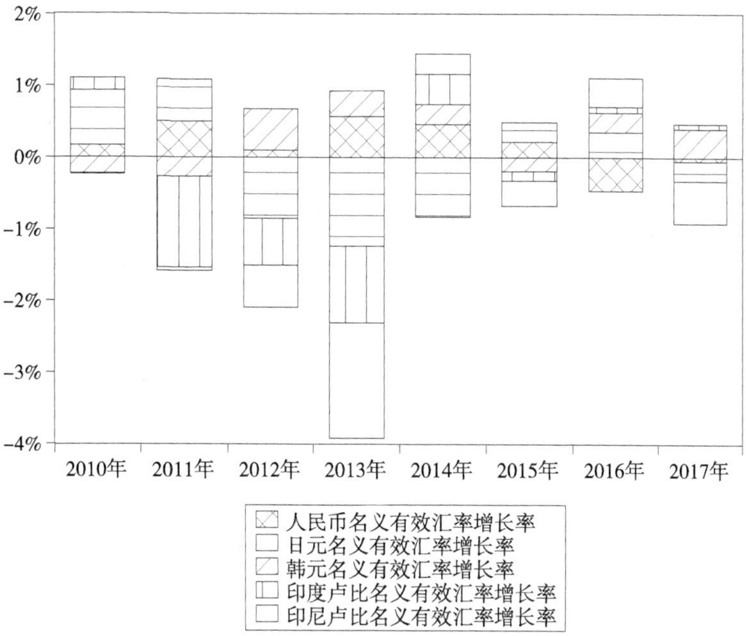

图 11-4　名义有效汇率年增长率

从名义有效汇率角度看，五种货币汇率的年增长率为正的次数共有 21 次，为负的次数共有 19 次，这说明在这八年中，当名义有效汇率历经调整时，五种货币整体上升贬值幅度近似，没有出现名义汇率中多以对美元贬值为主的情况。同时名义有效汇率的大幅变化多集中在 2011 年至 2013 年，而名义汇率的大幅变化年份较分散。就各币种来看，人民币只有在近两年的名义有效汇率出现贬值。日元的显著贬值多集中在 2012 年至 2014 年间。韩元无论是名义汇率，还是名义有效汇率的波动均比较平稳。印度卢比与印尼卢比均在 2011 至 2013 年出现了较大幅度贬值。

三、目标国近年来汇率走势的基本面分析

汇率的变动既受市场选择与经济政策的影响，也可能是引起其他宏观经济指标变化的原因。2010 年至 2017 年，这五国的经济发展轨迹不同，不同阶段所采取的宏观经济政策也各不相同。接下来，我们就观察和分析与汇率有关的一些基本面因素。

（一）中国

随着美国次贷危机的爆发，在2008年9月至2010年7月期间，人民币在6.82元~6.84元的水平上盯住美元。2010年6月19日，中国央行重启汇改以增强人民币汇率弹性。随后人民币持续对美元升值，至2012年2月人民币对美元汇率累计升值约8%。自2012年4月16日起，银行间外汇市场人民币对美元交易价浮动幅度由0.5%扩大至1%，双向浮动弹性的增强，配以2012年初美元的走强和同期内贸易顺差的减少，是2012年中期人民币出现贬值的主要原因。2012年12月，美联储推出第四次量化宽松，使人民币重新对美元升值。除去2014年上半年，人民币受美国逐步退出量化宽松影响有所贬值以外，2013年和2014年两年人民币整体小幅升值。2015年8月11日中国央行决定完善人民币中间价报价机制，明确了参考一篮子货币的基期权重，让市场供求在人民币定价机制中发挥更大的作用。然而在2016美元指数整体下滑，中国经济企稳的背景下，人民币却对美元持续贬值，表明汇率定价机制与经济基本面出现背离。同时进入2017年以后，名义有效汇率指数与CFETS人民币汇率指数均一路走低，1月至5月二者都出现了大约3%的降幅，而同期美元兑人民币名义汇率却基本保持不变。这让市场形成了在贬值预期下，人民币依然会盯住美元、而并没有意愿去保持一篮子指数稳定的观点。为此，中国人民银行在2017年5月下旬引入逆周期因子，来抵消交易者中存在的非理性“羊群效应”。此后人民币兑美元一路升值，为减缓过快升值带来的资产价格泡沫与对出口造成显著负面冲击，中国人民银行在9月初取消了商业银行远期售汇的风险准备金，这一举措使人民币兑美元汇率在2017年9月下旬至2017年12月中旬期间，较好地实现了在6.60元~6.65元的狭窄区间内的双向波动。2017年12月下旬，受美元指数下行影响，人民币兑美元汇率再次升值。

（二）日本

2010年至2011年受美联储量化宽松政策以及欧债危机影响，具有避险功能的日元受到市场青睐，日元相对美元整体升值。为避免升值过度，日本央行在2010年至2012年期间多次采取降低货币市场利率和干预汇市等举措。2013年安倍晋三上台以后，采取了更加激进的量化宽松措施来推进日元贬值。2013年4月，日本推出“量化与质化宽松”（QQE）计划，即日本政府通过大量购买日债与风险资产来投放基础货币。在美元指数没有明显提升的条件下，此举也是带来了日元的大幅度贬值。2014 年 8 月起日元又开始了大幅贬值，这一轮贬值有彼时日本贸易差额持续不振，和美元指数从 2014 年 8 月开始走强的压力，也有 10 月底 QQE 规模的扩大，以及美国退出量化宽松政策的影响。虽然 2016 年日本推出负利率政策，同时美国加息预期也有所减弱，但在全球性股灾、英国脱欧公投的共同影响下，市场避险情使得日元出现大幅升值。2016 年下半年，随着全球债券收益率的上行，以及美国大选对美债收益率的进一步推升，导致美债和实行控制收益率曲线的日本国债利差拉大，日元相对美元产生了贬值压力。随后日本引入“配合收益率曲线控制的 QQE 政策”，将 10 年期日债收益率目标控制在稳定状态，这对日元持续贬值构成了支撑。2017 年日本经济持续向好，截至 2017 年末，已经实现连续八个季度的经济增长，同时日本央行决定推迟实现 2% 通胀目标的时间到 2019 财年，货币政策持续宽松，综合使得日元在 2017 年相对美元呈现稳中有升的态势。

（三）韩国

2010 年韩国经济增速较之前有较大提升，出口连续多月保持顺差，为韩元相对美元升值奠定基础，另外由于通胀的压力，韩国央行于 2010 年和 2011 年两年中五次上调基准利率，一定程度上导致韩元对美元的升值。2011 年 7 月起，受欧美、亚洲股市下跌和美元升值的影响，韩元相对美元贬值。进入 2012 年后，随着经济增速的回落，通胀率的大幅下滑，为刺激国内经济以及维持出口竞争力，韩国央行于 2012 年至 2014 年三年中五次下调基准利率。其中 2014 年 10 月日本央行加大了量化宽松力度致使日元贬值，导致韩国的部分出口市场被日本挤占（日韩两国出口方面有较高相似度），一定程度上坚定了韩国央行维持贬值趋势的决心，因而尽管美元从 2014 年年中依然走强，但韩国央行决定 2015 年 3 月与 6 月再次降息两次以维持贸易活力，韩元也从前两年的整体小幅升值转为贬值。2017 年第三季度韩国 GDP 环比增速达到 1.50%，为 2012 年以来表现最好的一季度。同时 2017 年韩国出口持续向好，通胀持续提高。韩国自身经济的走强，叠加美联储的加息压力，让较为依赖美国经贸的韩国于 2017 年 11 月末将基准利率从 1.25% 上调至 1.50%。这是韩国央行在 2011 年 6 月之后首次加息，韩国央行也成为亚洲近年来第一家加息的央行。此次加息或预示着亚洲各经济体将随美欧开启货币政策正常化之路。

（四）印度

2011年的印度财政赤字有了大幅提高，同时自2011年4月开始贸易顺差逐步降低，叠加2011年下半年印度制造业与服务业双双萎缩，以及美元2011年下半年走强的因素，造成了印度卢比在2011年下半年的贬值。随着美国退出量化宽松预期的不断升温，严重的资金外流，GDP增长率在2011年至2013年较2010年的大幅下挫，以及2012年至2013年国内通胀的猛烈提升使得印度经济景气程度明显下滑，导致2012年与2013年美元兑卢比汇率出现了两次大幅度跃升。拉格拉迈·拉詹于2013年9月初出任印度央行行长以后，将稳定卢比与控制通胀作为首要任务，并立刻在2013年9月与10月提高利率，遏制了卢比迅猛贬值的势头。此后印度央行严格控制通胀目标区间，对市场通胀预期起到了稳定作用，因此2014年以后卢比虽然依旧大体依旧呈贬值状态，但波动率较之前小了很多。2017年整体来看，印度相对美元升值，而其名义有效汇率却大体下行，这一方面与美元2017年的持续走弱有关，一方面则是受困于印度自身经济基本面和经济政策有关。印度2017年开局经济状况不佳，2017年1季度印度GDP环比增长率初值1.5%，较2010年至2016年各年1季度GDP季环比增长率均值1.9%低0.4个百分点原因在于“废钞令”[①]使得印度流动性阶段性短缺，导致部分行业增长放缓。8月，伴随着通胀上行的减弱，制造业和服务业PMI的下滑，以及出于抑制卢比相对美元过度升值的考虑，印度央行将回购利率从6.25%下调至6%，创2010年11月以来最低水平，此举也造成卢比的短暂贬值。

（五）印度尼西亚

2010年，随着印尼总统苏西洛的连任，经济政策如财政、货币的“双松”搭配得以延续，同时印尼增大基础设施投资，贸易顺差扩大，外汇储备稳步上升，这些为印尼带来了良好的经济增长预期，使得自金融危机后大量国际资本开始流回印尼，导致印尼相对美元在2010年和2011年两年整

① 2016年11月8日印度总理莫迪意外宣布停止流通500及1000卢比面额的纸币，代之以新版500、2000卢比纸币。该事件短期对印度生产和消费产生一定负面冲击，例如很多资金面紧张的小公司或者家庭作坊很可能由于缺乏流动性停业甚至破产，但停业后能否恢复营业却有较大的不确定性。

体升值。然而印尼自2012年开始，实际GDP增速呈现震荡下降趋势，2013年中旬，印尼名义汇率与名义有效汇率均出现大幅贬值，首要原因是印尼经济增长在2013年第一季度经济增长仅为6.0%，创下2010年年末以来的新低。另外印尼政府宽松的货币政策导致经济过热，进而产生较高的通货膨胀。同时美联储退出量化宽松政策的预期增强，财政与经常账户的双赤字，以及外债规模膨胀速度加快，均使得投资者对印尼卢比失去信心。为抑制高通胀和货币贬值，印尼央行在2013年数次提升基准利率、采取货币从紧的政策，但这也使得经济增长低于预期，导致市场对印尼卢比未来看衰。2015年，印尼经济增速连续第5年下降，印尼卢比与印尼消费者信心指数也一同在2015年9月跌至观测区间的谷底。2016年，随着大宗商品价格的回升以及通胀放缓，严重依赖自然资源出口的印尼经济增速得以回升，印尼卢比转为升值。2017年，印尼卢比相对美元变化不大，但名义与实际有效汇率始终下滑，凸显了外贸经济增长乏力带来的困境。

四、影响目标国近年来汇率走势因素的实证检验

通过上文对五国近年来经济基本面的回顾，可以发现宏观经济变量与汇率之间存在着相互影响。那么，这些宏观经济变量与汇率之间是否包含更为确定的数量关系呢？这就需要实证检验。宏观经济变化有“外部”和“内部”两个维度，由于本文旨在通过国别对比来分析汇率走势，因此实证部分将集中研究“内部”维度，即探讨各国国内宏观经济环境对汇率水平的影响。在第三部分涉及到的诸多经济因素中，我们选取了通货膨胀率、货币供给量与利率几个与汇率密切相关的指标作为解释变量，分别以名义汇率和名义有效汇率作为被解释变量，按国别建立VAR模型进行实证分析。VAR模型的建模思想是把每一个外生变量作为所有内生变量滞后值的函数来构造模型，可以方便我们考察汇率等多个变量之间的动态互动关系。

（一）数据

首先，本文选取的是2010年1月至2017年12月各指标的月度数据。[①]

① 由于美元兑人民币名义汇率月均值在2010年1月至2010年5月没有变化，引入实证的统计意义不强，因此人民币名义汇率的实证研究起点为2010年6月起。

具体地，选取各目标国货币的名义汇率月平均值与广义名义有效汇率月测量值作为汇率测度指标；各国 CPI 月测量值作为通货膨胀测度指标；各国 M2 月平均余额作为货币供应量测度指标；各国主要银行间隔夜拆借利率月平均值作为利率水平测度指标[①]同时为了降低数据中的异方差，对各个序列取对数。[②]

表 11–1　目标国各变量

目标国	汇率变量		通货膨胀变量	货币供给变量	利率变量
中国	lnUSDCNY	lnCNEER	lnCCPI	lnCM2	lnCOR
日本	lnUSDJPY	lnJNEER	lnJCPI	lnJM2	JOR
韩国	lnUSDKRW	lnKNEER	lnKCPI	lnKM2	lnKOR
印度	lnUSDINR	lnNNEER	lnNCPI	lnNM2	lnNOR
印尼	lnUSDIDR	lnDNEER	lnDCPI	lnDM2	lnDOR

本文应用 ADF 单位根检验方法对各变量的平稳性进行检验。单位根检验结果表明，所有变量的初始序列均为非平稳序列；一阶差分后，所有序列均平稳，均为一阶单整序列。

（二）VAR 模型

VAR 模型建立的前提是模型必须是稳定的，因此本文首先根据 AIC、SC 和 HQ 准则来综合判断各国 VAR 模型的最优滞后期，发现中国、日本、韩国、印度和印尼五国模型的最优滞后期分别为 1，2，2，1，2。另外，VAR 模型建立的前提是模型必须是稳定的，我们运用 Eviews 软件来计算各国 VAR 模型特征根的倒数以检测模型的平稳性，结果显示，所有特征根的倒数的模都小于 1，表明以上 VAR 模型是稳定的，可以作进一步检验。

（1）脉冲响应分析

为了观察通货膨胀、货币供给量与利率水平三者变化对汇率的影响，可以运用脉冲响应进行分析，脉冲响应可以刻画在随机扰动项上加 1 单位标准冲击对内生变量的当期值和未来值所带来的影响，当内生变量表现为

① 各国广义名义有效汇率与 CPI 均来自国际清算银行（BIS），其中 CPI 数据以 2010=100。其余数据均来自万德数据库。

② 由于日本后期采用负利率政策，JOR 序列没有进行取对数处理。

正（负）响应时，即说明随机扰动项与内生变量呈现正（负）相关。[①]

表 11-2　脉冲响应结果

	变量	第二期	第六期	第十期
中国	lnUSDCNY（lnCNEER）	0.545（1.311）	0.582（1.137）	0.625（0.604）
	lnCCPI	0.0174（0.013）	0.026（0.057）	0.059（0.073）
	lnCM2	−0.0249（−0.163）	−0.099（−0.068）	−0.165（−0.045）
	lnCOR	−0.091（0.018）	−0.237（0.121）	−0.284（0.085）
日本	lnUSDJPY（lnJNEER）	2.197（2.782）	1.733（2.578）	1.379（2.083）
	lnJCPI	0.111（−0.136）	0.506（−0.053）	0.787（−0.013）
	lnJM2	0.024（−0.245）	0.115（−0.586）	0.185（−0.572）
	JOR	−0.062（0.925）	−0.131（0.898）	−0.121（0.598）
韩国	lnUSDKRW（lnKNEER）	2.184（1.627）	0.563（0.705）	0.251（0.383）
	lnKCPI	−0.207（0.042）	−0.393（0.272）	−0.386（0.202）
	lnKM2	0.093（−0.072）	0.066（−0.044）	0.057（−0.011）
	lnKOR	−0.219（0.163）	−0.221（0.098）	−0.156（0.052）
印度	lnUSDINR（lnNNEER）	1.572（1.501）	0.754（1.033）	0.432（0.739）
	lnNCPI	0.156（−0.097）	0.491（−0.298）	0.575（−0.336）
	lnNM2	−0.021（0.171）	−0.051（0.441）	−0.031（0.407）
	lnNOR	0.011（−0.121）	0.058（−0.435）	0.169（−0.551）
印尼	lnUSDIDR（lnDNEER）	1.564（1.385）	1.206（1.009）	0.911（1.009）
	lnDCPI	0.027（−0.017）	0.126（−0.062）	0.192（−0.088）
	lnDM2	0.125（−0.118）	0.363（−0.255）	0.428（−0.279）
	lnDOR	0.1401（−0.1038）	0.3470（−0.1468）	0.3222（−0.0875）

注：表内所有数据做扩大 100 倍数处理，并取三位小数。括号前数字为名义汇率相关结果，括号内数字为名义有效汇率。受篇幅所限，表中只给出三期的测算结果。

表 11-2 给出了各国脉冲响应的分析结果，综合来看，通货膨胀的增加会导致韩元的升值与人民币、日元、印度卢比以及印尼卢比四种货币

① 例如：若给货币供给量 M2 一个标准差的冲击之后，名义汇率表现为正响应，则说明货币供给量的增加会引起名义汇率的提升。

的贬值，可能的原因在于外汇市场对韩国通胀提高导致加息预期上升，进而致使国际资金涌向韩元这一传导机制信心较其他四国更强。另一个可能原因是国际社会对韩国通胀上行与经济前景的繁荣的相关性更为为认可。从货币供给角度看，货币供给的增加会带来日元、韩元、印尼卢比以及人民币名义有效汇率的贬值，会导致印度卢比和人民币名义汇率的升值，原因可能在于，作为近年来经济增长迅速的发展中国家，中国和印度的货币供给量的提升会对经济增长产生正向推动。经济增长会带来资产收益率的上升以及货币升值的预期，吸引国际资金注入，引发货币升值。同时此种升值对于人民币而言更多地表现在相对美元的名义汇率，货币供给的增加依然会导致人民币相对其他货币的贬值。从利率角度看，利率水平的提升会导致人民币、日元、韩元、印尼卢比的升值，以及印度卢比的贬值。对于此间差异，可能的原因在于，对中国、日本、韩国和印尼四国而言，利率上升致使国际资本流入，增加本币需求，带来本币升值压力。对印度而言，利率的上升会使得企业成本增加，出口商品竞争力下降，出口额减少，引起国际收支转向逆差，带来本币较大贬值压力。

（2）方差分解分析

脉冲响应函数捕捉的一个变量冲击对另一个变量的动态影响路径，而方差分解可以将 VAR 模型系统内一个变量的方差分解到各个扰动项上。因此方差分解可以为我们提供每个扰动项因素影响汇率的相对程度，计算出每个变量冲击的相对重要性。

表 11–3　方差分解结果

	变量	第二期	第六期	第十期
中国	lnUSDCNY（lnCNEER）	98.489（98.953）	90.554（98.499）	85.394（98.236）
	lnCCPI	0.002（0.007）	0.053（0.073）	0.272（0.222）
	lnCM2	0.103（1.027）	1.129（0.992）	2.638（0.845）
	lnCOR	1.405（0.013）	8.262（0.435）	11.693（0.694）
日本	lnUSDJPY（lnJNEER）	99.838（92.782）	97.311（86.148）	92.401（86.032）
	lnJCPI	0.117（0.142）	2.330（0.232）	6.889（0.181）
	lnJM2	0.006（0.465）	0.118（2.754）	0.367（3.711）
	JOR	0.038（6.609）	0.239（10.864）	0.341（10.076）

续表

	变量	第二期	第六期	第十期
韩国	lnUSDKRW（lnKNEER）	98.707（99.291）	92.381（97.301）	87.921（95.588）
	lnKCPI	0.555（0.037）	5.038（1.771）	8.668（3.435）
	lnKM2	0.113（0.111）	0.167（0.149）	0.258（0.148）
	lnKOR	0.623（0.559）	2.412（0.779）	3.151（0.827）
印度	lnUSDINR（lnNNEER）	99.597（98.941）	93.801（88.743）	85.225（78.944）
	lnNCPI	0.393（0.188）	6.075（2.089）	14.108（3.998）
	lnNM2	0.007（0.576）	0.081（5.077）	0.116（7.904）
	lnNOR	0.002（0.293）	0.043（4.091）	0.551（9.152）
印尼	lnUSDIDR（lnDNEER）	99.311（99.401）	93.871（96.576）	88.904（94.526）
	lnDCPI	0.014（0.007）	0.279（0.102）	0.829（0.276）
	lnDM2	0.299（0.334）	2.895（2.251）	5.686（4.001）
	lnDOR	0.375（0.256）	2.953（1.071）	4.581（1.195）

注：表内所有数据取三位小数。括号前数字为名义汇率相关结果，括号内数字为名义有效汇率。受篇幅所限，表中只给出三期的测算结果。

从方差分解的结果来看，除去各币种受自身变动的冲击的主要地位以外，各国货币的影响因素大小各不相同。人民币名义汇率主要是受利率水平的影响，货币供给对名义汇率的贡献在第六期左右开始加大，而通货膨胀无论对名义汇率还是名义有效汇率贡献都是有限的。人民币名义有效汇率主要受到自身波动冲击的影响。日元名义汇率主要受通货膨胀的影响，随着时间的推移通货膨胀对其名义汇率的贡献度逐渐加大。日元名义有效汇率主要受利率水平的影响，其贡献率在第六期左右达到峰值，约为10.86%，另一个对日元名义有效汇率有较显著影响的是货币供给量，但其贡献率始终低于利率水平的贡献率。韩元名义汇率主要受通货膨胀与利率水平的影响，且二者的贡献度均随时间推移逐步加强，但通货膨胀的贡献率始终高于利率。韩元名义有效汇率主要受通货膨胀的影响，但显著的贡献从第六期左右开始，较名义汇率稍有滞后。印度卢比名义汇率主要受通货膨胀的影响，其影响程度在第十期可以达到较高的14.11%左右。名义有效汇率则受到了三者共同较显著的影响，在最初的第二期左右，货币供给对有效汇率的贡献度最大，随后在第八期左右利率的贡献度超过货币供给，而通货膨胀对有效汇率的贡献较其他二者略低。印尼卢比名义汇率主要受货币供给与利率的影响，二者对名义汇率的贡献基本一致。印尼卢比名义有效汇率主要受货币供给的影响。

从方差分解的总体结果来看，通货膨胀与利率水平多是影响名义汇率的主要因素，而货币供给量多是影响名义有效汇率的主要因素。其原因可能在于，各国央行多以调整利率来对汇率施加影响，而通货膨胀与利率的变化又是外汇市场进行价值判断的主要依据，即当市场预期一国未来通胀升高或利率下降时，往往会给该币种带来贬值压力；由于名义有效汇率与国际贸易密切相关，因此贸易品的成本与价格会对一国的有效汇率高低造成影响，本文所选通货膨胀指数为消费者价格指数，无法完整地涵盖贸易品的价值范畴，而货币供给量会从消费层面和供给层面等多角度来改变商品价值，因此货币供给量是影响名义有效汇率的主要因素，而非通胀指数这一结论存在一定必然性。

五、总结及政策建议

本文对 G20 中五个亚洲国家的货币近年来的汇率变动进行了观察、梳理和比较。可以看出，2010 年至 2017 年，五国汇率走势存在一定共性，特别是 2013 年至 2015 年期间受美联储退出量化宽松政策影响，五国货币相对美元均出现了较显著的贬值。在存在共性的同时，由于各国在不同阶段面临着不同的宏观经济环境，同时选择了不同的汇率政策，其汇率走势与波动幅度也不尽相同，中国虽然从 2015 年下半年开始汇率出现了较前期较为明显的大幅波动，但由于长时间内严格的控制汇率中间价和日波动幅度，使得整体上汇率的震荡相对其他四国处于较低水平。日元由于其特殊的避险属性，使得日元汇率在外汇市场避险情绪升温时会有所升值。印度与印尼两国在 2012 年与 2013 年受困于各自国内经济疲软，两国卢比均出现显著贬值，在其他时间阶段两种货币走势也存在较强相关性。

在现实观察基础上，我们进一步利用 VAR 模型中的脉冲响应分析与方差分解分析研究汇率与通货膨胀、货币供给量和利率水平三者之间的数量关系。通过实证发现，在一定时期内，通货膨胀的增加会导致韩元的升值与人民币、日元、印度卢比以及印尼卢比四种货币的贬值，而货币供给的增加会带来印度卢比和人民币名义汇率的升值，利率水平的提升会导致人民币、日元、韩元、印尼卢比的升值，以及印度卢比的贬值。另外，在一定时期内，通货膨胀变动对名义汇率的贡献在日元、韩元和印度卢比三者身上比较显著，而利率和货币供给量的变动对人民币与印度卢比名义汇率的比较明显。

根据上述研究，我们认为，在较短时间内，通过调整利率水平与货币供给量来对人民币名义汇率施加影响是有效的，并且适当放宽通胀水平的变化区间不会立刻对人民币名义汇率产生较大影响。但是同时，中国也应对类似印度的长期通胀给印度卢比带来的巨大贬值压力的情况有所警惕，防止出现汇率对某一经济要素变化过度敏感。另外从实证结果来看，对于中国而言，货币供给的增加与利率的提升都会在一定时间内造成名义汇率升值，因此中国央行在搭配使用货币政策与财政政策时应多加考量，避免造成汇率单方向过度波动。最后，从几国经验看，宏观经济要素对汇率的影响存在截然相反的方向，因此中国央行要积极了解人民币市场上经济要素变化对汇率变动的预期是怎样的，以此来对症调整宏观政策，改革市场机制。

参考文献

[1]郭志芳，林季红．汇率不确定性与对外直接投资——基于日本对亚洲 8 国直接投资的实证分析［J］．亚太经济（4）．2013：91 — 96.

[2]刘伟江，丁一，隋建利．人民币与亚洲其他市场货币汇率动态相关性研究［J］．学习与探索（1）．2016：97-101

[3]万志宏，杜勇宏，王健．亚洲区域汇率的短期变动——对亚洲货币单位（AMU）月度指标的检验［J］．世界经济研究（11）．2009：38 — 43.

[4]杨雪峰．人民币会成为亚洲区域内的货币锚吗？——基于东南亚国家的实证检验［J］．世界经济研究（5）．2015：23 — 29.

[5]朱孟楠，严佳佳．人民币汇率波动：测算及国际比较［J］．国际金融研究（10）.2007：54 — 61.

[6]Almukhtar Al-Abri；Hamid Baghestani. Foreign investment and real exchange rate volatility in emerging Asian countries［J］.Journal of Asian Economics（37）．2015：34-47.

[7]Guglielmo Maria Caporale，Faek Menla Ali，Fabio Spagnolo，Nicola Spagnolo.International

portfolio flows and exchange rate volatility in emerging Asian markets［J］.Journal of International Money and Finance（76）.2017：1 — 15.

［8］Henning，C.R. Choice and Coercion in East Asian Exchange Rate Regimes［J］.Peterson Institute for International Economics Working Paper（6）.2012：12 — 15.

［9］Ogawa E，Shimizu J. A Deviation Measurement for Coordinated Exchange Rate Policies in East Asia［J］.RIETI Discussion Paper Series，E–017. 2005.

第十二章　比特币的起源计量等研究

叶予宁

【摘要】比特币具有一些实体货币所不具备的特点，其中最为独特的是“去中心化”，即无政府等中央发行机构干预发行。本文对比特币的发展趋势和特点进行了分析和探讨。

【关键词】比特币；去中心化；超主权货币

一、引言

在距今五万年前的旧石器时期出现了人类文明史上的“货币萌芽”，直到距今数千年的新石器时代晚期，随着人与人之间交换的需要出现了一般等价物，也就是实物货币。而在文明社会中，早在中国的夏代，“玄贝”作为真正的货币进入了中华民族的经济生活。

人类使用的货币在形式上千变万化，但是它们的本质都是作为一般等价物方便经济活动的而进行，只是随着社会的进步，曾经的实物货币逐渐简化为纸币、支票等形成，直到现在简化为微信支付、支付宝、比特币等电子货币。在当今的社会当中，货币不仅起着交换工具的作用，还有另一部分职能用于维持国家政权的稳定。

本文接下来第一部分介绍比特币的概念，第二部分介绍传统货币和比特币分别的计量方式，第三部分对比特币及传统货币进行对比，第四部分介绍比特币对现实货币体系的影响，最后对比特币重建货币体系的意义进行分析概括。

二、比特币的概念及产生起源

1. 比特币的概念

比特币是互联网计算机技术发展的产物之一，并不需要授信的第三方平台存在也可以保证资金、货币在交易双方之间准确、迅速、安全地发生转移。正因此，它才成为了全世界第一个实现“加密货币”[①]的一种虚拟货币，也具有完全的“去中心化”的特点，来自政府、中央银行等权力机构的外部干预完全移除于比特币的体系。Grinberg（2011）提出，比特币能够被主流交易方作为理想的虚拟货币，主要归功于它的高流动性、低成本性和依托于互联网的便捷性。

比特币的概念由中本聪（2008）提出，挖矿开源软件也由他在第二年（2009）发布于网络。比特币的总供给量被控制在2100万，[②]这个系统的控制体系也由中本聪提供，这就保证了它长期稳定的货币价值。

2. 比特币的产生起源

2009年，金融危机在全球范围内爆发席卷，一位网名为“Satoshi Nakamoto”（中文译名，中本聪）的网友在一个隐秘的密码学评论组上发表了一篇论文，描述了比特币的运行模式以及公开了相应的比特币源代码，将货币的概念在原基础上再一次刷新，新出现的货币的种种特点比传统货币用来对抗金融危机带来的逐渐恶化的通货膨胀更有效和完善。人们推测，金融危机是中本聪上传论文的契机，也是他的灵感来源。

三、比特币的计量

1. 传统货币的计量

国际金融市场上的外汇汇率通常是由一国货币所代表的实际社会购买力平价和由市场对外汇的供求关系决定的。汇率实质上反应不同国家商品的相对价格，通过相对价格表现传统货币的“价值”，这个所谓的“价值”

① “加密货币”在1998年，在cypherpunks函件用户组的讨论中由Dai Wei首次提出。

② 中本聪规定，比特币的发行量自发行当年开始每年减少至上一年的一半，进而通过精确的数学计算可得到，最终发行量将无限接近于2100万，这一数字将在2140年达到。

在较短的时间内不会发生剧烈的变化，它受制于外汇供求、国防收支状况、货币政策等多方面的影响。

以实际汇率的计算方法为例，实际汇率 R 表示以相同货币计量的外国价格与本国价格的比率，它测定国际贸易中一国商品的竞争力。

$$R = \frac{e \cdot p_f}{p}$$

e 为名义汇率，采用直接标价法（本币 / 外币）。

2. 比特币的计量[①]

Buchholz 等学者（2012）倾向认为，比特币的主要驱动因素之一是比特币在比特币市场的供给和需求关系。

巴罗（1979）提出金本位制，由于比特币具有货币的性质，但是与金本位制中的媒介“黄金”有两大区别，因此模型在金本位制和一般价格水平模型上有一定修改。区别一存在于需求层面。比特币的需求主要收到它未来的交易价值影响，因为它自身没有价值，它只是一个媒介，在使用上具有便利性，可以降低交易成本，它的价值只有在使用过程中才可以显现；黄金是实物货币，自身具有价值，而且这个价值不会随是否用于交换而改变。区别二存在于供给层面。比特币的供给理论外生，取决于已编制好的算法程序；黄金的供给还收到黄金收益率、挖采技术等市场因素的影响。为此，此模型提前设定“法定货币兑换假定”，即把比特币的供给量定义在一个标准政府的法定货币基础上（以美元为例），模型假设在封闭经济体内，交换双方使用比特币前，需要将比特币先行兑换为政府规定的法定货币，因为需要法定货币购买生产要素。

假设 B 代表流通中的比特币总数量，PB 代表比特币的汇率（即每单位比特币可兑换的美元），则比特币的总供给 MS 由下式可得：

$$M_S = P_B B$$

假设以美元面值表示比特币的交易需求 MD 满足费雪方程，依赖于商品和服务价格水平 P 比特币的经济规模 Y、流通速率 V（流通速率用于测量一单位比特币被用于购买商品和服务的频率），那么，

① 比特币的计量模型结构来自于《比特币的经济学分析》（The economic analysis of Bitcoin），陈豪，浙江大学硕士学位论文，细节有改动，重新调整因素变量。

$$M_D = \frac{PY}{V}$$

$$P_B = \frac{PY}{VB}$$

在完全市场下，上式的价格均衡意味着比特币价格随着比特币的流通速率和存量增加而降低，随着比特币的经济规模和价格水平增加而上升。

从需求的角度分析，比特币的需求可以从人们的消费（MCD）和投资（MID）两方面计量：

$$M_D = M_D^C + M_D^I$$

从投资的角度分析，对比特币的需求来源于对投资工具的需求。由于投资的根本来源于投资者决策，投资决策又不是一个单一变量引起的变动量，因此，本文将影响决策的因素进行合并，保留影响力较大的因素。其一，投资者心理易被社会舆论导向影响，由于近期，比特币在各类媒体上的曝光率爆炸式增长，这样会驱使投资者将比特币转变成自己的新的投资工具选择；其二，"羊群效应"使得比特币出现了过度高价，仅就2017年一年来说，截至2018年1月6日，比特币的价格已经上涨了1560%。①因此，比特币的社会关注度急剧上升并维持在高水平，然而被作为投资工具认知的机会减少，它的投资需求随之升高。

因此，可以进一步定义比特币的投资部分需求量受交易量（transaction）及社会关注度（concern）两个变量影响：

$$M_D^I = M_D^I\ (\text{TRANSACTION, CONCERN})$$

上式即为简化的比特币的计量方式。

四、比特币与传统货币、黄金货币及主权货币的比较

1. 比特币与传统货币的相同点

① 2017年年初，比特币价格约为$976，截至2017年12月27日00：00数据（来源于Coin desk），比特币价格已经升至$15255，可计算得出涨幅为1563.01%

比特币与传统货币的共同点是同时具有货币职能。货币的五大职能——价值尺度、流通手段、贮藏手段、支付手段、世界货币，比特币也同样具备。

比特币的价值不像黄金等实体货币一样本身具有价值，它自身是“虚无缥缈”的，在实体经济中无法作为等价物直接参与交换，它的价值是通过大量消耗计算能力和电力产生的，在“挖矿”①过程中，消耗的劳动力全部转化为比特币的价值。此外尽管目前比特币并非被每一个网站接受，但它已经成文一种重要的流通货币。通过贮藏比特币，比特币的电子字符串特点可以使它和传统货币一样被存储在虚拟银行中，此手段也间接帮助调节了流通货币量。目前比特币依托于互联网存在，可以在世界范围内广泛使用，不会收到任何外界因素的限制，这同传统货币一样，促进着世界范围内贸易的流通。

2. 比特币与传统货币、黄金货币及主权货币的不同点

（1）比特币与传统货币的对比

表 12-1　比特币与传统货币的不同点

	传统货币	比特币
基本性质	实体货币	点对点（P2P）基于网络的匿名数字货币
发行主体	各中央银行	/
供应量	中央银行（政府调控）	自我调控，取决于系统设定的算法
流通领域	非自由流通	互联网网络覆盖地区
（当前）汇率	各个国家之间不同	1 BTC ≈ $15255

（2）比特币与黄金货币职能层面的对比

比特币与黄金充当世界货币的相同点“去中心化”是黄金与比特币共有的最显著的特性——人们可以挖掘黄金，但是不能“发行”黄金，货币性黄金指一国持有的作为金融资产的全部黄金。比特币的发行总量是固定的，全部 2100 万个比特币预计将在 2140 年产生完毕。从货币供给的“稀缺性”（产量有限且增长速度极慢）的角度而言比特币与黄金有相似之处。

① 挖矿是将一段时间内比特币系统中发生的交易进行确认，并记录在区块链上形成新区块的过程，从另一个角度来讲，也是生成比特币的过程。通俗来讲，挖矿即为记账的过程，矿工是记账员，比特币网络中的区块链是账本。由于比特币的去中心化特点，每一个矿工都有记账的权利，成功记录的矿工会获得系统新生成的比特币奖励，从而“挖掘”出新产出的比特币。

黄金与比特币的差异主要有三点。首先，黄金的地位是“公允承认”的。无论人们来自于何种文化背景和时代背景，每一个人都可以认识到黄金的高价值，而且每一个人都希望在手中持有黄金，黄金拥有最基本的使用价值和价值。历史上人类各个文明的发展和近现代经济制度的建设共同赋予了黄金双重价值——历史价值和社会价值。然而，比特币是货币制度与互联网技术共同发展的产物，其价值的肯定仅仅来源于整个比特币网络对比特币的信心和热情。一方面，比特币尚且没有被全部网络公民认知，更没有被全部普通大众所认知；另一方面，其基于密码学的产生机制也没有被货币学界所认可。但是正是因为黄金更具有价值，基于“格雷欣法则”，[①]我们可以认为比特币相比于黄金是一种“劣币”。

从另外一个角度来看，在纸币贬值的时期，黄金发挥了最为可靠的保值手段和最后的支付手段职能，为人们愿意持有的最后的安全资产。但是只要世界主要经济体之间未发生大规模武力冲突，黄金充当最后的保值手段和履行支付手段职能的作用就难以得到发挥。一般来讲，黄金价格走势与一国经济景气程度呈现负相关趋势，投资者们更倾向于将黄金作为“避险资产”来进行配置，然而国际黄金价格波动的特点使得黄金无法反应世界经济发展现状。而比特币不受到任何国家经济状况的影响，无论外界具有怎样形势，比特币的价值大部分都由自身的稀有程度而决定，价格波动也与国际形势毫不相关，因此在避险保值的功能上远逊色于黄金。

最后，目前国际金价被认为高估。黄价高估的主要原因是人们对黄金的崇拜在黄金价格上的体现，其本质是一种“崇拜溢价”。“崇拜溢价”会随着人们投资理性化程度的提高渐渐消失。此外，比特币作为一个“新兴事物”恰恰使得人们对于比特币作为一种通货的发展预期更为理性，人们对比特币价值的判断相比于黄金更加理性。

---

① 格雷欣法则（Gresham’s Law），指在实行金银双本位制（或引申为双重本位制）条件下，金银有一定的兑换比率，当二者之间的市场兑换比率与法定兑换比率之间有冲突时，市场比价比非法定比价高的金属货币被称为“良币”，另一个货币被称为“劣币”。市场上流通的劣币将逐渐增加直到充斥，而良币会退藏。

（3）比特币与主权货币的差异性比较

在2009年，国际性金融危机爆发，中国政府为了应对国际金融危机可能会给中国带来的负面影响，出台了“四万亿”[①]经济刺激政策，与此同时，美国为了解决自身问题，也出台了数额巨大且持续时间长的“量化宽松”政策。美元作为国际储蓄货币，美元的大量发行不仅会影响本国经济，还会影响世界上相关的所有经济体。全球金融危机爆发之后，中国在受到中国的“四万亿”经济刺激政策作用情况下，同时遇到了美元“四万亿”政策的叠加作用，这使得中国经历了一段“高通货膨胀”时期。

由此看来，“主权货币”作为国际储蓄货币是一把双刃剑。一方面，主权货币充当世界货币会削弱它货币发行国货币政策的执行效果，同时会把针对国内经济形势作出的货币政策传导到其他经济体中；另一方面，主权货币作为世界货币能够灵活应对世界经济发展新趋势对货币需求产生的变化，并且人们能够灵活的制定货币政策来影响经济发展。

由于比特币“总量恒定”，它自身不会遭遇主权货币的通货膨胀问题，反而有更大可能会通货紧缩，这样它对通货膨胀的传导作用较小，在世界货币中加入比特币权重能够削弱货币政策传导效应。但是，由于比特币的“去中心化”特性，使得比特币无法被集中调控和管理。比特币的购买力随着愿意加入整个比特币网络的人数增加而增加，其购买力不会受到当今世界中个体GDP的影响，在世界生产力加速发展以及各国之间生产力水平极不平衡的情况下以比特币作为世界货币会造成世界货币供给不足，因此阻碍世界经济的发展。

比特币和主权货币最显著的差异是比特币的发行纯粹依赖于算法系统的界定，主权货币有经济体的经济发展作为其发行的基础并且有政府在个体经济发展情况下控制其发行量。没有法定的“实体经济”的支撑使得比特币在目前难以实现其普遍的“价值尺度”职能，也就是很难实现它作为“价格标签”的职能，而是更大程度执行“支付手段”的职能，这其中的原因

① “四万亿”经济刺激政策是指2008年国际金融危机全面爆发后，中国经济也没有免于磨难，出口出现了负增长。为抵抗此危机带来的影响，中国政府在同年11月推出了进一步扩大内需并促进经济平稳较快增长的十项措施，初步匡算所得实际投资约需4万亿元

是比特币在实体经济的流通量还很微小。比特币兑换美元价格波动幅度较大，市场内投机者居多，出售转手量大，因此比特币的“储藏手段”职能在短期内难以实现。目前比特币仅仅发挥了交换媒介的“支付手段”的作用。

3. 比特币的显著特点

比特币的显著特点主要有四点，即虚拟性、去中心化、匿名性和避免通胀。

虚拟化的比特币只存在于计算机的虚拟世界，借由密码学的设计去保障流通各环节的安全性，这在一定程度上加强了比特币的安全性。同时，它的虚拟性也带来一个副产品——比特币的发行不经由任何中央发行机构或管理单位（在现实生活中一般是中央银行）。它的发行以一套编码系统为基础，根据加密算法通过计算产生，每一个人都可以通过特定系统参与所谓的“发行”过程，所有的交易以交易者的判断为基础，通过网络节点进行管理，用电子签名辅助流通。这就是去中心化。

其次，比特币的交易是不需要进行现实生活的身份实名认证的，每一次交易都可以独立生成新的密钥，与传统交易中依赖于每个人拥有的账号进行验证不同。所有的交易都依赖于比特币的网络系统，因此中间几乎不存在手续费。

最后，受到自身定义算法的限制，比特币的货币发行量最终不会超过2100万个，不仅不会出现由于中央银行政策和人为干扰产生的通货膨胀，甚至有可能出现“通货紧缩”的局面。

参考文献

[1] 江海涛，何劲凯．比特币风险探析．中国人民银行益阳市中心支行．武汉金融 .2014（7）.

[2] 洪蜀宁．比特币——一种新型货币对金融体系的挑战［J］．中国信用卡，2011，（10）.

[3] 卢进兴．浅析比特币的价值．大连财经学院．价值工程 .2013.

[4]罗海滨，陈明 . 虚拟货币风险分析及监管建议 . 辽宁大学 . 工作研究 .2015.8.
[5]张超 . 新型虚拟货币比特币的发函现状及其对现实经济和金融影响的研究 . 中国人民银行丽江市中心支行时代金融 .2013（5）.
[6]鲁忆彬 . 互联网时代的比特币对世界货币体系的影响 . 上海大学经济学院 . 科学与财富 2014（4）.
[7]陈豪 . 比特币的经济学分析 . 浙江大学金融学院 . 硕士学位论文 .2015.5.
[8]Paul Krugman，THE WORLD'S SMALLEST MACROECONOMIC MODEL.
[9]唐晓瞳 . 比特币发行流通机制及其价格波动研究 . 上海交通大学 .2013.
[10]比特币中文网 http：//www.bitecoin.com/.
[11]广发证券 . 证券研究报告 . 浅析比特币产业链 .2016.6.28.
[12]Ponzi，World' s Central Banker：Bitcoin Challenges Heart of Central Banking.

第十三章　金砖国家金融服务贸易国际竞争力及其影响因素分析

何蓉[①]　连增[②]　曾林楚

【摘要】本文使用中国、巴西、印度、俄罗斯、南非的金融服务贸易数据，基于MS、TC与RCA指数对其金融服务贸易国际竞争力进行了比较分析，发现金砖国家的金融服务贸易国际竞争力普遍较弱，且发展较不平衡，其中近几年来中国金融服务贸易发展较快。在波特“钻石模型”理论基础上，本文对影响金砖国家金融服务贸易竞争力的因素进行了实证研究，结果显示，城镇化率、互联网普及率、FDI依存度、金融市场集中度、金融服务贸易开放度对金砖国家的金融服务贸易竞争力的提高均有正向推动作用，其中金融服务贸易开放度的提高对促进金融服务贸易竞争力提升的作用最为显著。

【关键词】金砖国家；金融服务贸易；国际竞争力；钻石模型

一、引言

近年来，中国、巴西、印度、俄罗斯和南非作为新兴经济体代表的金砖国家经济成长前景良好，备受世界的瞩目。随着金砖国家金融市场开放程度不断提高，其金融服务贸易得到了迅猛的发展，并在很大程度上带动了本国的经济发展。但不可否认，尽管发展势头良好，但由于起步较晚、金融市场自由度不高等因素的限制，金砖国家金融服务贸易的国际竞争力

---

① 本文为北京市社会科学基金项目“世界服务贸易规则新动向与北京服务贸易竞争力提升研究”（15JGB059）的阶段性成果。

② 作者感谢基金项目：北京外国语大学基本科研业务费用专项资金资助。

水平相较于世界发达国家还有一定的差距，而金砖国家在金融服务贸易上既有竞争关系，又有未来合作的潜力，因此，对金砖国家金融服务贸易竞争力的研究有很强的现实意义。

再从我国情况来看，在企业"走出去"和"一带一路"倡议、自贸区建设等政策的大力支持下，中国金融服务贸易发展迅猛，金融机构资本实力、国际化水平快速提升，金融服务贸易规模和竞争力已有了很大的提高。从金融业海外投资来看，截至 2015 年末，中国境内金融机构对境外直接投资存量为 1711.89 亿美元，较 2007 年末增长 100 余倍。同时，以银行为主的金融机构加大了海外布点的力度，其海外资产、利润、雇员占比均明显提升。根据中国银行业协会的统计数据，截止到 2015 年底，总计 22 家中资银行开设了 1298 家海外分支机构，覆盖全球 59 个国家和地区，总资产约为 1.69 万亿美元。但是，由于我国金融机构的海外网点覆盖面窄、信息化管理水平较落后，海外业务拓展和在国际金融市场利用整合资源的能力还较弱等原因，我国在金融服务出口方面竞争力还有待进一步提升。

对于金融服务贸易竞争力的研究，尤其是以金砖国家为对象的研究，已引起学者的广泛关注，并形成了比较丰富的成果。

一类研究成果关注的是国家层面的服务贸易竞争力测算和评估。一些研究集中于中国服务贸易竞争力，通常采用服务贸易出口额、行业劳动生产率、行业进出口指数、国际市场占有率（MS）指数、贸易竞争力（TC）指数、显性比较优势（RCA）指数、服务贸易开放度等指标。赵放、冯晓玲（2007）对中美两国服务贸易竞争力进行了比较，发现中国在劳动密集型的服务部门上更具有竞争优势、而在资本密集型的服务部门上处于竞争劣势。余道先、刘海云（2008）对中国服务贸易分项目数据进行了指数测算，认为我国服务贸易进出口结构并不合理，发展也不平衡。曹瑛、王耀中（2009）分析比较了中国大陆和香港在跨境支付和商业存在两种情况下的金融服务贸易国际竞争力。吴贤彬等（2012）指出中国服务贸易竞争优势体现在旅游服务、运输服务等传统部门，而金融、通讯、专利使用费和特许费等高附加值服务部门的占比偏低，竞争劣势明显。郭晶，刘菲菲（2015）基于贸易增加值视角，对中国服务业国际竞争力进行了测算，发现使用传统统计方法高估了中国服务业直接出口的国际竞争力，同时低估了中国服务业整体国际竞争力。

还有学者对金砖国家服务贸易的竞争力问题给予了关注。聂聆等（2011）采用 RCA 指数和 TC 指数对金砖四国生产性服务贸易进行了研究。桑百川等（2014）研究了金砖国家服务贸易结构及服务贸易各行业国际竞争力。李杨（2012）认为，除印度外，巴西、俄罗斯和中国服务贸易竞争力都相对较弱。蒲红霞，马霞（2015）运用了贸易增加值数据，通过国际市场占有率指数、净出口显示性比较优势指数和产业内贸易指数，认为金砖国家在传统服务业上的竞争性较大，而在现代服务业方面互补性较强。余道先，王露（2016）测算了金砖国家服务贸易相对竞争力及在全球生产价值链中的位置，认为金砖国家的服务业总体处于较明显的竞争劣势，并处于全球价值链下游，但在服务业细分行业中有一定比较优势，服务业的开放程度在加大。

第二类研究成果则关注服务贸易中的金融服务贸易竞争力的测算与比较。Moshirian（1994）通过 H–O–S 检验经济合作与发展组织（OECD）国家金融服务的比较优势，表示 OECD 国家向发展中国家输出金融服务贸易的竞争优势为人力资本、规模经济、研发水平。秦嗣毅，杨浩（2011）通过金砖四国以及国际间的比较，得出“金砖四国”金融服务贸易国际竞争力总体较弱的结论。张欣，崔日明（2011）采用出口比较绩效指数、出口相似指数、贸易重叠指数等，测算了“金砖四国”的金融服务贸易国际竞争力，发现金砖国家间的贸易合作关系并不紧密，且存在较强的竞争。董小芳（2013）基于 EBPOS 统计法对金砖国家金融服务贸易国际竞争力进行了研究，还探讨了“金砖五国”金融服务贸易的发展潜力。

第三类研究则围绕影响服务贸易竞争力的因素而展开。Goldberg & Johnson.D（1990）、Moshirian.F（1994）的实证研究发现，行业的海外资产数量与一国的金融服务贸易国际竞争力有很强的正相关性。Claessens & Laeven（2004）的实证分析表明，部门工作效率、产品质量、技术创新以及对金融机构的监管政策会影响金融服务贸易国际竞争力水平。

国内学者在这方面的实证研究大多以波特“钻石模型”为理论基础。庄惠明，黄建忠等（2009）研究了我国服务贸易竞争力的现状，认为人口结构素质、货物出口总额和第一产业劳动生产率对服务贸易出口额有正向关系。陈虹，章国荣（2010）发现人均国民收入、服务贸易开放度和服务业发展水平等因素对提高我国服务贸易竞争力有积极作用，而外商投资、货物贸易对服务贸易出口的影响有限。姚晓棠，方晓丽（2013）认为教育环境、基础设施、法律环境等因素对提升金砖国家服务贸易国际竞争力作用明显，其中印度的服务贸易综合竞争力最强。

综上，尽管关于服务贸易竞争力等相关研究成果比较多，但聚焦于金砖国家金融服务贸易发展及其竞争力的研究还不够丰富。因此，本文将对金砖国家金融服务贸易竞争力进行评估和比较，并试图分析影响金砖国家金融服务贸易竞争力的主要因素，并提出相应政策建议。

二、金砖国家金融服务贸易的发展现状

近年来金砖国家的金融服务贸易发展迅速，2005~2015 年间金融服务贸易总额均有大幅度的提升，金砖国家的金融服务贸易总额占世界金融服务贸易的份额由 2005 年的 9.68% 提高到了 2015 年的 15.1%。当然跟发达经济体相比，仍处于相对低的水平，金砖国家的金融服务贸易发展仍有很大的上升空间。

从金融服务贸易的进出口额、总额及增速方面来看，中国和印度在金砖国家中较为领先，发展速度快。2005~2015 年期间，五个国家中中国和印度的金融服务贸易总额最高，并且呈较快增长趋势，而巴西、俄罗斯、南非金融服务贸易总额没有明显增长，保持在较低水平，见图 13-1。在金融服务贸易出口额方面，印度和中国处于较高水平，在此期间增长较快，年增长率分别达到 14.87% 和 29%，2015 年的出口额分别达到 73.1835 亿美元和 73.1070 亿美元，其余三国出口额在 20 亿美元以下。在金融服务贸易进口方面，中国金融服务贸易进口规模最大，且进口额保持在年均 9.32% 的增长水平。

就金融服务贸易差额而言，虽然南非的贸易规模在五国中最小，但其是唯一维持金融服务贸易顺差的国家，其余四国均有较大的金融服务贸易逆差，且逆差额在以一定的增速扩大，其中，中国金融服务贸易逆差最大。

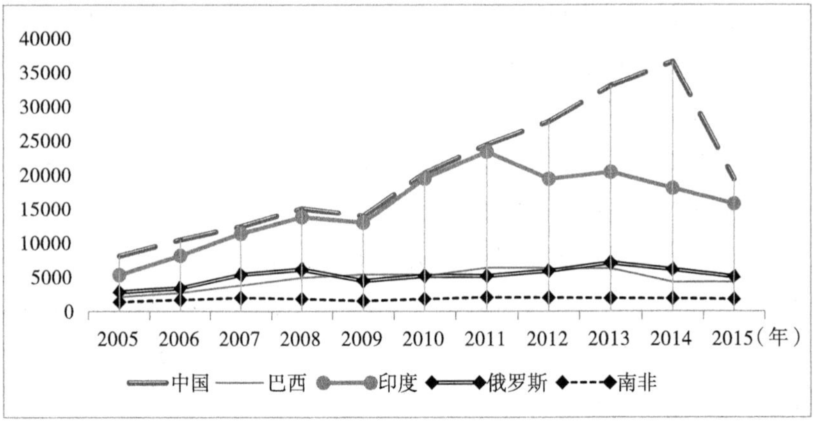

图 13-1　金砖国家 2005-2015 年金融服务贸易总额

数据来源：根据 UNCTAD 数据库相关数据整理、计算得到

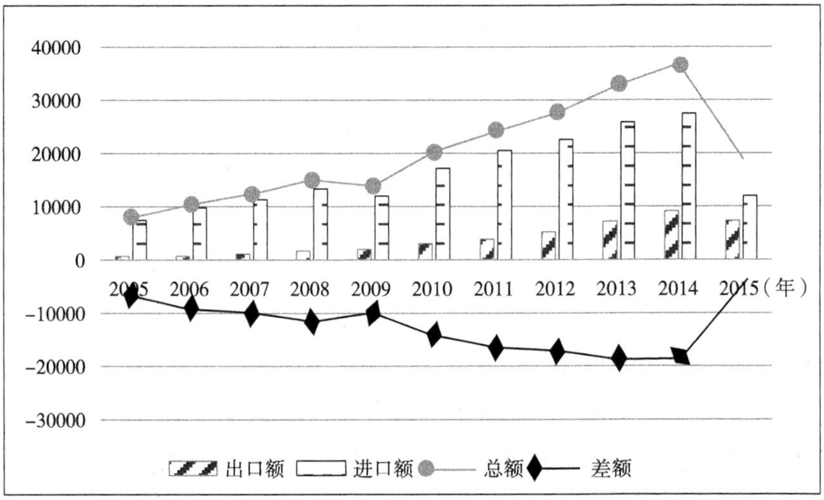

图 13-2　中国 2005-2015 年金融服务贸易发展状况

数据来源：根据 UNCTAD 数据库相关数据整理、计算得到

具体来看，中国的金融服务贸易总额在金砖国家中最高，由 2005 年的 80.54 亿美元增加至 2015 年的 192.82 亿美元，年平均增长率为 12.42%。金融服务贸易出口额也增长很快，年平均增长率达到 29%，2015 年增长到 73.1 亿美元，出口额达到 2005 年的 10.5 倍。与此同时，随着金融业开放程度不断扩大，中国金融服务贸易进口额也在稳步提升，年平均增长率达到

9.32%。但由于对金融服务的进口需求远大于出口需求，中国的金融服务贸易始终处在逆差状态，且逆差额逐年递增，在 2014 年甚至达到了 182.89 亿美元，2015 年逆差回落到 46.6 亿美元，见图 13-2。尽管发展速度快，但总体来看，中国金融服务贸易的国际竞争力水平依然较低。因此，进一步扩大我国金融服务贸易的出口规模，改变长期的逆差状态，成为金融服务贸易未来着重发展的方向。

三、金砖国家金融服务贸易国际竞争力指标比较分析

为了比较金砖国家金融服务贸易国际竞争力，本文利用 2005~2015 年金砖国家的相关数据，计算了这几个国家金融服务贸易的 MS 指数、TC 指数及 RCA 指数三个指标。

1. 国际市场占有率（MS）指数分析

国际市场占有率（Market Share）指一国（或地区）某种商品的出口总额与世界同种商品出口总额的比值，表现该国该商品出口的整体竞争力情况。MS 指数比值越高，则意味着该行业具有较高的国际市场占有率，国际竞争力越强。计算公式如下：

$$y_{it} = \alpha_{it} + x_{it}\beta_{it} + \mu_{it}(i = 1,2,...,N; t = 1,2,...,T)$$

上式中，$y_{it} = \alpha_{it} + x_{it}\beta_{it} + \mu_{it}(i = 1,2,...,N; t = 1,2,...,T)$ 表示 i 国 j 产品的国际市场占有率，$y_{it} = \alpha_{it} + x_{it}\beta_{it} + \mu_{it}(i = 1,2,...,N; t = 1,2,...,T)$ 表示 i 国 j 产品的出口总额，$y_{it} = \alpha_{it} + x_{it}\beta_{it} + \mu_{it}(i = 1,2,...,N; t = 1,2,...,T)$ 表示世界 i 产品的出口总额。

表 13-1　2005-2015 年金砖国家金融服务贸易国际市场占有率（MS）指数

年份	中国	巴西	印度	俄罗斯	南非
2005	0.249	0.230	0.747	0.256	0.236
2006	0.204	0.309	1.011	0.281	0.250
2007	0.263	0.379	1.133	0.360	0.252
2008	0.375	0.456	1.292	0.394	0.233
2009	0.473	0.469	1.238	0.339	0.226

续表

年份	中国	巴西	印度	俄罗斯	南非
2010	0.698	0.483	1.738	0.338	0.249
2011	0.784	0.605	1.791	0.291	0.248
2012	1.062	0.611	1.550	0.356	0.241
2013	1.355	0.607	1.607	0.420	0.213
2014	1.628	0.330	1.418	0.356	0.199
2015	1.355	0.321	1.356	0.326	0.197

数据来源：根据 UNCTAD 数据库相关数据整理、计算得到（单位：%）

从表 13-1 和图 13-3 可以看出，在 2005~2015 年的金融服务贸易市场上，金砖国家的 MS 指数整体均低于 2%，国际市场占有率普遍较低。其中，印度的金融服务贸易国际市场占有率相对较高，在 2011 年达到了 1.738% 的最高值，与其他四国相比显示出了一定的竞争实力。巴西金融服务贸易 MS 指数的增长幅度低于印度。而俄罗斯与南非的金融服务贸易国际市场占有率相对稳定，维持在 0.25%~0.42% 与 0.19%~0.26% 的区间范围内，增长幅度较小。

就中国而言，2008 年以前，中国的金融服务贸易 MS 指数一直低于印度、巴西和俄罗斯，但 2008 年开始，中国金融服务贸易 MS 指数开始快速增长，国际市场占有率显著提高，并在 2014 年超过了印度并处在领先地位。中国金融服务贸易出口的大幅增加明显提升了金融服务贸易竞争力，这种积极变化可能与政府推动的服务贸易发展“十三五规划”等发展战略有关。

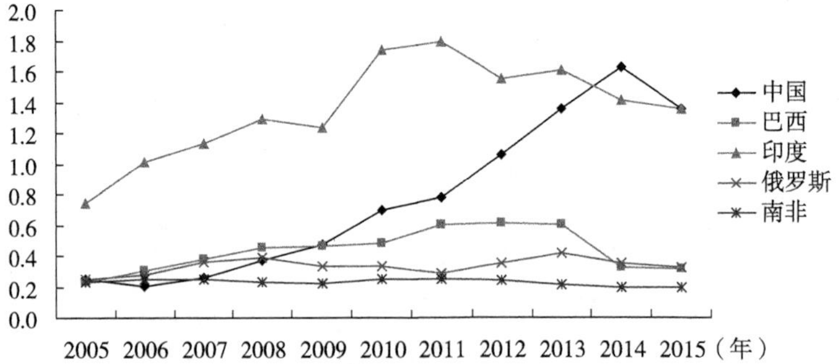

图 13-3　2005-2015 年金砖国家金融服务贸易国际市场占有率（MS）指数（单位：%）

数据来源：根据 UNCTAD 数据库相关数据整理、计算得到（单位：%）

2. 贸易竞争力（TC）指数分析

TC（Trade Special Coefficient）指数又叫贸易竞争力指数，指某行业的贸易差额占该行业贸易总额的比例，表现出该行业的国际出口竞争力状况。TC 指数剔除了通货膨胀及一国体量规模等宏观因素的影响，使不同国家间的贸易竞争力更具有可比性。计算公式如下：

$$y_{it} = \alpha_{it} + x_{it}\beta_{it} + \mu_{it}(i = 1,2,...,N; t = 1,2,...,T)$$

上式中，$y_{it} = \alpha_{it} + x_{it}\beta_{it} + \mu_{it}(i = 1,2,...,N; t = 1,2,...,T)$ 为 i 国 j 产业的出口额，$y_{it} = \alpha_{it} + x_{it}\beta_{it} + \mu_{it}(i = 1,2,...,N; t = 1,2,...,T)$ 为 i 国 j 产业的的进口额，TC 指数的取值范围为［-1,1］，当指数由“-1 → 0 → 1”变化时，该类服务出口竞争力经历了“很弱→平均水平→很强”的变化过程。

表 13-2　2005-2015 年金砖国家金融服务贸易竞争力（TC）指数

年份	中国	巴西	印度	俄罗斯	南非
2005	-0.827	-0.383	-0.211	-0.489	-0.003
2006	-0.866	-0.207	-0.142	-0.425	0.058
2007	-0.816	-0.129	-0.136	-0.414	0.137
2008	-0.774	-0.153	-0.148	-0.411	0.195
2009	-0.718	-0.276	-0.205	-0.365	0.269
2010	-0.697	-0.176	-0.215	-0.424	0.248
2011	-0.682	-0.058	-0.242	-0.438	0.223
2012	-0.624	-0.035	-0.214	-0.403	0.211
2013	-0.564	0.037	-0.163	-0.365	0.218
2014	-0.501	-0.140	-0.118	-0.341	0.222
2015	-0.242	-0.151	-0.069	-0.297	0.248

数据来源：根据 UNCTAD 数据库相关数据整理、计算得到

通过表 13-2 和图 13-4 对于 2005~2015 年期间金砖国家 TC 指数的分析可以看出，除南非外，中国、巴西、印度、俄罗斯的 TC 指数在此期间几乎均为负值，这表明该四国都是金融服务贸易的净进口国家，处于竞争劣势的地位。金砖国家中只有南非的金融服务贸易竞争力指数维持在大于 0 水

平，这可能与南非相对完善的金融监管体制有关。

中国的金融服务贸易竞争力指数长期处于 –0.6 的临界值以下，说明中国金融服务贸易逆差现象严重；在 2006 年以后逐年递增，并在 2014 年增幅达到 51.6%，这表明中国金融服务贸易具有较大的上升潜力，并且上升速度快，可能未来有望突破负指数，并继续提升。由此看出，金融服务贸易逆差的缩小甚至扭转，将是中国提高金融贸易竞争力水平的重要步骤，因此，必须采取更多措施为金融服务贸易的出口扩大创造有利条件。

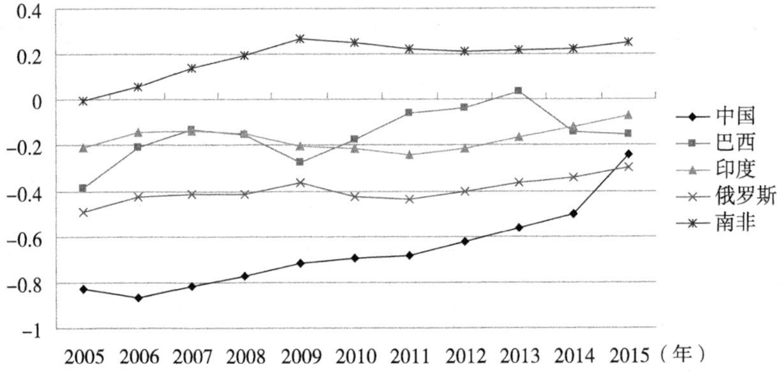

图 13–4　2005–2015 年金砖国家金融服务贸易竞争力（TC）指数

数据来源：根据 UNCTAD 数据库相关数据整理、计算得到

3. 显性比较优势（RCA）指数分析

显性比较优势指数又叫 RCA（Revealed Comparative Advantage）指数，是一国的某商品或服务出口额占该国出口总额与世界该种商品或服务的出口额占世界出口总额的比例。该指数剔除了一国与世界经济总量波动的影响，排除了国家体量与进出口规模等因素，故相较于 MS 指数与 TC 指数更加客观全面。计算公式如下：

$$y_{it}=\alpha_{it}+x_{it}\beta_{it}+\mu_{it}(i=1,2,...,N;t=1,2,...,T)$$

上式中，$y_{it}=\alpha_{it}+x_{it}\beta_{it}+\mu_{it}(i=1,2,...,N;t=1,2,...,T)$ 为某国第 i 种商品或服务的出口额，$y_{it}=\alpha_{it}+x_{it}\beta_{it}+\mu_{it}(i=1,2,...,N;t=1,2,...,T)$ 为该国商品和服务的出口总额，$y_{it}=\alpha_{it}+x_{it}\beta_{it}+\mu_{it}(i=1,2,...,N;t=1,2,...,T)$ 为世界第 i 种

商品或服务的出口额，$y_{it}=\alpha_{it}+x_{it}\beta_{it}+\mu_{it}(i=1,2,\ldots,N;t=1,2,\ldots,T)$ 为世界商品和服务的总出口额。当 RCA>2.5 时，该国该产业的国际竞争力非常强；当 1.25<RCA<2.5 时，该国该产业的国际竞争力很强；当 0.8<RCA< 1.25 时，该国该产业的国际竞争力比较强；当 RCA<0.8 时，则该国该产业的国际竞争力比较弱。

表 13–3　2005–2015 年金砖国家金融服务贸易显性比较优势（RCA）指数

年份	中国	巴西	印度	俄罗斯	南非
2005	0.050	0.268	0.449	0.150	0.531
2006	0.037	0.351	0.533	0.152	0.576
2007	0.044	0.412	0.563	0.192	0.584
2008	0.061	0.451	0.584	0.181	0.573
2009	0.077	0.468	0.541	0.188	0.560
2010	0.101	0.448	0.679	0.175	0.518
2011	0.104	0.526	0.670	0.140	0.522
2012	0.137	0.545	0.570	0.168	0.545
2013	0.171	0.572	0.593	0.199	0.522
2014	0.188	0.328	0.521	0.186	0.521
2015	0.144	0.341	0.474	0.214	0.518

数据来源：根据 UNCTAD 数据库相关数据整理、计算得到

由表 13–3 可以看出，2005~2015 年间，金砖国家的显性比较优势指数均小于 0.8，这说明金砖国家金融服务贸易处于显性比较劣势的地位。其中，印度与南非的 RCA 指数相对较高，处于 0.45–0.68 和 0.52–0.59 的区间内，虽然上下波动但仍具有上升趋势。俄罗斯的 RCA 指数相对比较稳定，维持在 0.2 的水平。而中国的 RCA 指数长期低于 0.2 水平，是金砖国家 RCA 指数最低的。中国贸易结构中货物贸易长期占主导地位，而服务行业起步较晚、底子薄，服务贸易发展相对较慢，服务贸易在总贸易中占比较低，而金融服务贸易方面更是发展不足。

从 RCA 指数的比较可以发现，金砖国家的金融服务贸易国际竞争力与发达国家还是有相当大的差距、金融服务贸易市场潜力亟待发掘。

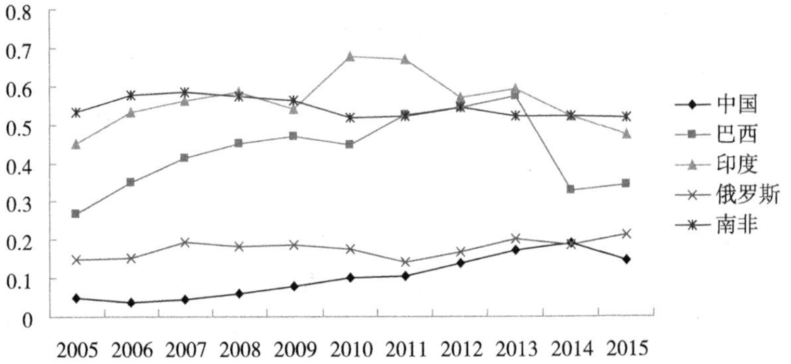

图 13–5　2005–2015 年金砖国家金融服务贸易显性比较优势（RCA）指数

数据来源：根据 UNCTAD 数据库相关数据整理、计算得到

4. 小结

金砖国家的金融服务贸易国际竞争力普遍较弱，且发展较不平衡、各经济体的发展速度明显不同。其中，印度在金融服务贸易 MS 指数、RCA 指数等指标上表现出比其他四国更强的竞争力，南非则在TC指数上比较突出。

与其他金砖国家相比，中国的金融服务贸易国际竞争力仍然较弱，国际市场的占有率水平低、金融服务贸易净进口的状况仍没有改变。但可喜的是，近年来在政府对服务贸易发展的大力扶持下，中国金融服务贸易发展迅速，各指标呈现出逐年大幅上升的趋势，其中MS指数在10年内增长近7倍、TC 指数增长近 4 倍。因此，从增长速度和趋势来看，中国金融服务贸易的发展有很大潜力，竞争力在未来将有更大的提高，具有良好的发展前景。

但值得注意的是，本文所采用的三个指标虽然反映了金砖国家金融服务贸易国际竞争力的重要外部特征，但也可能受到国家贸易体量大小等其他因素的影响，使分析结果出现一定的偏差。因此，对金砖国家金融服务贸易国际竞争力的影响因素进行实证分析，才能对这五国金融服务贸易的发展有更深入的分析，从而找到影响金融服务贸易竞争力的主要因素，提出进一步提升五国金融服务贸易国际竞争力的思路。

四、实证研究

基于中国、巴西、印度、俄罗斯、南非 2005~2015 年的面板数据，本文采用各国金融服务贸易竞争力指数（TC 指数）作为被解释变量，普通高校学生入学率、城镇化率、互联网普及率、FDI 对 GDP 的依存度、货物贸易出口额、金融服务市场集中度以及金融服务贸易开放度作为解释变量进行实证分析，以进一步明确影响金砖国家金融服务贸易国际竞争力的主要因素。

1. 影响因素指标及模型的选取

基于波特的"钻石模型"，并借鉴庄惠明，黄建忠等（2009），陈虹（2010），黄满盈，邓晓虹（2011），姚晓棠，方晓丽（2013）等学者的研究成果，本文选择了如下 7 个变量作为研究金砖国家金融服务贸易国际竞争力的自变量。

在要素条件方面，高级要素相对于初级要素对提高一国金融服务贸易竞争力水平的影响更加显著。金融服务行业的兴起与发展离不开人才、城市化发展以及信息技术的支持，因此，这里选取各国高校入学率作为人力资本要素衡量指标、城镇化率作为城市发展水平要素衡量指标、互联网普及率作为技术要素衡量指标。在需求条件方面，由于资本的高流动性，选取各国 FDI 对该国 GDP 的依存度来衡量对金融服务贸易的需求。在相关产业与支持产业要素方面，货物贸易的出口会在一定程度上带动服务贸易的发展，故选取货物贸易出口额作为衡量指标。在企业战略结构与同业竞争要素方面，国内金融市场的竞争程度会影响该国金融服务贸易产业的发展，故选取一国金融服务市场集中度作为衡量指标。在政府要素方面，政府在助推本国金融对外开放方面有很强的推动作用，故选取一国金融服务贸易开放度作为衡量指标。

各变量的具体名称及在"钻石模型"中对应的要素如表 13–5 所示：

表 13–4　各变量名称及说明

变量	指标名称	单位	对应要素
y	金融服务贸易 TC 指数	%	—
X_1	高校生人学率	%	要素条件
X_2	城镇化率	%	
X_3	互联网普及率	%	

续表

变量	指标名称	单位	对应要素
X_4	FDI 依存度	%	需求条件
X_5	货物贸易出口额	百万美元	相关产业与支持产业
X_6	金融服务市场集中度	%	企业战略、企业结构、同业竞争
X_7	金融服务贸易开放度	%	政府

注：因“机遇”要素不易测量，故在此不做实证分析。

其中，金融服务市场集中度等于该国前五大商业银行总资产除以该国金融机构总资产；金融服务贸易开放度（X7）数据由金融服务贸易进出口总额除以 GDP 总额得到。

本文中，除 X5 外所有的变量均采用比例的数值形式，消除了不同量纲对回归结果的影响，且保证了数据的平稳性，故本文实证部分将省略平稳性检验的过程。

考虑到变量的个数以及样本的时间跨度，本文采用的实际模型为：

$$y_{it}=\alpha_{it}+\beta_{it}X_{1it}+\delta_{it}X_{2it}+\eta_{it}X_{3it}+\psi_{it}X_{4it}+\phi_{it}X_{5it}+\varphi_{it}X_{6it}+\sigma_{it}X_{7it}+\mu_{it}$$

其中， $i=1,2,3,4,5;t=2005,2006,\ldots,2015$

2. 基于面板数据模型的实证分析

本文研究样本涵盖了中国、巴西、印度、俄罗斯及南非五个国家金融服务贸易的 8 个变量共 11 年的数据，且样本横截面的数量略小于时间序列的数量。这里，各国各年度的人口总数、高校入学人数、城市人口数、互联网用户人数、FDI、GDP、金融服务市场集中度等变量的数据均来自于世界银行官网数据库（http：//data.worldbank.org.cn/）。

（1）描述性统计分析

由表 13-5 可以看出，各变量的标准差均在 0.65 以下，说明各变量内的差异性不大，波动较小。同时，各变量的 VIF 值均小于 10，表明变量间不存在多重共线性问题，可直接进行回归分析。

表 13-5　各变量描述性统计

变量	平均值	标准差	最小值	最大值	VIF 值
y	0.239	0.303	-0.866	0.269	—

续表

变量	平均值	标准差	最小值	最大值	VIF 值
X_1	0.355	0.229	0.107	0.804	6.58
X_2	0.601	0.189	0.292	0.857	8.31
X_3	0.305	0.195	0.024	0.734	2.66
X_4	–0.129	0.015	–0.042	0.195	1.47
X_5	0.507	0.627	0.052	2.342	3.04
X_6	0.661	0.245	0.302	0.999	3.81
X_7	0.005	0.003	0.002	0.128	5.65

（2）相关性检验

利用 Stata12.0 软件对金砖国家 2005~2015 年的面板数据进行相关性分析，结果如表 13–6 所示。可以发现，除变量 X3（互联网普及率）与 X1（高校生入学率）及 X2（城镇化率）的相关性程度较高以外，其余变量之间的相关系数均小于 0.6，这表明各自变量之间不存在较强的相关性。

表 13–6 自变量间的相关系数

	X_1	X_2	X_3	X_4	X_5	X_6	X_7
X_1	1.000						
X_2	0.5855*	1.000					
	（0.000）						
X_3	0.6011*	0.6159*	1.000				
	（0.000）	（0.000）					
X_4	0.3667*	0.095	0.223	1.000			
	0.006	（0.490）	（0.101）				
X_5	0.027	–0.198	0.229	–0.250	1.000		
	（0.845）	（0.147）	（0.093）	（0.066）			
X_6	–0.4990*	0.173	0.103	–0.288	0.172	1.000	
	（0.000）	（0.207）	（0.455）	（0.033）	（0.209）		
X_7	–0.3706*	–0.4718*	–0.4070*	0.100	–0.303	–0.309	1.000
	（0.000）	（0.000）	（0.000）	（0.468）	（0.024）	（0.022）	

（3）回归分析

Hausman 检验。进行回归分析前，首先应进行 Hausman 检验，以判断回归采用固定效应模型还是随机效应模型。Hausman 检验的原假设认为，随机模型中个体影响与解释变量间不存在相关关系。若检验结果不显著，则接受原假设，即采用随机效应模型；反之则采用固定效应模型。用 Stata 12.0 进行 Hausman 检验结果如下表所示。由于 p 值小于 0.05，则表明应拒绝原假设，使用固定效应模型。

表 13-7　Hausman 检验

	相关系数	
	固定效应模型（fe）	随机效应模型（re）
X_1	0.645	-0.296
X_2	2.327	0.661
X_3	-0.018	0.448
X_4	-0.634	3.206
X_5	0.131	-0.227
X_6	-0.776	0.531
X_7	-22.147	67.961
chi2（7）=319.80		
Prob>chi2=0.000		

序列自相关检验。随后利用 Stata 12.0 进行 xtserial 检验以判断各变量之间的自相关性。xtserial 检验的原假设是各变量之间不存在一阶自相关性，根据检验得到的 p 值结果为 0.51，则无法拒绝原假设、因此不存在序列自相关性。异方差检验。再对原回归方程进行异方差的检验。利用 Stata 12.0，输入代码 xttest3，用于检验固定效应模型中的异方差问题。xttest3 的原假设是不存在异方差情况，根据所得到的检验结果，p 值为 0.0791 大于 0.05，则应接受原假设，即存在同方差。

回归结果分析。由上文检验结果可知，原变量之间存在非自相关与同方差性。因此本文对固定模型进行非自相关与同方差性的修正，使用固定效应广义最小二乘法 xtgls 模型对面板数据进行回归。利用 Stata 12.0，得到的回归结果如表 13-8 所示：

表 13-8　固定效应 xtgls 模型参数估计结果

变量	X_1	X_2	X_3	X_4	X_5	X_6	X_7	_cons
Coef.	-0.296	0.661	0.448	3.207	-0.227	0.531	67.962	-1.191
	（0.218）	（0.293）	（0.161）	（1.555）	（0.054）	（0.153）	（16.124）	（0.253）
P>|z|	0.175	0.024	0.005	0.039	0.000	0.001	0.000	0.000
Wald chi（7）		191.66		R-squared		0.7770		
Prob>chi2		0.000		Adj R-squared		0.7438		

注：括号内为标准误。

由表 13-8 数据可知，固定效应 xtgls 模型的拟合程度较高，R 方为 0.777，调整的 R 方达到了 74.38%，p 值为 0，回归模型在 1% 的水平上整体显著。同时，各解释变量的 p 值除 X1 外均小于 0.05，这表明各回归系数在 95% 的水平上显著。

根据上述估计，可以得出以下实证分析结果：

（1）高级要素条件方面。高校学生入学率对 TC 指数的相关系数为负，且每增加 1% 的高校入学率将带来金融服务贸易 TC 指数 0.296% 的下降。原因可能是，尽管高校入学人数增加，但可能在学科结构上分布不均衡，导致金砖国家金融高素质人才仍然匮乏，金融行业的高等人才并未由此明显增加，该国金融领域人力资本要素依旧稀缺，未能对金融服务贸易国际竞争力提升做出贡献。未来如有更为详尽的金融人才占比等指标，可以对人力资本的贡献再深入研究。

提高一国的城市化率及互联网普及率将在一定程度上提升该国金融服务贸易 TC 指数，且城市化率及互联网普及率与 TC 指数的相关系数分别为 0.661 与 0.448。城市人口以及互联网用户的增加将不断扩充金融服务业的资产规模，提高金融服务质量，促进本国对金融服务产品出口供应量的增加，故金融服务出口规模将进一步提升，最终导致一国金融服务贸易国际竞争力的提升。

（2）需求要素与金融服务贸易国际竞争力有较明显的正相关关系。实证结果显示，一国对外直接投资对 GDP 依存度的提升将促进该国金融服务贸易 TC 指数的增加，且 FDI 依存度每增加 1%，TC 指数将增加 3.207%。

这表明扩大对外直接投资与吸收外资流入的总量将在很大程度上提升一国金融服务贸易出口的规模，进一步促进该国金融服务业不断创新发展，最终带来金融服务贸易国际竞争力的提升。

（3）相关产业因素对金融服务贸易出口有比较小的限制性影响。货物贸易出口额与金融服务贸易 TC 指数的相关系数为负，伴随着每 1% 百万美元货物贸易出口额的增加，金融服务贸易 TC 指数将下降 0.227%。原因可能是，货物贸易的进出口对服务贸易进口的贡献度大于对服务贸易出口的贡献度，且世界贸易主体长期存在普遍的经常项目“非对称性”，[①]往往货物贸易的顺差额越大的国家其服务贸易的逆差额也越大，反之，货物贸易逆差额大的国家和地区其服务贸易的顺差额也越大。原因在于，对主要的经济体而言，货物贸易和服务贸易在贸易结构上存在优势替代效应，即一个经济体很难长期保持货物和服务贸易的双顺差或者双逆差，尤其是双顺差。在发展中国家，由于发展极不平衡，大多数国家货物贸易均处于顺差而服务贸易处于逆差。货物贸易在总体贸易量规模仍占比很大，且主要依托于传统的第一、第二产业；而作为第三产业的服务业尤其是金融服务业起步较晚，发展速度缓慢，服务质量水平低，贸易逆差严重。故货物贸易出口量的增加（顺差的扩大）可能在一定程度上影响金融服务贸易的发展，从而限制一国金融服务贸易国际竞争力水平的提高。

（4）企业战略结构与同业竞争要素对金融服务贸易国际竞争力有一定的正相关关系。实证结果显示金融服务贸易集中度与 TC 指数的相关系数分别为 0.531。这表明随着金融服务行业改革的不断深入，较高的行业集中程度将更好地促进金融服务专业水平的提升与对外融合，因此金融服务出口规模将进一步提升，导致一国金融服务贸易国际竞争力的提升。

（5）政府要素对金融服务贸易国际竞争力有非常显著的正向影响。金融服务贸易开放度每增加 1%、将造成 TC 指数增加 67.962%，这说明一国金融服务贸易市场的开放将在极大程度上促进该国金融服务贸易国际竞争力的提升。原因在于金融服务贸易市场的开放将鼓动本国金融服务机构走出国门、开拓海外市场，并导致国外对本国市场金融服务产品需求的增

① 程大中，国际服务贸易学，复旦大学出版社，2007 年 11 月，第 22-24 页 .

加，促进本国金融服务出口，最终提高一国金融服务贸易国际竞争力。

综合上述回归结果表明，一方面，伴随着一国城市化率、互联网普及率、FDI 依存度、金融市场集中度以及金融服务贸易开放度的提高，该国金融服务贸易竞争力水平将有所提升。其中金融服务贸易开放程度对金融服务贸易竞争力的影响最强，表明一国政府应大力开放本国金融服务贸易市场以扩大其竞争力。

另一方面，普通高等学校入学率及货物贸易出口额与金融服务贸易 TC 指数的相关系数是负的，表明高校入学率的提高如果不伴随金融学科人才培养比例的增加将不会有利于促进金融服务贸易发展，而货物贸易出口额的增加也不会带来金融服务贸易国际竞争力的提升，这可能与发展中国家依托的资源要素特征以及原本的经济贸易整体结构有关。故有关部门应进行相应的政策策略的调整，加大金融服务贸易的出口规模以及对金融专业性人才的培养。

五、结论及政策建议

金砖国家的金融服务贸易国际竞争力在整体上虽有稳步攀升的态势，但与世界发达国家仍对比悬殊，且五国发展较不平衡。金砖国家中，印度在金融服务贸易国际市场占有率、显性比较优势等指标上表现出比其他四国更强的竞争力；南非则在金融服务贸易竞争力指标上领先于其他四国。原因可能在于印度和南非的金融市场较为开放、金融体制相对自由。

金砖国家中，中国金融服务贸易国际竞争力的各项指标虽相较而言还比较低，但近年来表现出非常强劲的增长趋势。在 2005~2015 年间，中国金融服务贸易总额较之前翻了一番，年平均增长速度为 12.42%，其中出口额年均增长率更是达到 29%。中国金融服务贸易 MS 指数、TC 指数、RCA 指数均有很大幅度的提高。

通过对金砖国家金融服务贸易国际竞争力的影响因素进行实证分析后，可以发现，一国金融服务贸易开放度（X7）对该国金融服务贸易 TC 指数的影响最为显著，相关系数达到 67.962。这意味着提高国家的金融服务贸易开放水平可以很大程度上增强该国的金融服务贸易国际竞争力。由此可见，政府因素对于一国竞争力具有显著的因果关系。同时高校入学率（X1）、货物贸易出口额（X5）与金融服务贸易 TC 指数负相关，可能与发展中国家经济增长结构及依托的资源要素有关。

根据前文的实证研究结果，并借鉴其他金砖国家的发展经验，本文对提升我国金融服务贸易国际竞争力提出以下建议：

第一，扩大金融业开放，推进金融服务贸易自由化。

根据前文有关数据，中国的金融服务贸易开放程度还不够高，远低于印度、南非等国家。要提高中国金融服务贸易的国际竞争力水平，必须在宏观上采取适度开放、稳步推进的原则，为金融服务贸易的良性竞争提供良好条件。一方面要大力提升国家金融服务产业的质量与规模，鼓励金融机构走出去、参与国际分工，提升自身的营销、创新能力；另一方面要放宽金融市场的准入，引进国外优秀金融服务企业，为国内金融服务行业提供示范与竞争效应。

现阶段，我国金融服务贸易市场的开放正在稳步推进。人民币的国际化进程为提升我国金融服务的出口提供了一个良好的契机，在降低因汇率变动带来的交易成本的同时，为中国金融服务业带来了更多的人民币计价贸易与投资机会。同时，上海自贸试验区金融创新试点的开放、加强人民币的跨境使用与资本项目可兑换化、进行外汇管理体制改革等系列政策措施，都在一定程度上消除了贸易壁垒。上海自贸区与上海国际金融中心建设相联动，通过在上海自贸区内集聚发展银行、证券、保险等行业的各类功能性金融机构，启动 QDII 与 QDII2 试点并推广创新贸易结算、贸易融资类业务，鼓励国内经济主体由自由贸易账户开展涉外贸易投资活动，将不断助推中国金融服务贸易业拓宽海外市场、提高对外的开放程度。

第二，优化金融服务贸易结构，增强金融服务出口优势。

与其他金砖国家相比，我国的金融服务贸易经常账户严重失衡，常年处于逆差状态。为提高中国金融服务贸易的出口份额，进一步完善金融服务贸易的进出口结构，必须努力使服务产品从劳动、资源密集型向资本、技术密集型转变，并加大对金融相关产业的研发创新。同时，我国政府应积极参与国际服务贸易谈判，为我国金融服务贸易“走出去”创造积极健康的市场环境。

目前中国政府正积极探索金融服务贸易新出路，加大“走出去”的步伐。2015 年 3 月，国家发改委、外交部、商务部联合发布《推动共建丝绸之路经济带和 21 世纪海上丝绸之路的愿景与行动》，标志着中国“一带一路”倡议的启动。同年 12 月，亚洲基础设施投资银行正式成立，成为中国重要的金融外交战略之一。“一带一路”倡议的实施与亚投行的建立将帮助中国打造绕开现有金融机构的新联盟，提高中国在国际金融市场的话语权；同时促进金融服务贸易投资的便利化与规模化，提高中国对“一带一路”沿线国家及亚投行成员国家金融服务产品的出口量，共同推动金融服务贸易产业内上下游企业之间、各相关行业之间、各个国家和地区之间的创新与联动发展。目前，“一带一路”沿线作为经贸往来的大动脉已成为中国金融业内争相投资的热点。

第三，加强与其他金砖国家的合作，共同提升金融服务贸易竞争力。

自 2010 年金砖国家正式形成以来，中、巴、印、俄、南非在诸多领域都开展了系列合作机制，取得多项实质性进展。其中，在金融服务贸易领域，金砖国家先后签署了关于银行合作机制、本币贸易结算与信用证保兑服务等多项金融协议，同时积极开展磋商会谈对话、建立完善金砖国家经贸部长年度会议机制、提出贸易投资便利化行动计划，合作势头不断上升。

随着 2015 年 7 月金砖国家新开发银行的成立，金砖国家积极互相推动国家基础设施建设，探索全球范围内的可持续发展契机，并建立应急储备基金、构筑共同的金融安全网。金砖国家新开发银行等支持性金融机构将充分发挥主体作用，助力银团贷款、股权融资、跨境并购与重组等金融服务再升级，推进金砖国家金融服务贸易水平的整体提升。金砖国家还将持续加强合作，风险共担，努力在金融服务贸易领域取得共赢。因此，中国应抓住机遇、积极顺应合作潮流，持续深化合作机制，与其他金砖国家一起不断加大新兴国家在全球金融市场的话语权，共同提升金融服务贸易国际竞争力。

最后，还要大力培养金融业人才，提高人才培养质量。

在我国金融机构海外业务快速扩张的过程中，急需既懂东道国语言、文化、法制环境，又懂金融专业的高水平人才，因此，高层次复合型金融人才的培养应得到充分重视。同时也要为金融人才创造更多的海外实践机会，努力提升其专业素养与国际化视野，从而提高金融机构的海外业务能力，以促进中国金融服务贸易的整体竞争力提升。

参考文献

[1] Goldberg L., D.Johnson. The determinants of US banking activity abroad [J]. Journal of International Money & Finance, 1990, 9 (2): 123-137.

[2] Porter M. The Competitive Advantage of Nation. Free Press, New York, 1991.

[3] Moshirian.F. Trade in Financial Services [J]. World Economy, 1994, 17 (3): 347 - 364.

[4] Claessens S., Laeven L. What Drives Bank Competition? Some International Evidence [J]. Journal of Money Credit & Banking, 2004, 36 (3): 563-583.

[5] 曹瑛，王耀中．内地与香港金融服务贸易竞争力的比较及启示［J］．国际经贸探索，2009, 25（11）：25-29.

[6] 陈虹，章国荣．中国服务贸易国际竞争力的实证研究［J］．管理世界，2010（10）：13-23.

[7] 董小芳．金融服务贸易国际竞争力及发展潜力研究——基于EBOPS统计的分析［J］．中南财经政法大学研究生学报，2013（3）：45-51.

[8] 黄满盈，邓晓虹．中国金融服务贸易国际竞争力的影响因素：基于钻石模型的实证分析［J］．世界经济研究，2011（7）：3-9.

[9] 冯宗宪，郭根龙．国际金融服务贸易自由化与中国金融业［M］．北京：中国金融出版社，2001.

[10] 李杨．金砖国家服务贸易竞争力比较及其合作研究［J］．亚太经济，2012（2）：75-79.

[11] 聂聆，骆晓婷．“金砖四国”生产性服务贸易结构与竞争力研究［J］．中央财经大学学报，2011（3）：67-79.

[12] 桑百川，郑伟，谭辉．金砖国家服务贸易发展比较研究［J］．经济学家，2014（3）：93-100.

[13] 蒲红霞，马霞．增加值贸易下金砖国家服务贸易竞争力比较分析［J］．亚太经济，2015（1）：13-23.

[14] 秦嗣毅，杨浩．金砖四国金融服务贸易国际竞争力研究［J］．东北亚论坛，2011，20（1）：68-74.

[15] 吴贤彬，陈进，华迎．基于 srca 和 lafay 指数的“金砖五国”服务贸易结构竞争力分析［J］．宏观经济研究，2012（2）：42-49.

[16] 余道先，刘海云．我国服务贸易结构与贸易竞争力的实证分析［J］．国际贸易问题，2008（10）：73-79.

[17] 余道先，王露．金砖国家服务贸易国际竞争力研究—基于贸易增加值和全球价值链

的视角［J］. 国际贸易问题，2016（8）：36–46.

［18］姚海棠，方晓丽 . 金砖五国服务部门竞争力及影响因素实证分析［J］. 国际贸易问题，2013（2）：100–110.

［19］庄惠明、黄建忠、陈洁 . 基于“钻石模型”的中国服务贸易竞争力实证分析［J］. 财贸经济，2009（3）：83–89.

［20］赵放，冯晓玲 . 中美服务贸易国际竞争力比较分析——兼论中国服务贸易结构性失衡［J］. 世界经济研究，2007（9）：42–48.

［21］张欣，崔日明 .“金砖四国”服务贸易竞争力分析［J］. 亚太经济，2011（1）：65–68.

第十四章　中韩经贸合作：过去、现在、未来

禹辰勋

【摘要】1992年8月，中、韩建交之后，两国在贸易合作领域得到迅速增长，出现相辅相成的局面，中国经济的平稳发展也为韩国平安度过1997年的亚洲金融危机和2008年的全球金融危机做出了很大贡献。但是“萨德”争端的出现，使中韩两国最近在政治外交方面受到冲击。但是，如果考察中韩近来的经贸交流状况，实质影响并不大。本文接下来将首先对中韩贸易25年进行回顾，然后就两国的贸易结构进行分析，进而讨论萨德争端后的经贸状况，最后对两国经贸合作未来的发展进行展望。

【关键词】经贸合作；萨德争端；贸易结构

一、中韩贸易的回顾与观察

中韩两国1992年建交时的贸易额为63.8亿美元，到2016年两国的贸易额为2144亿美元，增长了近34倍。除了在1998年亚洲金融危机期间两国的贸易额降低到182亿美元，其他时间都是平稳增长。2001年年末，中国加入WTO后，两国贸易更是出现激增（2002~2005年：每年平均增长20%以上），2010年后保持稳定发展；两国贸易额在2013年创历史新高达到2354亿美元；2015年由于受到国家生活性改革现象的影响，两国贸易额有所下降。中韩两国通过艰难谈判最终实现中韩自贸区，两国贸易迈向了突破，2017年上半年两国的双边贸易比去年同期增长了5%~7%。

韩国对中国贸易收支动向，除了2008年金融危机之外，其他时间韩国对中国的贸易收支都实现了贸易顺差；1992年出现10.7亿美元的贸易逆差，在2016年恢复到了374.5亿美元贸易顺差，中韩两国建交后累计贸易

收支顺差规模达到 5309 亿美元；2013 年，达到 628 亿美元创历史最高后 2014 年逐渐减少，其原因是中国的“红色供应链 ”代替进口产品；韩国企业撤出中国，转向东南亚等。

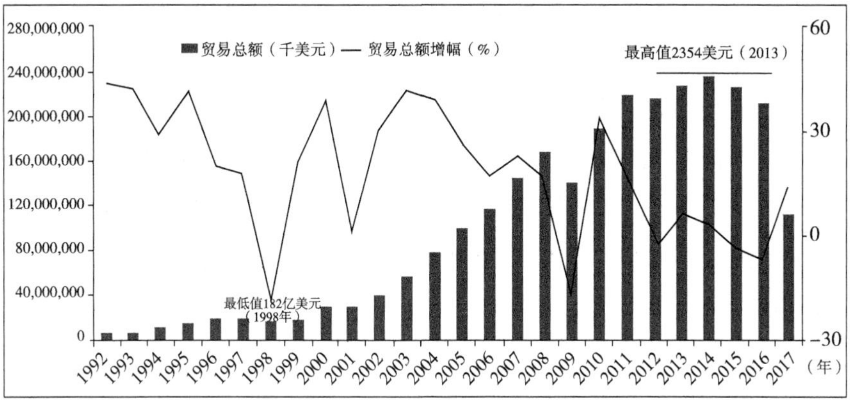

图 14–1　中韩贸易动向

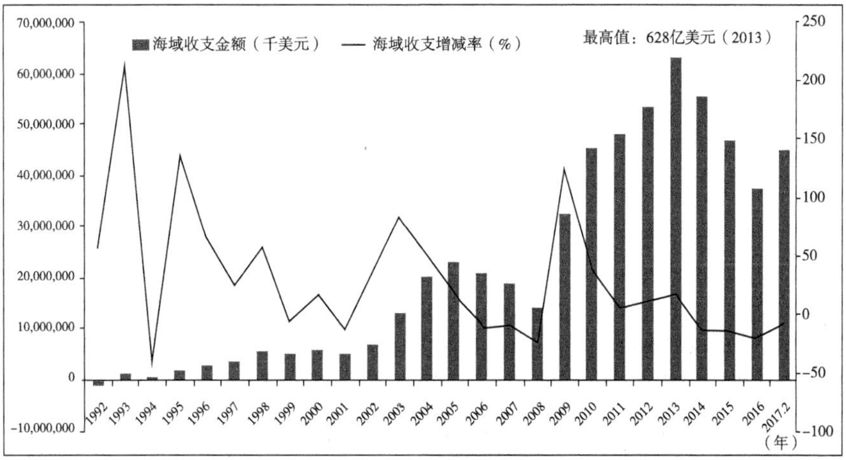

图 14–2　韩国对中国贸易收支动向

在韩国对主要国家进出口比重中，韩国对中国市场出口的依赖度为 25.1%，对美国市场的依赖度为 3%，对日本市场的依赖度为 5%；韩国对中国市场进口的依赖度为 21.4%，对美国市场的依赖度为 10.6%，对日本市场的依赖度为 11.7%，由这些数据可以看出韩国对中国市场的进出口依赖度还是很高的；三国贸易又存在着贸易顺差、逆差关系即韩国对中国的贸易顺差、中国对日本的贸易顺差和日本对韩国的贸易顺差关系，从产业链结构看：韩国主要从日本进口核心原材料；日本主要从中国进口农副产品、劳动力；中国主要从韩国进口中间材料。

成为大国的成长过程是从制造业大国到贸易大国到金融大国，这个成长过程中国已经完成了一半，要想突破金融大国最主要的是核心技术。

面对中国大陆这个庞大的市场，韩国、日本、美国以及中国台湾地区争夺非常激烈；在对中国进口市场份额中原本日本遥遥领先，由于受到2013年中日钓鱼岛纷争的影响，日本对中国进口市场份额逐年下降到2017年下降到了9.3%；2013年后韩国对中国进口市场份额逐年上升，再达到了10.9%后又逐年下降，在2017年降到了9.4%。

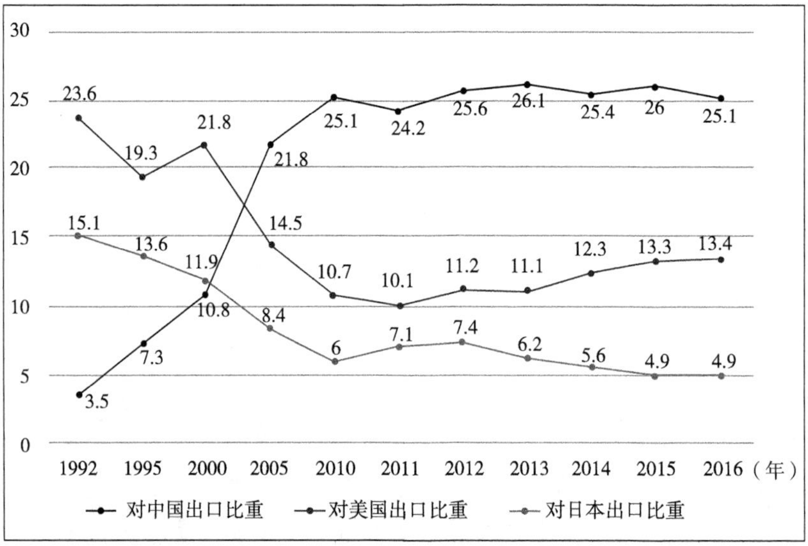

图 14–3　韩国对主要国家的出口比重对比（%）

2001年加入WTO后，中国的进口市场实现了高速增长，在2003年达到39.9%，2009年金融危机后首次出现下降；2010年大幅增长后继续保持稳定增长，2015年起下降；中国的进口市场在2014年达到最高值19493亿美元，2016年下降到15247亿美元；在中国进口市场缩小的情况下，韩国、日本、美国、中国台湾对中国大陆进口市场的竞争越来越激烈，中国的进口市场规模暂时缩小，随着中国本地企业的快速发展，中国进口市场内竞争愈发激烈。

从中国的出口与韩国对中国出口以及中国的进口与韩国对中国出口来看，中韩两国是典型的合作关系模式，也是一个很高的正相关的关系，虽然在2013年两国暂时脱离了正相关的关系，但是在2016年又很快恢复了正相关的关系。

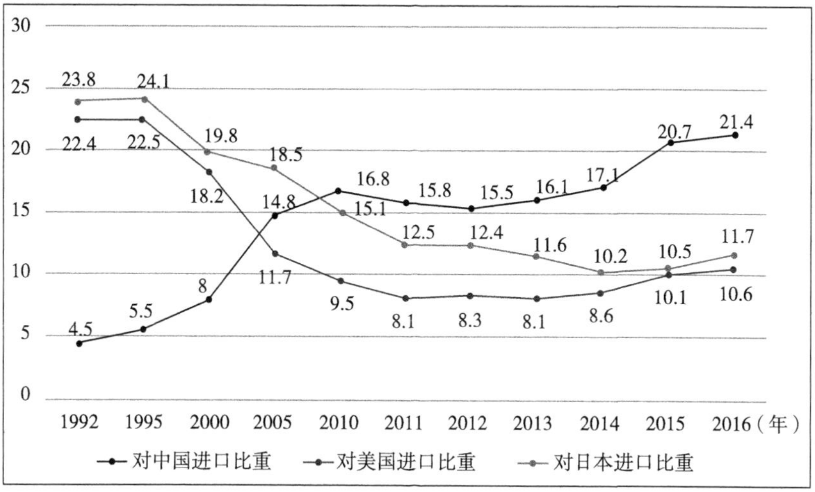

图 14-4　韩国对主要国家的进口比重对比（%）

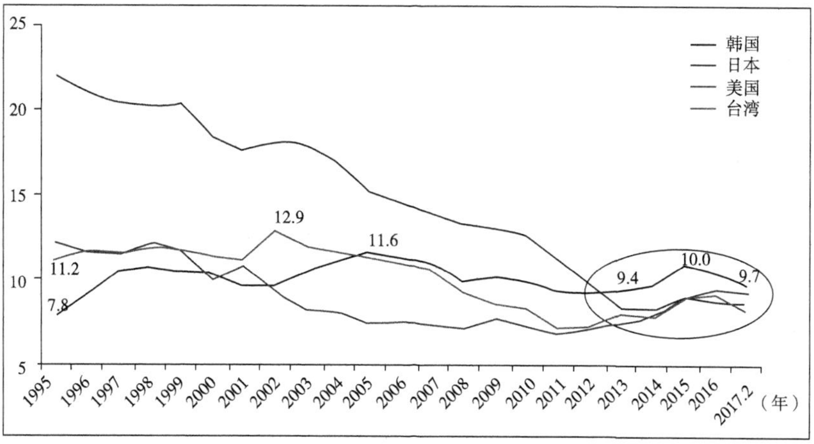

图 14-5　不同国家对中国进口市场份额排名及占比（%）

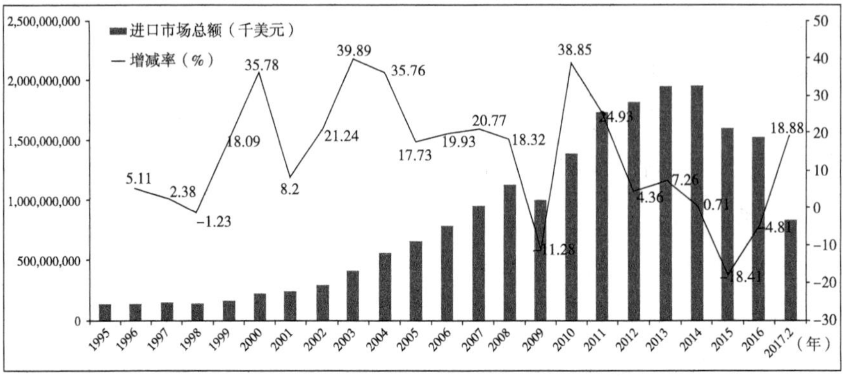

图 14-6　中国进口市场动向

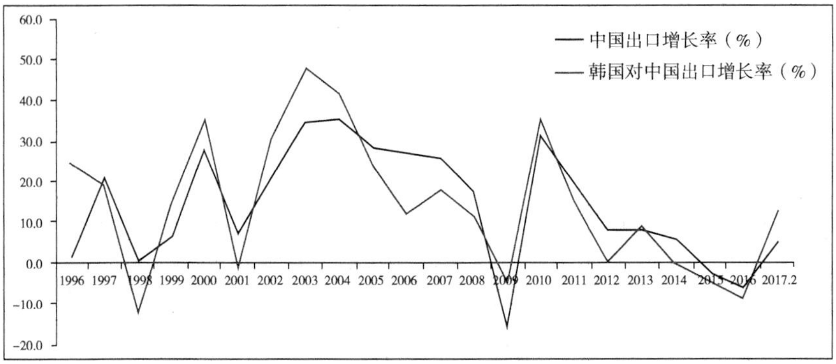

图 14-7　中国的出口 VS 韩国对中国出口

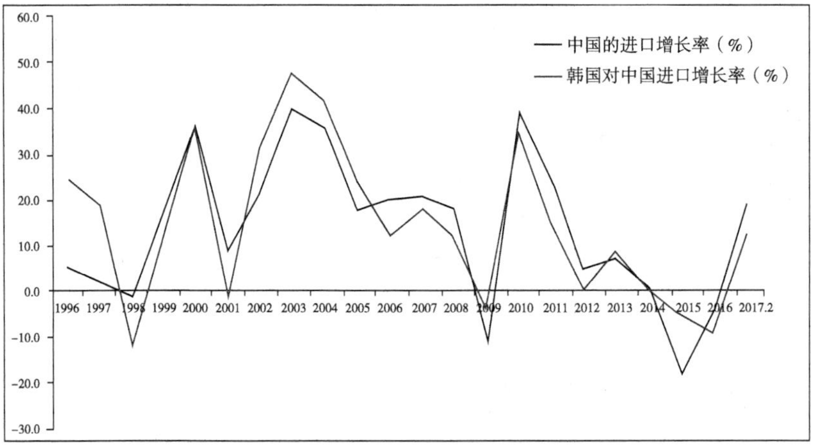

图 14-8　中国的进口 VS 韩国对中国出口

从两国的投资趋势看，韩国对中国的投资比重在2014年达到40%后逐渐下降，1992年建交时韩国对中国投资1.4亿美元，2016年达到33亿美元，增长24倍；韩国的海外投资中，对中国投资额所占比重2005年达到最高值39.4%后2016年下降到9.4%。2006年，新建企业数最高达到2389家后出现下降，2016年达到695家，虽然新建企业数有所下降，但是每个企业的投资规模越来越大，造成这种现象的主要原因是：中国的劳动成本持续增长，中国政府的环境法更加严格等。

中国对韩国投资趋势逐渐增加，特别是2008年金融危机之后，而且每年申报金额比到账金额高的多，2016年受到政策外交的影响，出现下降趋势，其原因是韩国没有庞大市场、先进的技术水平，远不如澳大利亚等地方吸引投资者，导致现在很多投资者都在观望，中国对韩国直接投资规模低，2010年起逐渐增加，1992年的280万美元到2016年4.4亿美元，在过去25年中增长了157倍，尤其在金融、房地产和文化等服务业投资比重逐渐扩大；中国对世界投资中，韩国只占0.9%；中国的海外直接投资集中在新加坡、美国、澳洲等地。

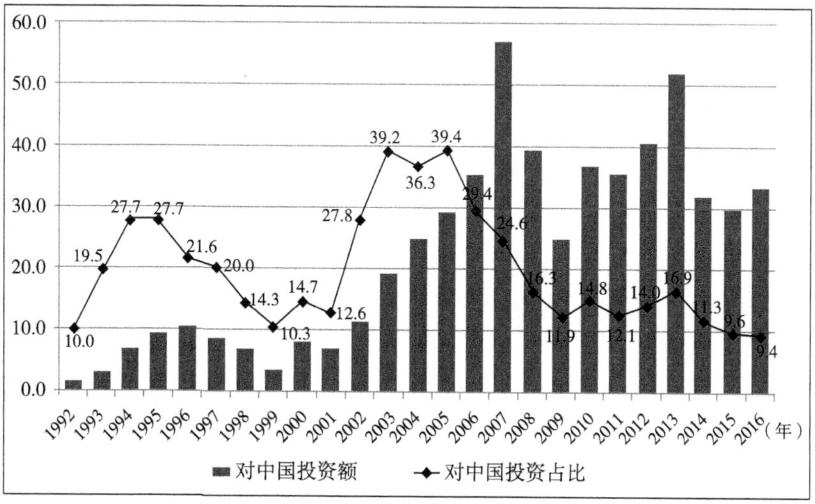

图14-9 韩国对中国投资趋势（亿美元，%）

以前韩国的企业大多利用中国的低廉的劳动力并且以加工类产品为主进行出口，从2017年开始韩国的企业以大企业、大集团为主，直接打开中国大陆的内地市场，韩国对中国制造业和服务业投资呈现出上升趋势，2016 年韩国对中国的制造业投资占比达到 73%，对中国的服务业投资占比达到 26.5%；韩国对中国区域市场投资占比开始基本上集中在东部地区，东部地区在整个投资比重占 30% 左右，后来呈现下降趋势，在西部地区的投资比重在 2013 年出现了增长。

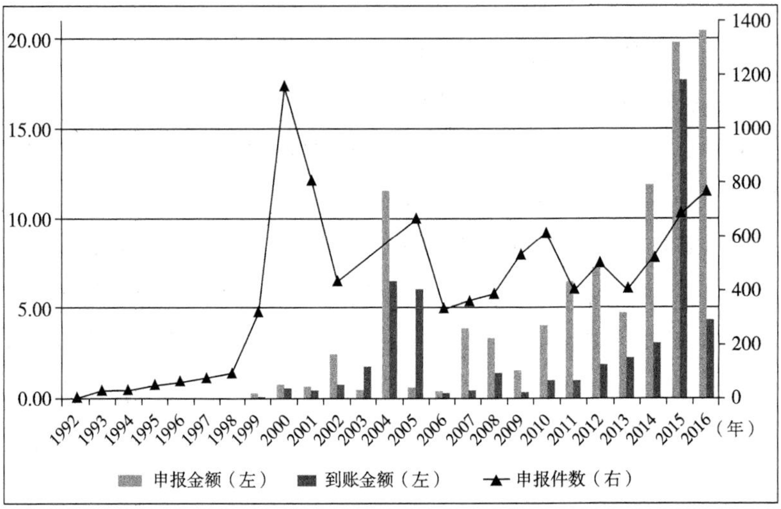

图 14-10　中国对韩国投资趋势（亿美元，件）

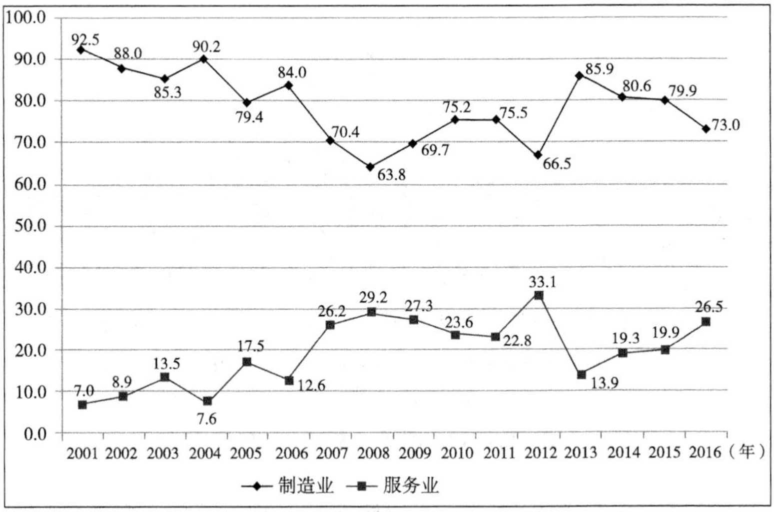

图 14-11　韩国对中国制造业和服务业投资占比（%）

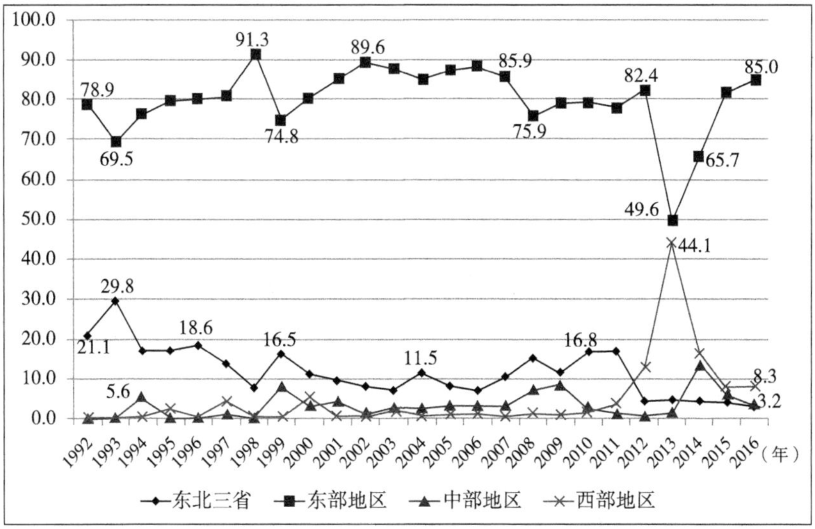

图 14–12　韩国对中国区域市场投资占比（%）

二、中韩两国贸易结构的比较

从韩国对中国各加工工序贸易收支趋势可以看出，韩国是典型依靠外贸维持经济发展的国家，韩国对中国中间材料的贸易顺差占整个贸易顺差的比例很高，2016 年实现 600 多亿的贸易顺差中，中间材料的贸易顺差达到 480 多亿美元；资本材料对中国的贸易顺差实现了 20 多亿美元，相比较以前基本没有变化；消费材料则出现了 125 亿美元的贸易逆差，韩国贸易结构中，韩国对中国出口的中间材料达到 70%，最终材料才占 30%（最终材料里面也有中间材料，在中国进行加工后卖到中国市场，中国最后进行组装进行出口到全世界），说明韩国的中间材料在贸易结构中发挥了很大的作用，目前主要依赖靠中间材料的出口来实现韩国的贸易顺差。

中国中间材料进口 / 出口金额占比呈现逐渐下降趋势，源于中国企业竞争力、技术能力有所提高、制造业 2015、供给侧改革等方面的影响；中国基本停止了加工贸易的进口导致中国不同贸易方式进口结构变化中加工贸易比例呈现下降趋势，下降幅度很大，从 2015 年的 41.5% 下降到 25%。

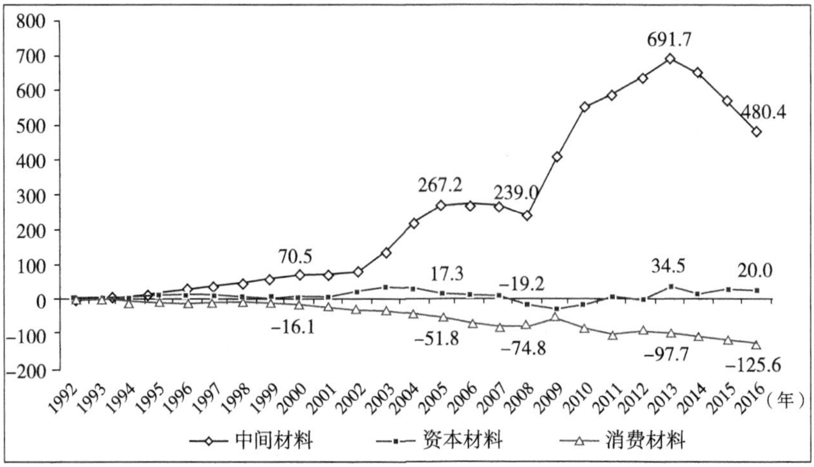

图 14–13　韩国对中国各加工工序贸易收支趋势（1992～2016 年）

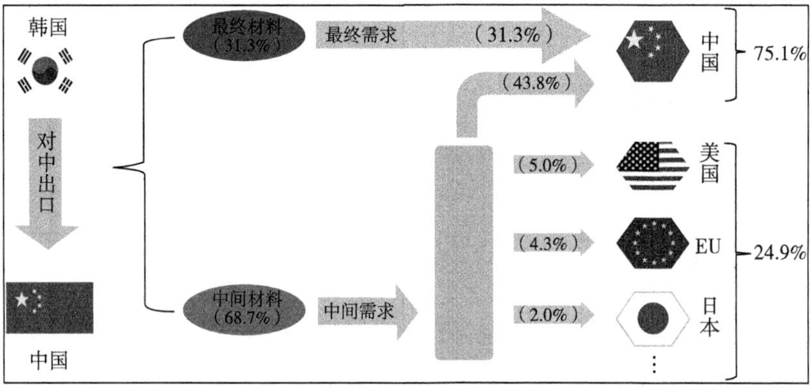

图 14–14　韩国对中国出口流向图

图 14–15　中国中间材料进口 / 出口金额占比（%）

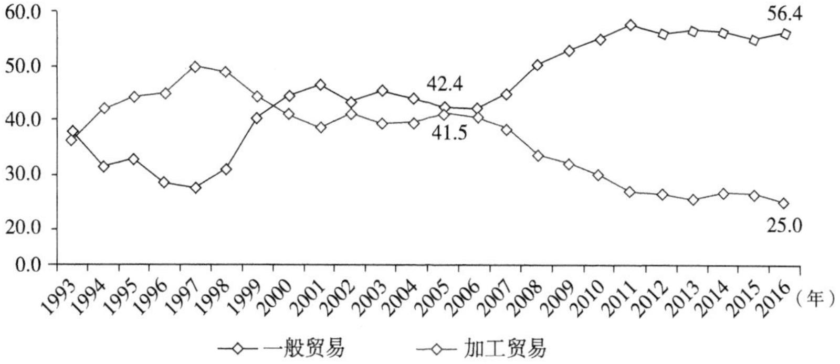

图 14-16　中国不同贸易方式进口结构变化（1993～2016 年）

中国加工贸易的进口依存率呈现出逐渐下降的趋势，而国内采购率呈现出逐渐上升趋势，这将直接影响到韩国中间材料对中国的出口的整个规模；中国加工贸易出口增长率和对韩国中间材料进口增长率是正相关的关系，呈现逐渐下降趋势。在脱离了传统的模式后中国市场变为韩国的第二个国内市场，脱离了传统的模式，对于韩国、日本、中国台湾等地区来说最主要的就是把握核心技术，否则将会被淘汰；中国进口结构和韩国出口商品相关系数变化中，中国进口与韩国出口基本没有太大变化，保持在 0.4% 左后，但是具体来讲中国进口与韩国对中国出口、中国进口与中国对韩国进口这个相关系数出现逐渐下降趋势，也跟脱离了传统的模式有关

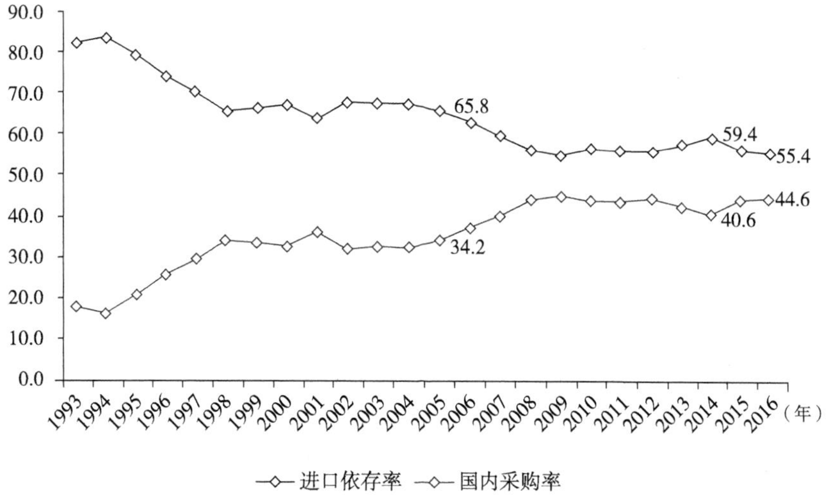

图 14-17　中国加工贸易的进口依存率与国内采购率变化（1995～2016 年）

系，中国进口与韩国对中国出口相关系数下降是由于目前韩国中间材料、消费商品跟不上中国进口结构多样化或者是韩国本身的商品竞争力下降。

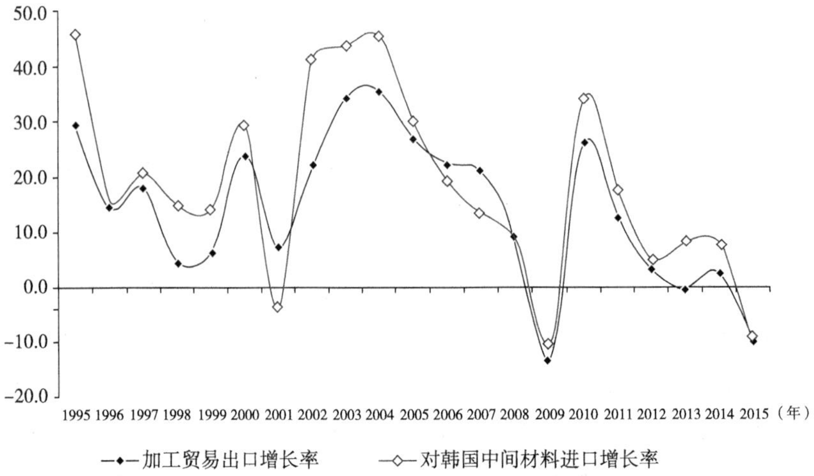

图 14-18　中国加工贸易出口增长率和对韩国中间材料进口增长率

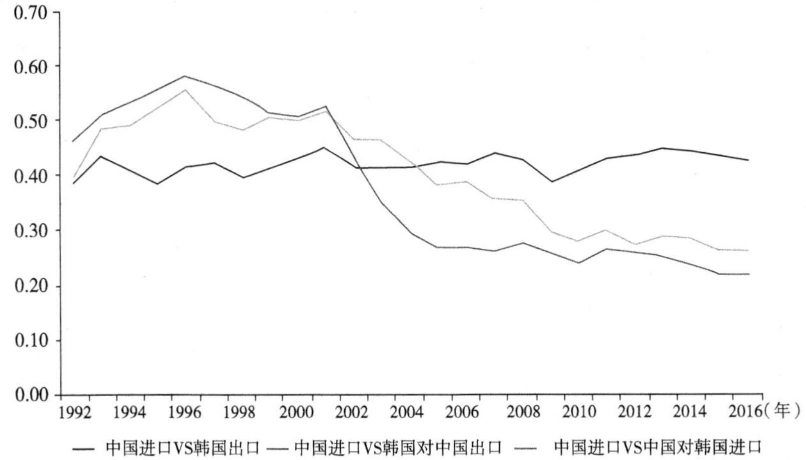

图 14-19　中国进口结构和韩国出口商品相关系数变化（1992～2016 年）

中韩双边货物进出贸易发展的同时，韩国服务贸易中在对全球贸易中对中国服务贸易占比在去年年底达到 20%，进口达到 15% 左右；过去中韩两国贸易以货物贸易为主，近期服务贸易正在扩大，特别是中韩自由贸易协定（FTA）服务领域后续谈判结束后，服务贸易成为了中韩贸易的新增长动力。尤其是中国扩大医疗、教育、旅游、文化领域开放，韩国对中国服务贸易出口有望增加。

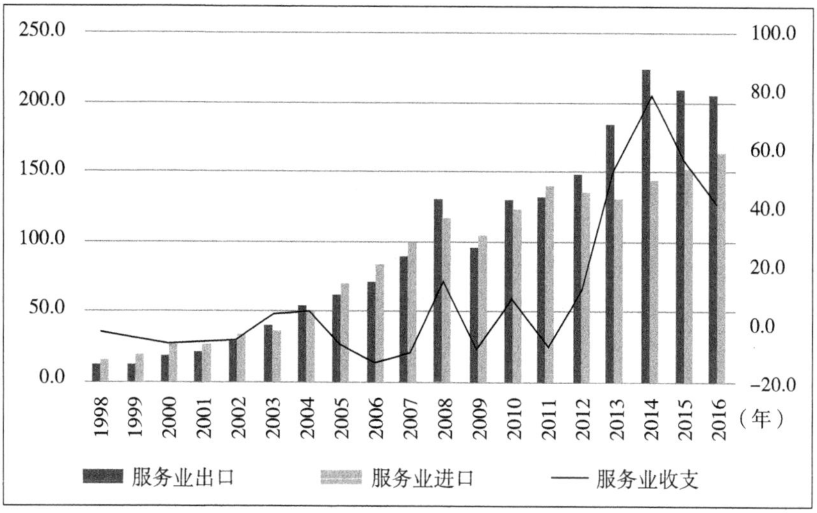

图 14-20　中韩服务贸易趋势（亿美元）

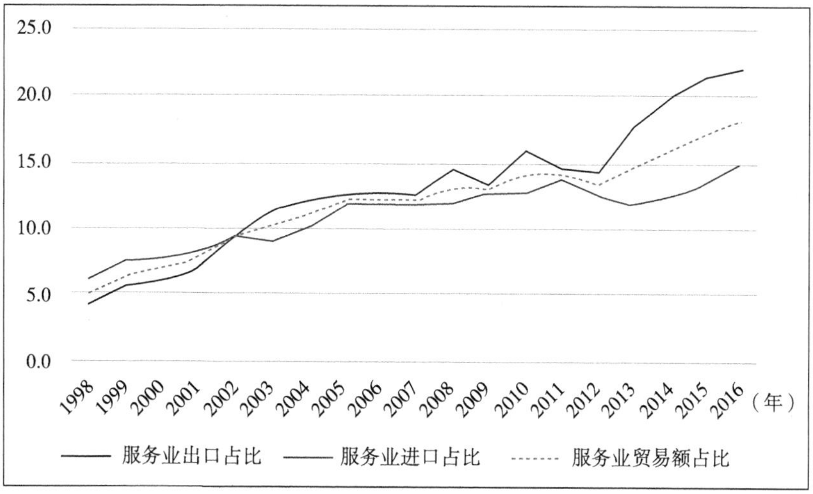

图 14-21　韩国服务贸易中对中国服务贸易占比（%）

三、萨德争端下的贸易投资分析

萨德争端出现以来，尤其是 2017 年上半年，韩国对中国出口达到 654.9

亿美元，去年同比增加 12.4%，主要原因是：国际油价上涨，全球贸易放缓，中国经济回暖，半导体行业进入景气周期，上年度对华出口骤减带来的基数效应等。

受萨德争端影响，截至 2017 年 7 月末韩国对中国外商直接投资（FDI）规模比去年同期减少 43%；中美两国发生贸易摩擦，美国对中国 FDI 减少 37%；2016 年，对中国 FDI 出现下降趋势，今年上半年的 FDI 比去年同期减少 5.4%。

表 14-1　投资中国大陆的外资排名（亿美元，FDI）

排名	2013 年	2014 年	2015 年	2016 年	2017 年 1-3 月
1	中国香港（783）	中国香港（857.4）	中国香港（926.7）	中国香港（871.8）	中国香港（246.4）
2	新加坡（73.3）	新加坡（59. 3）	新加坡（69. 7）	新加坡（61. 8）	中国台湾（17）
3	日本（日本）	中国台湾（51.8）	中国台湾（44.1）	韩国（47. 5）	新加坡（10.9）
4	中国台湾（52.5）	日本（43.3）	韩国（40.4）	美国（38.3）	日本（9.4）
5	美国（33.5）	韩国（39.7）	日本（32.1）	中国台湾（36.2）	荷兰（8.5）
6	韩国（30.6）	美国（26.7）	美国（25.9）	澳门（34.8）	韩国（7.6）
7	德国（30）	德国（20. 7）	德国（15.6）	日本（31. 1）	美国（6.6）
8	荷兰（12.8）	英国（13.5）	法国（12.2）	德国（27. 1）	德国（5.2）
9	英国（10.4）	法国（7.1）	英国（10.8）	英国（22. 1）	英国（4. 1）
10	法国（7.6）	荷兰（6.4）	澳门（8.9）	卢森堡（14）	瑞典（3.9）

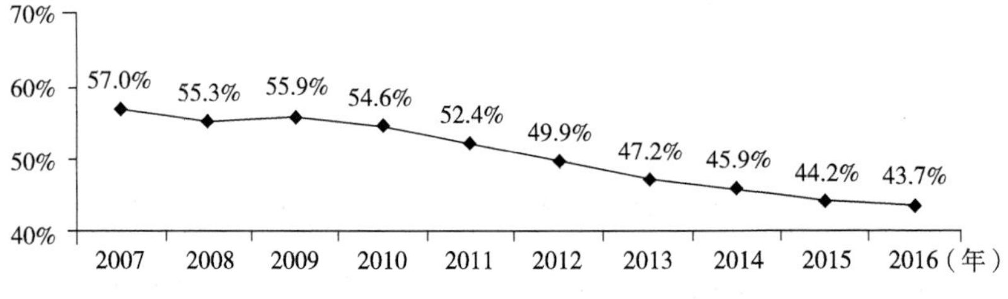

图 14-22　中国全体出口金融中外国人投资企业出口占比

萨德争端后中国对韩国投资呈现下降趋势，根据韩国现代经济研究院的测算，萨德争端后中韩贸易的损失并不大；按照韩国旅游业统计，从萨德争端发生后中国赴韩游客下降到 330 万，由此可见，萨德争端给中韩两国的旅游行业带来了很大影响。

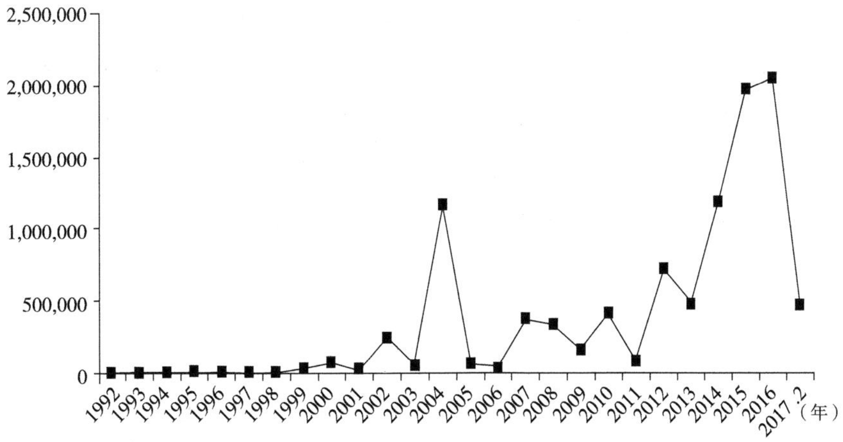

图 14–23　中国对韩国投资（千美元）

表 14–2　萨德争端后中韩两国经济损失预测

分类	韩国	中国
出口	1.4 万亿韩元	损失微弱
投资	影响微弱	454 亿美元
旅游	7.1 万亿韩元	1.04 万亿韩元
文化	87.2 亿韩元	损失微弱
合计	8.5 万亿韩元	1.1 万亿韩元
GDP 占比	0.52%	0.01%

资料：现代经济研究院测算

表 14–3　中国大陆进口报关（食品和化妆品）判定不合格件数排名（单位：件）

排名（2016 年）	地区	2014 年	2015 年	2016 年
1	中国台湾	808	746	746
2	韩国	264	130	219
3	美国	273	159	208
4	日本	145	173	188
5	法国	226	101	137

数据来源：中国质检总局

自 2014 年后，韩国对中国每月平均贸易顺差呈现逐渐下降趋势，中国方面是由于正在进行整个国民经济结构调整，韩国方面是由于中间商品和最终商品竞争力下降。韩国现代起亚的中国市场份额于 2013 年达到 6.8% 之后持续出现下降，去年下降到 5.1%；北京现代汽车在中国受两个方面的压力，第一，本土品牌全力追赶，日本品牌价格下调；第二，SUV、电动车和智能车等新科技汽车的出现，需要北京现代做出与时俱进的变化。

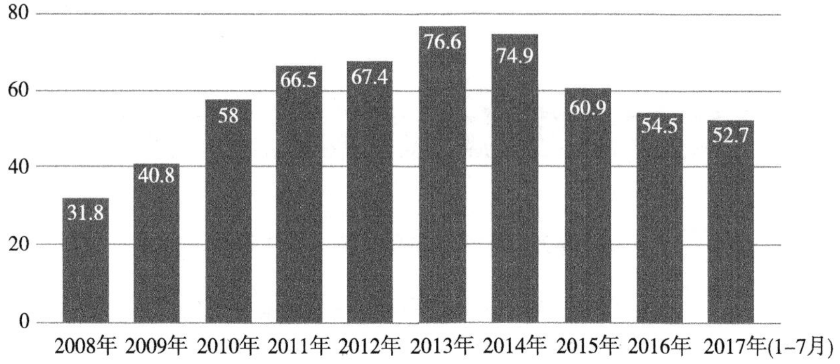

图 14–24 韩国对中国每月平均贸易顺差（亿美元）

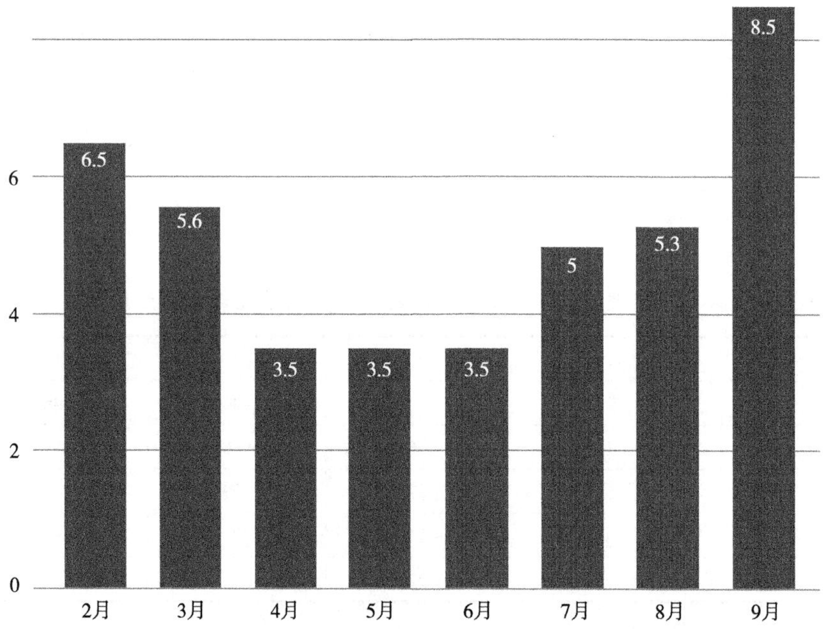

图 14–25 北京现代 2017 年 2 月至 9 月销量（单位：万辆）

2002 年，优衣库进入中国，截至 2016 年 5 月，在中国的 120 个城市经营 540 个铺面；2007 年，乐天玛特收购荷兰的万客隆并进入中国市场，萨德问题之前已经着手关闭经营不善的铺面；据中国连锁经营协会，乐天玛特中国内卖场在 2014 年达到 123 家之后，开始减少。

2017 年上半年，中国大陆进口韩国方便面的进口额增加 202.4%，韩国方便面在中国大陆方便面市场的份额是 39.2%，超过中国台湾，成为第一；混合果汁饮料市场中，韩国的占有率达到 53%，远超其他国家品牌；中国进口基础化妆品市场中，韩国产品占比是 28.7%，超过了法国；今年 1 月至 8 月，韩国啤酒对中国出口增加了 106.8%；据中国工程机械协会，2017 年 1 至 8 月，韩国挖掘机销量比去年同期增加 133%；北京现代汽车的 2017 年 9 月份销量达到 85040 辆，创 2017 年月销量最高值。

四、两国经贸合作的未来发展

过去 25 年，中韩两国通过加工贸易方式度过了贸易互补的黄金时期。随着中国增长方式的转换，韩国对中国出口将以中间产品为主转为消费产品为主，现在韩国对中国出口的消费产品占比不到 6%，其他的都是中间产品；受两国产业的互补性，中韩 FTA 影响，两国贸易将以 3000 亿美元为目标发展，中国产业结构的提升，两国“竞争的同时又进行合作”不可避免，应追求中韩共创商务模式。

为了应对新保护贸易主义抬头，推进东亚 FTA 和经济整合，中韩两国应加强“中日韩 FTA”和“区域全面经济伙伴关系（RCEP）”协商方面的合作；扩大两国之间企业兼并合并，技术投资等；目前中韩结算规模中只使用人民币结算的规模不到 5%，要扩大两国之间人民币贸易结算规模。

为了避免因受两国政治关系变化而影响政府之间官方对话关闭的情况，有必要尽快建立“中韩经济对话机制”以适时讨论解决必要的经济议题。

韩国应主动扛起东北地区一带一路发展的据点国家责任；在中 – 韩 – 朝 – 俄的经济走廊推进过程中起到主导作用，为地区稳定做出贡献，同时实现经济利益，考虑在东北地区一带一路沿线建立“第二开城工团”。